高质量发展研究报告 2022

21世纪马克思主义研究院经济社会文化发展战略研究中心 编

当代中国出版社
Contemporary China Publishing House

图书在版编目(CIP)数据

高质量发展研究报告 . 2022 / 21 世纪马克思主义研究院经济社会文化发展战略研究中心编 . -- 北京 : 当代中国出版社 , 2023.6

ISBN 978-7-5154-1268-9

Ⅰ . ①高… Ⅱ . ① 2… Ⅲ . ①区域经济发展—研究报告—中国— 2022 Ⅳ . ① F127

中国国家版本馆 CIP 数据核字（2023）第 099487 号

出 版 人　冀祥德
责任编辑　宋卫云
责任校对　贾云华
印刷监制　刘艳平
封面设计　鲁　娟
出版发行　当代中国出版社
地　　址　北京市地安门西大街旌勇里 8 号
网　　址　http://www.ddzg.net
邮政编码　100009
编 辑 部　（010）66572264
市 场 部　（010）66572281　66572157
印　　刷　北京润田金辉印刷有限公司
开　　本　720 毫米 × 1060 毫米　1/16
印　　张　21 印张　2 插页　305 千字
版　　次　2023 年 6 月第 1 版
印　　次　2023 年 6 月第 1 次印刷
定　　价　98.00 元

编委会成员

序言 | 开创高质量发展新局面

中国特色社会主义进入新时代，以习近平同志为核心的党中央敏锐洞察我国经济社会发展新趋势，作出“我国经济已由高速增长阶段转向高质量发展阶段”的重大判断，并对推进高质量发展进行全面部署。习近平总书记对高质量发展进行了一系列科学阐述，形成了从科学判断、战略规划到具体部署的完整理论体系。习近平总书记关于高质量发展的重要论述是习近平经济思想的重要内容。当前正在开展学习贯彻习近平新时代中国特色社会主义思想主题教育，认真学习、深刻领会，切实践行、积极落实习近平总书记关于高质量发展的新论断、新战略、新部署，对推动我国经济社会高质量发展、建设社会主义现代化强国十分重要。

科学把握重大战略判断

我国经济已由高速增长阶段转向高质量发展阶段，这是以习近平同志为核心的党中央根据我国发展的新环境、新变化、新条件和新特征作出的重大战略判断。经济社会发展是一个量变到质变、螺旋式上升的过程，量的积累发展到一定程度，必然转向质的提升，我国经济社会发展也必然遵循这一客观规律。在经历高速增长后，经济发展必然从量的扩张转向质的提高，这是任何一个经济体发展所必然历经而不可抗拒的客观逻辑。遵循这一规律，适时顺势转向高质量发展，才能成功实现经济进一步发展和升级。唯物辩证法告诉我们，事物发展的规律是客观的，是不以人的意志为转移的，既不能任意修改规律，也不能凭空创造规律，只能正确地认识规律，科学地把握规律，顺势而为，按照规律办事。改革开放以来，我国经济发展经历了一个高速增长的阶段，现在已经发展到了以高质量发展为主题的阶段。推动高质量发展，是遵循经济规律发展的必然要求。以习近平同志为核心的党中央从我国客观实际出发，创造性地提出我国经济已由高速增长阶段转向高质量发展阶段，为科学把握新时代我国经济发展的历史方位提供了根本遵循，是从我国经济发展实际出发而作出的重大战略判断。

第一，分析了我国实现高质量发展的重要条件。2022 年 3 月，习近平总书记在参加全国政协农业界、社会福利和社会保障界委员联组讨论时指出:“我们要看到，我国发展仍具有诸多战略性的有利条件。”这就是：有中国共产党的坚强领导，有中国特色社会主义制度的显著优势，有持续快速发展积累的坚实基础，有长期稳定的社会环境，有自信自强的精神力量。“五个有利条件”为高质量发展提供了重要保障。只要我们抓住用好“战略性的有利条件”，就一定能够不断书写发展新篇章、实现高质量发展。

第二，强调了我国实现高质量发展的必然性。一是适应我国社会主要矛盾变化的必然要求。党的十九大报告提出，我国社会主要矛盾已经转化为人民日益增长的美好生活需要和不平衡不充分的发展之间的矛盾。解决我国社会的主要矛盾，必须推动高质量发展。二是实现战略目标和历史任务的必然需要。2017 年中央经济工作会议指出，推动高质量发展，是保持经济持续健康发展的必然要求，是适应我国社会主要矛盾变化和全面建成小康社会、全面建设社会主义现代化国家的必然要求。党的二十大报告把实现高质量发展作为中国式现代化的本质要求之一。2023 年 3 月，在十四届全国人大一次会议上，习近平总书记强调：“在强国建设、民族复兴的新征程，我们要坚定不移推动高质量发展。”可以说，只有实现高质量发展，才能实现全面建设社会主义现代化强国、实现中华民族伟大复兴的战略目标。三是应对风险与挑战的必然选择。习近平总书记指出，防范化解各类风险隐患，积极应对外部环境变化带来的冲击挑战，关键在于办好自己的事，提高发展质量。我们必须坚持高质量发展，从而有效化解各类风险与挑战，实现经济行稳致远、社会和谐安定。

第三，阐述了高质量发展是首要任务和“四个必须”的重要要求。2023 年 3 月，习近平总书记在参加十四届全国人大一次会议江苏代表团审议时强调，“高质量发展是全面建设社会主义现代化国家的首要任务”，提出了推进高质量发展“四个必须”的重要要求。一是必须完整、准确、全面贯彻新发展理念；二是必须更好统筹质的有效提升和量的合理增长；三是必须坚定不移深化改革开放、深入转变发展方式；四是必须以满足人民日益增长的美好生活需要为出发点和落脚点。总的来看，推动高质量发展，必须始终以创新、协调、绿色、开放、共享的内在统一来把握发展、衡量发展、推动发展，推动经济发展质量变革、效率变革、动力变革；必须始终坚持质量第一、效益优先，推动我国经济实现质的有效提升和量的合理增长的最佳结合；必须充分调动一切积极性和创造性，实行更深层次的改革、更高水平的开放，提升我国经济核心竞争力；必须坚持以人民为中心的发展思想，在高质量发展中保障和改善民生，逐步实现共同富裕。

深刻认识重大理论创新

习近平总书记关于高质量发展的重要论述，系统回答了新时代新征程我国经济“怎么看、怎么干、干什么”的一系列重大问题，是对我国经济发展规律的深刻认识和高度总结，为新时代我国经济工作提供了行动指南，是重大理论创新。

第一，明确高质量发展的基本内涵。习近平总书记强调：“发展是解决我国一切问题的基础和关键”“更明确地说，高质量发展，就是从‘有没有’转向‘好不好’”。这一系列论述指出了高质量发展的基本内涵：基础是发展，发展是解决一切问题的基础；关键是质量，应坚持质量第一、效益优先，将高质量发展摆在更为突出的位置；总体是统筹，统筹质的有效提升和量的合理增长。这些内涵构成实现高质量发展的关键环节。

第二，界定高质量发展的主要外延。习近平总书记指出："高质量发展不只是一个经济要求，而是对经济社会发展方方面面的总要求；不是只对经济发达地区的要求，而是所有地区发展都必须贯彻的要求；不是一时一事的要求，而是必须长期坚持的要求"，"各地区要结合实际情况，因地制宜、扬长补短，走出适合本地区实际的高质量发展之路"。这就从三个维度明确界定了高质量发展的外延：从领域上说是方方面面的、全方位的高质量发展；从空间上看是所有区域的、全空域的高质量发展；从时间上观则是长期的、全过程的高质量发展。这些都是实现高质量发展的主要内容。

第三，提出高质量发展的重要特征。2017 年 12 月，习近平总书记在中央经济工作会议上指出："高质量发展，就是能够很好满足人民日益增长的美好生活需要的发展，是体现新发展理念的发展，是创新成为第一动力、协调成为内生特点、绿色成为普遍形态、开放成为必由之路、共享成为根本目的的发展。"2021 年 8 月，习近平总书记在主持召开中央财经委员会第十次会议时指出，共同富裕是社会主义的本质要求，是中国式现代化的重要特征，要坚持以人民为中心的发展思想，在高质量发展中促进共同富裕。这一系列重要论述，指明了高质量发展的重要特征，也明确了实现高质量发展的重要标准。

第四，强调高质量发展的战略意义。2017 年中央经济工作会议指出，中国特色社会主义进入了新时代，我国经济发展也进入了新时代，基本特征就是我国经济已由高速增长阶段转向高质量发展阶段。党的二十大报告明确指出，高质量发展是全面建设社会主义现代化国家的首要任务。2023 年 3 月，习近平总书记在参加十四届全国人大一次会议江苏代表团审议时强调，人民幸福安康是推动高质量发展的最终目的。这些重要论述从三个方面强调了高质量发展的战略意义，转向高质量发展阶段是经济发展进入新时代的基本特征，高质量发展是全面建设社会主义现代化国家的首要任务，是实现人民幸福安康的必然途径。

第五，论述高质量发展的内在动力。2018 年 4 月，国家主席习近平在博鳌亚洲论坛年会开幕式上指出："实践证明，过去 40 年中国经济发展是在开放条件下取得的，未来中国经济实现高质量发展也必须在更加开放条件下进行。”2018年11月，习近平在首届中国国际进口博览会开幕式上的主旨演讲中指出：“只要我们保持战略定力，全面深化改革开放，深化供给侧结构性改革，下大气力解决存在的突出矛盾和问题，中国经济就一定能加快转入高质量发展轨道”；随后，他在上海考察时强调，要把高质量发展着力点放在实体经济上。2019年1月，习近平总书记在京津冀考察时指出，自主创新是推动高质量发展、动能转换的迫切要求和重要支撑。2023年3月，习近平总书记在参加十四届全国人大一次会议江苏代表团审议时强调，加快实现高水平科技自立自强，是推动高质量发展的必由之路，加快构建新发展格局，是推动高质量发展的战略基点。可以说，这些都是实现高质量发展的动力体系和作用机制，构成了高质量发展的内在动力。

第六，提出高质量发展的统筹布局。推动高质量发展是一项系统工程，涉及各方面、各领域、各环节。习近平总书记指出：“我们要坚持以推动高质量发展为主题，把实施扩大内需战略同深化供给侧结构性改革有机结合起来，增强国内大循环内生动力和可靠性，提升国际循环质量和水平，加快建设现代化经济体系，着力提高全要素生产率，着力提升产业链供应链韧性和安全水平，着力推进城乡融合和区域协调发展，推动经济实现质的有效提升和量的合理增长。”只有统筹推进好这些重大举措，才能更好做到协调有序、形成合力，从而实现高质量发展的战略目标。

第七，指出高质量发展的突破重点。党的二十大报告围绕“着力推动高质量发展”作出了构建高水平社会主义市场经济体制、建设现代化产业体系、全面推进乡村振兴、促进区域协调发展、推进高水平对外开放等重要部署。这些都是推动高质量发展的突破重点。新时代新征程，我们要从这些重点上着力、发力，努力取得突破性进展，从而实现高质量发展。

中国社会科学院大学教授、南开大学终身教授、

21世纪马克思主义研究院院长　王伟光

前　言

党的二十大报告把推动高质量发展作为新时代主题。报告指出“加快构建新发展格局，着力推动高质量发展”，“高质量发展是全面建设社会主义现代化国家的首要任务”，“我们要坚持以推动高质量发展为主题”。

21世纪马克思主义研究院（南开大学与中国社会科学院大学共建）把加快高质量发展列入研究计划。2022年初以来，该院经济社会文化发展战略研究中心在全国选取部分典型，对各地推动高质量发展的创新做法进行调研，形成了十余篇研究报告。共分几个研究重点：一是围绕科技是第一生产力和人才是第一资源方面的，如加强产业人才队伍建设、强化知识产权公共服务在推动高质量发展方面的重要作用；二是围绕实施区域协调发展战略和区域重大战略等方面的，如天津、广东、江西、山东、吉林等地党委政府及市场主体等加快高质量发展的理论和实践创新；三是围绕社会文化领域等方面的，如加快建设法治社会、弘扬中华优秀传统文化及加强智库建设等推动高质量发展的创新。本书运用习近平新时代中国特色社会主义思想的世界观和方法论，尽力用好贯穿其中的立场观点方法，坚持理论与实践相结合，推进实践基础上的理论创新。书中有许多不足，敬请批评指正。

本书编委会

2022年12月28日

目 录

第一章　天津高质量创新发展在推进京津冀一体化战略中发挥十分重要作用

党的二十大报告就高质量发展作出重大战略部署，指出要“加快构建新发展格局，着力推动高质量发展”，“要坚持以推动高质量发展为主题，把实施扩大内需战略同深化供给侧结构性改革有机结合起来”，“加快建设现代化经济体系”，“推动经济实现质的有效提升和量的合理增长”。党的十八大以来，天津坚持以习近平新时代中国特色社会主义思想为指导，深入贯彻落实习近平总书记对天津工作“三个着力”重要要求和一系列重要指示批示精神，坚定不移贯彻新发展理念，紧紧围绕国家赋予的功能定位，踔厉奋发、笃行不怠，在津沽大地奋力谱写高质量发展的时代篇章。

第一节　党中央和习近平总书记对天津工作作出一系列重要指示

党的十八大以来，习近平总书记四次视察天津，主持召开座谈会并发表重要讲话，多次主持召开中央政治局会议、中央政治局常委会会议及有关推动京津冀协同发展的重要会议并发表重要讲话，对天津发展、京津冀协同发展作出重要指示，为推动天津高质量发展、京津冀协同发展指明了方向，提供了根本遵循。

一、习近平总书记极为重视京津冀发展战略

京津冀协同发展，是习近平总书记统揽经济社会发展全局，以高瞻远瞩的战略谋划、统筹协调的系统思维、人民至上的深厚情怀作出的一项重大决策。2014 年 2 月，习近平总书记在北京主持召开座谈会，专题听取京津冀协同发展工作汇报，将京津冀协同发展提升至国家战略层面。八年来，习近平总书记非常关心京津冀协同发展，在不同场合发表一系列重要论述。

（一）紧紧抓住北京非首都功能疏解这个“牛鼻子”

2014 年 2 月 25 日至 26 日，习近平总书记在北京考察工作时提出了京津冀协同发展重大战略。他指出，北京是我国的首都，北京城市建设管理在不断取得成绩的同时，也面临很多令人揪心的问题，主要表现在集聚了过多的人口和功能，经济社会各要素处于“紧平衡状态”。表面看，北京的问题是人口过多带来的，其实深层次上是功能太多带来的。要坚持和强化首都核心功能，调整和弱化不适宜首都的功能，把一些功能转移到河北、天津去，这就是大禹治水的道理。他强调京津冀协同发展的出发点和落脚点，就是要解决北京“大城市病”问题，为全国乃至世界治理“大城市病”提供“中国方案”。

2017 年 2 月 23 日至 24 日，习近平总书记在北京考察工作时指出，城市规划在城市发展中起着重要引领作用。北京城市规划要深入思考“建设一个什么样的首都，怎样建设首都”这个问题。

2019 年 1 月 16 日至 18 日，习近平总书记在京津冀考察并主持召开京津冀协同发展座谈会时指出，要紧紧抓住“牛鼻子”不放松，积极稳妥有序疏解北京非首都功能。要更加讲究方式方法，坚持严控增量和疏解存量相结合，内部功能重组和向外疏解转移双向发力，稳妥有序推进实施。他提出要推进北京中心城区“老城重组”，优化北京空间布局和经济结构，提升北京市行政管理效率和为中央政务服务的职能。

（二）向改革创新要动力，发挥引领高质量发展的重要动力源作用

2014 年 2 月 26 日，习近平总书记在北京考察时强调，要明确城市战略定位，坚持和强化首都全国政治中心、文化中心、国际交往中心、科

技创新中心的核心功能，深入实施人文北京、科技北京、绿色北京战略，努力把北京建设成为国际一流的和谐宜居之都。

2017 年 1 月 24 日，习近平总书记在河北考察时指出，去产能特别是去钢铁产能，是河北推进供给侧结构性改革的重头戏、硬骨头，也是河北调整优化产业结构、培育经济增长新动能的关键之策。河北要树立知难而上的必胜信念，坚决去、主动调、加快转。要在已有工作和成效的基础上，再接再厉，推动各项任务有实质性进展。

2019 年 1 月 18 日，习近平总书记在京津冀协同发展座谈会上强调，要集聚和利用高端创新资源，积极开展重大科技项目研发合作，打造我国自主创新的重要源头和原始创新的主要策源地。要立足于推进人流、物流、信息流等要素市场一体化，推动交通一体化。要破除制约协同发展的行政壁垒和体制机制障碍，构建促进协同发展、高质量发展的制度保障。不能说"捡到筐里都是菜"，一体化发展不能仅仅是空间转移，要借此机会转型升级、更新换代。

（三）打破"一亩三分地"的思维定式

2014 年 2 月 26 日，习近平总书记在京津冀协同发展座谈会上指出，要着力加大对协同发展的推动，自觉打破自家"一亩三分地"的思维定式，抱成团朝着顶层设计的目标一起做，充分发挥环渤海地区经济合作发展协调机制的作用。北京、天津、河北人口加起来有 1 亿多，土地面积有 21.6 万平方公里，京津冀地缘相接、人缘相亲，地域一体、文化一脉，历史渊源深厚、交往半径相宜，完全能够相互融合、协同发展。推进京津双城联动发展，要加快破解双城联动发展存在的体制机制障碍，按照优势互补、互利共赢、区域一体原则，以区域基础设施一体化和大气污染联防联控作为优先领域，以产业结构优化升级和实现创新驱动发展作为合作重点，把合作发展的功夫主要下在联动上，努力实现优势互补、良性互动、共赢发展。

2015 年 2 月 10 日，习近平总书记在中央财经领导小组第九次会议上强调，疏解北京非首都功能、推进京津冀协同发展，是一个巨大的系统工程。目标要明确，通过疏解北京非首都功能，调整经济结构和空间结构，走出一条内涵集约发展的新路子，探索出一种人口经济密集地区优化开发的模式，促进区域协调发展，形成新增长极。

2016 年 3 月 18 日，习近平总书记在听取北京冬奥会、冬残奥会筹办工作情况汇报时指出，要把筹办冬奥会、冬残奥会作为推动京津冀协同发展的重要抓手，下大气力推动体制创新、机制创新、管理创新和政策创新，推动交通、环境、产业等领域协同发展先行先试，重点突破，以点带面，为全面实施京津冀协同发展战略起到引领作用。

2019 年 1 月 18 日，习近平总书记在京津冀协同发展座谈会上强调，京津冀如同一朵花上的花瓣，瓣瓣不同，却瓣瓣同心。要发挥市场机制作用，采取市场化、法治化手段，制定有针对性的引导政策，同雄安新区、北京城市副中心形成合力。

2020 年 9 月 4 日，习近平总书记在 2020 年中国国际服务贸易交易会全球服务贸易峰会上的致辞中提出，为更好发挥北京在中国服务业开放中的引领作用，我们将支持北京打造国家服务业扩大开放综合示范区，加大先行先试力度，探索更多可复制可推广经验；设立以科技创新、服务业开放、数字经济为主要特征的自由贸易试验区，构建京津冀协同发展的高水平开放平台，带动形成更高层次改革开放新格局。

（四）保持历史耐心和战略定力

2015 年 2 月 10 日，习近平总书记在中央财经领导小组第九次会议上强调，疏解北京非首都功能、推进京津冀协同发展，思路要明确，坚持改革先行，有序配套推出改革举措。方法要明确，放眼长远、从长计议，稳扎稳打、步步为营，锲而不舍、久久为功。

2016 年 5 月 27 日，习近平总书记主持召开中共中央政治局会议强调，规划建设北京城市副中心，疏解北京非首都功能、推动京津冀协同发展是历史性工程，必须一件一件事去做，一茬接一茬地干，发扬“工匠”精神，精心推进，不留历史遗憾。

2019 年 1 月 16 日至 18 日，习近平总书记在京津冀考察并主持召开京津冀协同发展座谈会时强调，要从全局的高度和更长远的考虑来认识和做好京津冀协同发展工作，增强协同发展的自觉性、主动性、创造性，保持历史耐心和战略定力，稳扎稳打，勇于担当，敢于创新，善作善成，下更大气力推动京津冀协同发展取得新的更大进展。建设雄安新区是千年大计。新区首先就要新在规划、建设的理念上，要体现出前瞻性、引领性。过去的五年，京津冀协同发展总体上处于谋思路、打基础、寻突破的阶段，当前和今后一个时期进入到滚石上山、爬坡过坎、攻坚克难的关键阶段，需要下更大气力推进工作。要把设计成果充分吸收体现到控制性详细规划中，保持规划的严肃性和约束性，用法律法规确保一张蓝图干到底。

（五）坚持绿水青山就是金山银山的理念，强化生态环境联建联防联治

2014 年 2 月 26 日，习近平总书记在听取京津冀协同发展专题汇报时指出，要着力扩大环境容量生态空间，加强生态环境保护合作，在已经启动大气污染防治协作机制的基础上，完善防护林建设、水资源保护、水环境治理、清洁能源使用等领域合作机制。

2019 年 1 月 16 日，习近平总书记在河北雄安新区考察时强调，先植绿、后建城，是雄安新区建设的一个新理念。良好生态环境是雄安新区的重要价值体现。“千年大计”，就要从“千年秀林”开始，努力接续展开蓝绿交织、人与自然和谐相处的优美画卷。不要搞急就章，不要搞一时的形象工程。绿水青山就是金山银山，雄安新区就是要靠这样的生态环境来体现价值、增加吸引力。要在生态保护机制创新上下功夫，京津冀要走在全国前列。决不能搞短命工程、短命建筑；严防过剩产能死灰复燃；符合新城规划的垃圾处理厂、污水处理厂可以先建……

2019 年 1 月 18 日，习近平总书记在主持召开京津冀协同发展座谈会时强调，坚持绿水青山就是金山银山的理念，强化生态环境联建联防联治。要增加清洁能源供应，调整能源消费结构，持之以恒推进京津冀地区生态建设，加快形成节约资源和保护环境的空间格局、产业结构、生产方式、生活方式。

（六）坚持以人民为中心，促进基本公共服务共建共享

2019 年 1 月 16 日，习近平总书记在河北雄安新区考察调研时谆谆叮嘱，要吸引当地农民积极参与，让农民从造林护林中长久受益。雄安新区有 125 万当地百姓，要做好百姓就业这篇文章，让他们共享发展成果。我们可不是为了一个漂亮新城，而恰恰建新城是为了老百姓过上更

好生活。

2019 年 1 月 18 日，习近平总书记在主持召开京津冀协同发展座谈会时强调，要着力解决百姓关心、涉及切身利益的热点难点问题，优化教育医疗资源布局。要加大力度推进河北省贫困地区脱贫攻坚工作，发挥好京津对口帮扶机制的作用，确保 2020 年京津冀地区贫困县全部摘帽。要坚持就业优先，做好当地百姓就业这篇文章。

2021 年 1 月 20 日，习近平总书记在主持召开北京 2022 年冬奥会和冬残奥会筹办工作汇报会时强调，推动京津冀协同发展，努力在交通、环境、产业、公共服务等领域取得更多成果。要积极谋划冬奥场馆赛后利用，将举办重大赛事同服务全民健身结合起来，加快建设京张体育文化旅游带。

二、习近平总书记 2013 年视察天津提出“三个着力”要求

习近平总书记对天津发展给予重托、赋予重责、寄予厚望，2013 年 5 月视察天津时，对天津工作提出了“三个着力”，即着力提高发展质量和效益、着力保障和改善民生、着力加强和改善党的领导重要要求，为天津发展和各项工作提供了根本遵循和行动纲领。

（一）着力提高发展质量和效益

要以滨海新区为龙头，积极调整优化产业结构，加快转变经济发展方式，推动产业集成集约集群发展。同时，要加快发展服务业，形成与现代化大都市地位相适应的服务经济体系。保持我国经济社会发展良好势头，实现“两个一百年”奋斗目标，都需要进一步深化改革，下大气力解决体制机制弊端。天津要充分利用滨海新区平台，先行先试重大改革措施，努力为全国改革发展积累经验。科技创新是提高社会生产力和综合国力的战略支撑，必须摆在发展全局的核心位置。我们要充分发挥科技资源丰富、科技人才众多的优势，建设科技创新高地，不断提高原始创新、集成创新和引进消化吸收再创新能力，促进科技和经济深度融合。生态城要兼顾好先进性、高端化和能复制、可推广两个方面，在体现人与人、人与经济活动、人与环境和谐共存等方面作出有说服力的回答，为建设资源节约型、环境友好型社会提供示范。

（二）着力保障和改善民生

保障和改善民生是一项长期工作，没有终点站，只有连续不断的新起点，要实现经济发展和民生改善良性循环。就业是民生之本，解决就业问题根本要靠发展。要切实做好以高校毕业生为重点的青年就业工作和城镇困难人员、退役军人、农村转移劳动力就业工作，搞好职业技能培训，完善就业服务体系，缓解结构性失业问题。当代大学生要志存高远、脚踏实地，转变择业观念，坚持从实际出发，勇于到基层一线和艰苦地方去，把人生的路一步步走稳走实，善于在平凡的岗位上创造不平凡的业绩。有关部门要加大对高校毕业生自主创业支持力度，对就业困难毕业生进行帮扶，增强学生就业创业和职业转换能力。

（三）着力加强和改善党的领导

加强和改善党的领导，是实现经济社会持续健康发展的根本保障。各级党委要改进领导经济工作的方式方法，善于为经济工作把握方向、谋划全局、提出战略、制定政策、推动立法、营造环境；要坚持从大局出发、从党和人民利益出发、从党性原则出发进行决策，努力提高决策能力和水平；要充分发挥党的政治优势，全面做细、做实、做好群众工作，充分激发人民群众的积极性、主动性、创造性。

三、习近平总书记 2019 年视察天津要求做好实体经济，攀登世界高峰

2019 年 1 月 16 日至 17 日，习近平总书记到天津考察指导，对天津工作作出重要指示。

（一）让大家心无旁骛投入创新事业

高质量发展要靠创新，我们国家再往前发展也要靠自主创新。自主创新是推动高质量发展、动能转换的迫切要求和重要支撑，必须创造条件、营造氛围，调动各方面创新积极性，让每一个有创新梦想的人都能专注创新，让每一份创新活力都能充分迸发。让有创新梦想的人能够心无旁骛、有信心又有激情地投入到创新事业中，中国的动能转换、高质量发展就一定能够实现。要深化科技园区体制机制创新，优化营商环境，吸引更多在京科技服务资源到园区投资或业务延伸，促进京津两市真正

实现优势互补、强强联合。

（二）做好实业，攀登世界高峰

国家要发展，经济是第一要务。经济要发展，国家要强大，交通特别是海运首先要强起来。要志在万里，努力打造世界一流的智慧港口、绿色港口，更好服务京津冀协同发展和共建“一带一路”。实体经济是大国的根基，经济不能脱实向虚。我们要做好实体经济，实体经济做大做强了，我们才能够扎扎实实、名副其实攀登世界高峰，实现中华民族伟大复兴。要扭住实体经济不放，继续不懈奋斗。

（三）把小我融入大我

学校是立德树人的地方。爱国主义是中华民族的民族心、民族魂，培养社会主义建设者和接班人，首先要培养学生的爱国情怀。高校党组织要把抓好学校党建工作和思想政治工作作为办学治校的基本功。专家型教师队伍是大学的核心竞争力。要把建设政治素质过硬、业务能力精湛、育人水平高超的高素质教师队伍作为大学建设的基础性工作，始终抓紧抓好。要加快一流大学和一流学科建设，加强基础研究，力争在原始创新和自主创新上出更多成果，勇攀世界科技高峰。要把学习奋斗的具体目标同民族复兴的伟大目标结合起来，把小我融入大我，立志作出我们这一代人的历史贡献。

（四）加强社区治理、深化志愿服务

社区工作是具体的，要坚持以人民为中心，摸准居民群众各种需求，及时为社区居民提供精准化精细化服务。志愿者事业要同“两个一百年”奋斗目标、同建设社会主义现代化国家同行。志愿服务是社会文明进步的重要标志，是广大志愿者奉献爱心的重要渠道。要为志愿服务搭建更多平台，更好发挥志愿服务在社会治理中的积极作用。

第二节　以“三个着力”重要要求为元为纲，奋力实现高质量发展

推动高质量发展是新时代的根本要求，是中国现代化道路的战略选

择。近年来，天津坚决贯彻落实习近平总书记一系列重要指示批示精神，牢固树立和自觉践行新发展理念，以“三个着力”重要要求为元为纲，在渤海之滨奋力谱写高质量发展的新篇章。

一、实施“制造业强市”，走高质量发展之路

天津市委、市政府深刻把握“立足新发展阶段、树立新发展理念、构建新发展格局”的战略要求，作出“制造业立市”的部署要求，提出“十四五”时期，天津市制造业增加值占国内生产总值比重达到25%的目标。为此，制定实施了《天津市制造业高质量发展“十四五”规划》《天津市制造强市建设三年行动计划（2021—2023年）》《天津市产业链高质量发展三年行动方案（2021—2023年）》，全力塑造高质量发展新优势，开辟高质量发展新境界。

（一）建立现代产业体系，打造制造强市“新引擎”

坚持一手抓战略性新兴产业培育，做大新动能底盘；一手抓传统产业升级，加速新一代信息技术与制造业深度融合，提升工业发展能级。实施制造强市建设三年行动计划，着力打造以智能科技为引领，以生物医药、新能源、新材料为重点，以装备制造、汽车、石油化工、航空航天为支撑的“1+3+4”现代产业体系，强化“制造业立市”的产业支撑。

（二）强化创新战略支撑，激发产业发展“新动能”

坚持把创新作为第一动力，加快构建以信创为主攻方向、以生物产业和高端装备为重点的“一主两翼”产业创新格局。以举办智能大会为平台，以会兴业打造天津“智港”，大力培育以智能科技为引领的新型产业矩阵，实施智能科技产业发展“1+10”行动计划（其中“1”指《天津市加快推进智能科技产业发展总体行动计划》，“10”指十大专项行动计划，即《天津市智能制造发展专项行动计划》《天津市智能医疗与健康专项行动计划》《天津市智能农业专项行动计划》《天津市智能文化创意产业专项行动计划》《天津市智能交通专项行动计划》《天津市智能商贸物流专项行动计划》《天津市智慧城市专项行动计划》《天津市智能科技领域军民融合专项行动计划》《天津市人工智能科技创新专项行动计划》《天津市智能科技产业人才引育专项行动计划》），高水平建设信创、合成生物、

细胞生态等 6 个海河实验室，汇聚两院院士、国家杰出青年科学基金获得者和长江学者等人才 3000 余名，信创产业形成完整产业链，产业集聚度和发展能级走在全国前列。完善国家级、市级、区级三级企业技术创新体系，国家级企业技术中心达到 71 家，位居全国重点城市第三位。促进各类创新要素向企业聚集，真正让企业成为创新主体。着力突破重点领域“卡脖子”技术，“麒麟操作系统 + 飞腾 CPU”体系成为国内主流技术路线，“天津号”纯太阳能车等“揭榜挂帅”创新成果落地见效，新一代超级计算机、大型地震工程模拟研究设施、组分中药国家重点实验室、国家合成生物技术创新中心等重大创新平台加快建设，协同推进从“0”到“1”的基础研究和从“1”到“N”的成果转化。

（三）夯实产业链发展基础，塑造区域循环“新优势”

坚持把产业链作为“制造业立市”的主要抓手、新动能引育和结构调整的主要路径、科技创新的重要载体、人才引育的有效实现方式。全面实施“链长制”，印发“链长制”工作方案和工作机制，建立由市领导挂帅的“链长制”，逐链编制产业链工作方案，把产业链细化落实到龙头企业、重点项目、重点园区，精准推动产业链高质量发展。大力实施产业链高质量发展三年行动计划，集中攻坚信创、高端装备、生物医药等 12 条重点产业链，龙头企业骨干作用突出，产业链薄弱环节加速补齐，产业联盟带动作用有效发挥，产业链、供应链韧性持续增强。“链园结合”加快推进，生物医药、信息安全等先进制造业集群不断壮大，“细胞谷”“北方声谷”等加快建设，国家人工智能创新应用先导区、国家先进制造业与现代服务业“两业”融合试点区成功获批，现代中药创新中心成为首个部市共建国家制造业创新中心。实施数字化发展三年行动，出台数字经济“1+3”行动方案，打造“津产发”数字经济综合应用平台和 41 个应用场景，工业互联网进一步拓展，现代冶金、轻纺产业加速迈向智能化高端化绿色化，海尔互联工厂成为全球“灯塔工厂”。北方大数据交易中心加快建设，“云服务”“云体验”等新业态新模式不断涌现，用云量规模和赋智量增速位居全国上游。

（四）不断提升企业活力，培育实体经济“新主体”

坚持“抓大、扶优、育新”并举，大力加强优质主体培育，构建以领航企业为引领、以单项冠军企业为支撑、“专精特新”中小企业跟进跃升的梯次发展格局，推动大中小企业融通发展，形成支撑“制造业立市”的“主力军”。树牢“突出实体经济、尊重爱护企业家”理念，当好“店小二”“服务员”，倾心倾情倾力为企业解难帮困，助力企业在津发展壮大、生根开花。国家级单项冠军企业达到16家，国家级专精特新“小巨人”企业达到130家，培育雏鹰企业4974家、瞪羚企业378家、科技领军企业230家，国家科技型中小企业达到9196家，高新技术企业达到9198家。

（五）深入贯彻“两山”理念，构建绿色发展“新样本”

坚持把生态文明建设放在重中之重的位置，以“碳达峰”“碳中和”战略目标为牵引，大力实施“871”生态工程，875平方公里湿地保护、736平方公里绿色生态屏障建设、153公里海岸线生态综合治理成效显著，绿色生态屏障区内蓝绿空间占比超过65%，碳汇能力明显提升。坚决打好污染防治攻坚战，分类整治2.2万家“散乱污”企业，有力破解“钢铁围城”“园区围城”问题，绿色转型取得新成效，生态环境质量明显提升。碳排放强度下降24.3%，PM2.5年均浓度下降到39微克/立方米，空气质量优良天数增加到264天，重污染天数减少到7天，12条入海河流水质全部消劣，近岸海域水质优良比例大幅提升。

二、践行人民至上，满足人民生活新期待

天津认真贯彻落实习近平总书记“着力保障和改善民生”的重要指示精神，坚持以人民为中心的发展思想，聚焦群众急难愁盼问题，着眼普惠、面向普通、惠泽普遍，筑牢民生保障的温暖底线，在共同富裕道路上不懈奋斗。

（一）就业和收入质量水平继续提高

就业是最大的民生。天津始终把推动高质量就业放在突出位置，就业质量在全国居于领先水平。全面落实就业优先政策，着力完善积极就业政策，坚持经济发展就业导向，大力推动创业带动就业，开展“迎新春送温暖、稳岗留工”专项行动，建立常态化重点企业用工帮扶机制，开发政策性岗位，推动退役军人培训就业一体发展，用真情实招促进大学生、退役军人、农村劳动力、残疾人、零就业家庭成员等重点群体

“好就业、就好业”，不断促进就业量的扩大和质的提升。在提升就业质量方面，注重优化收入分配格局，推出 24 条居民增收措施，增加低收入群体收入，扩大中等收入群体，切实让百姓在高质量就业中获得高水平收入，过上高品质生活。2018 年以来，累计新增就业超过 220 万人，居民人均可支配收入达到 47449 元、年均增长 6.8%。

（二）教育现代化优质化深化发展

教育是促进高品质生活的重要方面。天津全面贯彻党的教育方针，落实立德树人根本任务，构建“五育并举”育人体系，推进学校家庭社会协同育人，促进学生身心健康、全面发展。加强素质教育、扎实做好“双减”工作，对学前教育、义务教育、高中教育、职业教育和高等教育提出新要求，明确促进学前教育普及普惠、安全优质发展，推动义务教育优质均衡发展，支持普通高中多样化特色发展，积极发展特殊教育，打造新时代职业教育创新发展标杆，支持高校加快“双一流”建设、扶植一批冲击国内顶尖、世界一流的学科等方面的要求，坚定走高质量发展之路，切实满足人民对更好教育的期盼。党的十八大以来，新增学前教育学位 21 万个、义务教育学位 32.6 万个，分三轮次实施义务教育学校现代化标准建设，特别是 2020 年以来实施义务教育优质均衡发展三年行动，新增学位 13.8 万个，城乡义务教育一体化步伐加快，优质教育资源覆盖面不断扩大，高中阶段毛入学率超过 98%，向社会培养输送近 160 万高校毕业生，5 所高校 14 个学科跻身“双一流”建设行列。

（三）公益性普惠性健康服务进一步增强

健康是高品质生活的重要组成部分。天津广泛开展全民健身运动，努力打造充满活力和魅力的运动大都市，不断满足人民群众多样化、多层次、个性化的健康需要。通过加强公共卫生体系建设，推进优质医疗资源扩容和均衡布局，持续深化医疗、医保、医药联动改革，发展健康产业，推进居家养老服务改革，发展普惠托育服务，推进群众体育、竞技体育、体育产业、体育文化全面发展等，让人民群众共享健康发展成果。全市人均期望寿命达到 82.03 岁。

（四）社会保障网进一步织密筑牢

社会保障是高品质生活的重要基础。天津每年提前和延长供暖期，为36万户居民解决了历史遗留的房产证难题，完成160多万平方米棚户区、9400万平方米老旧小区、2.2万户农村困难群众危房改造。全市老人家食堂达到1700多个，老年日间照料服务中心（站）达到1357个。在全国率先建立了省级城乡统筹的社会保险体系，制定实施了第一部涵盖职工医保和城乡居民医保的省级地方性法规。在社区里巷持续推行“早看窗帘晚看灯”等特殊群体日常探望关爱模式，推动残疾人“两项补贴”资格认定申请“跨省通办”，建设低收入人口动态监测信息平台，强化“救、急、难”兜底保障，切实发挥社会保障在促进人民群众高品质生活中的作用。

（五）文化惠民工程全面深化

发展文化事业是满足人民精神文化需求、保障人民文化权益的基本途径。天津坚持举旗帜、聚民心、育新人、兴文化、展形象，推动理想信念教育常态化制度化，通过深化实施文化惠民工程，促进文化旅游深度融合，推动文化强市建设迈出新步伐，让人民群众在共享文化发展成果中增强文化幸福感，提高生活品质。党的十八大以来，经过十年的建设发展，建成了以天津市文化中心为代表的一大批标志性公共文化设施，新建和改扩建了一大批区、街镇、村居委会文化设施，实现了村居文化室和农家书屋全覆盖，形成了完善的市、区、街镇、村居四级公共文化设施网络体系，城乡公共文化服务均等性、便利性、可达性显著提升。越来越多高品质、多元化的公共文化产品让百姓享受到了文化盛宴，群众精神文化生活水平连年攀升，获得感满意度跃上新高度。

三、推进全面从严治党，实现党建高质量发展

办好天津的事情，关键在加强党的全面领导，关键在全面从严治党。天津市委牢记中国共产党是什么、要干什么这个根本问题，深入贯彻新时代党的建设总要求，落实管党治党责任，将党的自我革命进行到底，更好担负起全面建设社会主义现代化大都市的时代重任。

（一）坚持以党的政治建设为统领

1. 深刻领会和准确把握坚定捍卫“两个确立”、坚决做到“两个维护”。始终牢记“国之大者”，深刻领悟“两个确立”的决定性意义，持续

深化对党忠诚教育，深入开展“维护核心、铸就忠诚、担当作为、抓实支部”主题教育实践活动和“迎盛会、铸忠诚、强担当、创业绩”主题学习宣传教育实践活动工作，2017 年以来，市委主要领导同志连续六年以“维护习近平总书记党中央的核心、全党的核心地位”为主题组织“七一”专题党课，全面夯实对党绝对忠诚的思想根基，不断增强政治判断力、政治领悟力、政治执行力，推动习近平总书记重要指示批示精神和党中央重大决策部署在津沽大地落地落实、取得成效。

2. 充分发挥党总揽全局、协调各方的领导核心作用。加强政治能力、领导能力、执政能力建设，把方向、管大局、作决策、保落实的水平不断提高。严守政治纪律和政治规矩，严格执行重大事项请示报告制度，确保党中央政令畅通、令行禁止。坚持不懈净化政治生态，从“人、事、因、制”上持续整治“圈子文化”“码头文化”“好人主义”等顽瘴痼疾，锲而不舍、久久为功，政治生态出清向好。政治免疫力显著增强，政治能力不断提升，政治担当持续强化。

（二）坚持思想建党和制度治党同向发力

1. 持续强化理论武装。把认真学习贯彻党的二十大精神作为首要政治任务，把学习贯彻习近平总书记重要讲话和重要指示批示精神作为市委常委会会议第一议题、党委（党组）理论学习中心组第一主题、党员干部培训轮训第一主课，在学思用贯通、知信行统一上下功夫。大力弘扬马克思主义学风，广泛深入开展党的群众路线教育实践活动、“三严三实”专题教育、“两学一做”学习教育，扎实开展“不忘初心、牢记使命”主题教育和党史学习教育，系统性开展党员干部教育培训，“万名宣讲员普时政”“万名支部书记讲党课”。在全国率先实现高校思政课教师和辅导员配备“双达标”，率先在全市所有高校开设《习近平新时代中国特色社会主义思想概论》课程，率先开展思政课教师全员教学质量评价，率先实施马克思主义政治人才培养工程，天津经验得到中央领导多次表扬肯定。扎实推进党的理论创新，在全国率先成立社会科学工作领导小组，高端研究平台、智库成果、资政报告显著增加。文化事业和文化产业蓬勃发展，主旋律更加响亮，正能量更加强劲，文化自信得到彰显，文化软实力影响力大幅提升，思想上的团结统一更加巩固。

2. 持续加强制度建设。党的十八大以来，天津市委共制定修订《关于维护党中央集中统一领导的规定》《关于进一步做好习近平总书记重要指示批示贯彻落实工作的若干规定》等党内法规113部，并建立起贯彻执行、督查落实、政治监督、考核问责的闭环工作体系，有力保障了全面从严治党向纵深推进。

（三）坚持贯彻新时代党的组织路线

1. 坚持党管干部原则和新时代好干部标准。严把政治首关，首关不过，余关莫论。坚持以事择人、人岗相适，从全面建设社会主义现代化大都市的“需求侧”着眼，从干部培养选拔使用的“供给侧”发力，以作为和事功论英雄，对敢于负责、善于作为、实绩突出的干部，及时大胆使用。

2. 坚持激励干部担当作为。制定《关于充分调动干部积极性激励担当作为创新竞进的意见（试行）》和一系列配套政策措施，建立健全干部担当作为的激励保障机制，认真做好容错免责、澄清正名等工作，旗帜鲜明地给敢于担当、动真碰硬、勇于任事的干部撑腰鼓劲。

3. 坚持强化党员干部日常教育管理监督。建立管思想、管工作、管作风、管纪律的从严管理体系，积极创新“八小时之外”监督方式，实现常态化监督管理。躺平不可取，躺赢不可能。对不担当时代赋予的责任、不融入时代、因慢而落伍的干部坚决“不等了”，对工作不在状态、能力本领不强、担当精神不足、抓落实成效不明显的干部坚决作出“下”的处理，推动“事业发展不等人”的理念深入人心。

4. 坚持织密建强党的组织体系。突出增强政治功能和组织力，统筹推进各层级各领域党组织建设，大力实施基层党组织组织力提升行动计划，持续整顿软弱涣散基层党组织，着力打造上下贯通、执行有力、形神兼备、体魄强健的严密组织体系，推动党的领导、党的建设全覆盖全贯穿全落实。全面推行村（社区）党组织书记通过法定程序兼任村（居）委会主任，2018年在全国率先实现村和社区百分之百“一肩挑”，2021年通过换届实现更高质量的百分之百“一肩挑”，切实把党的全面领导“一根钢钎”插到最基层。全面落实基层专职党务工作者队伍专业化，连续五年每年从大学毕业生中招录1000名农村专职党务工作者。全面加强机关、企业、学校、医院、科研院所、社会组织等各领域党组织建设，大力推进园区楼宇、协会商会以及律师、互联网等行业党建工作，党的基层组织体系更加健全。明确四级书记直接抓治理的领导责任，全面推进社会治理“战区制”，统筹区街联动，建强基层一线“指挥部”；强化源头治理，织密社会风险“防控网”；加快科技应用，升级智能治理“大平台”；深化共治共建，拧紧齐抓共管“责任链”，在全国打响了“战区制、主官上、权下放”天津品牌，确保党的领导“一根钢钎插到底”，党建引领基层治理成效不断彰显。

5. 坚持“天下才天津用”。全方位培养、引进、用好人才，培育扎根天津、规模宏大、结构优化、能力突出、担当有为的战略人才队伍。深入实施“海河英才”行动计划等重大人才工程，2018 年以来引才超过 42 万人；围绕人工智能、生物医药等 12 条产业链，加快集聚高层次人才、急需紧缺人才和青年人才，形成人才与产业的深度融合；以优化人才创新创业生态为突破口，在全国率先组建了十大产业人才创新创业联盟，连接高校院所 100 家，聘请院士专家 75 位，联系领军企业 1700 家，攻克关键核心技术 460 余项，新落地项目近 400 个，总投资额 300 多亿元，重大平台对人才和项目“虹吸效应”加速显现；围绕产业升级需求，加快高层次领军人才培养选拔，健全青年人才培养体系，累计选拔政府特殊津贴专家 5006 名、“百千万人才工程”国家级人选 155 名、天津市有突出贡献专家 240 名；围绕重点学科、重点产业链和人才联盟，设置博士后科研流动站 87 个、工作站 277 个，储备后备人才 1 万余名，选树 30 名“海河工匠”，219 人荣获“中华技能大奖”和“全国技术能手”称号；完善职称评价标准，突出创新价值、能力、贡献导向，重构工程技术系列职称，在全国“首开先河”，破解民企技术人员职称评审堵点痛点，天津成为各类人才成就梦想的热土。

（四）坚持以钉钉子精神加强作风建设

1. 严格遵守廉洁自律准则和廉洁从政各项规定。锲而不舍落实中央八项规定精神，2017 年以来连续六年开展形式主义官僚主义和不担当不作为问题专项整治，“四风”问题得到有效遏制，基层减负取得明显成效。

2. 坚持走好新时代党的群众路线。始终保持越是艰险越向前的精神状态，在机遇面前主动作为、敢为人先，在斗争面前挺身而出、敢抓敢管，在困难面前迎难而上、敢啃硬骨头涉险滩。坚持重事功、练事功、善事功，加强干部思想淬炼、政治历练、实践锻炼、专业训练，走好新时代党的群众路线，推动“向群众汇报”、入列轮值、联点访户、党员志愿服务等制度化长效化，组织 5.1 万名机关干部入列轮值、43.9 万名在职党员到社区报到，认领服务岗位，开展志愿活动，引导组织广大党员干部深入群众、扎根基层，做好全天候的“服务员”、党和群众的“连心桥”，形成了“和平夜话”“五常五送”等好的经验，把党的政治优势转化为强大治理效能和深厚群众基础。

（五）深化党风廉政建设和反腐败斗争

1. 坚决以零容忍态度惩治腐败。始终以严的主基调一体推进不敢腐、不能腐、不想腐。下大力气集中整治国企、金融、土地、政法等重点领域腐败，坚决纠治群众身边腐败和不正之风，做实以案为鉴、以案促改、以案促治，标本兼治综合效应充分彰显，反腐败斗争取得压倒性胜利并全面巩固。发挥政治巡视利剑作用，发现问题症结、提出整改意见、倒逼深化改革、完善制度机制。

2. 持续深化纪检监察体制改革。在全国率先推进市属高校、国有企业和公安等系统派驻机构改革，加强党政机关、司法行政、公立医院等系统纪检监察组织建设，派驻监督实现高质量全覆盖。

党的十九大以来，运用“四种形态”批评教育帮助和处理党员干部 9.39 万人次，第一至第四种形态分别占 72.5%、20.5%、3.9%、3.1%，抓早抓小、防微杜渐成为常态。

第三节　以习近平新时代中国特色社会主义思想为指导，向“五个现代化”天津迈进

习近平总书记在党的二十大报告中深刻阐述中国式现代化的科学内涵、中国特色和本质要求，强调坚持以中国式现代化全面推进中华民族伟大复兴。天津市第十二次党代会针对未来五年的发展，明确了“全

面建设社会主义现代化大都市”的发展定位，这一定位与党中央要求一致，与天津市第十一次党代会确定的“创新发展、开放包容、生态宜居、民主法治、文明幸福‘五个现代化天津’”目标任务相接续，与天津市“十四五”规划和2035年远景目标相衔接，充分体现了天津市委“一张蓝图绘到底”的决心定力。全面建设社会主义现代化大都市，是中国式现代化道路在天津的生动实践，是全面建设社会主义现代化国家的天津篇章。

一、加快建设创新发展的现代化天津

坚持创新在现代化建设全局中的核心地位，面向世界科技前沿、面向经济主战场、面向国家重大需求、面向人民生命健康，深入实施创新驱动发展战略，着力提升自主创新和原始创新能力，建设高水平创新型城市。

（一）增强创新策源能力

积极培育战略科技力量，着眼国家重大战略需求和全市需要，在信创、现代中医药等方向谋划建设海河实验室，培育国家实验室“预备队”。加强关键核心技术攻关，聚焦人工智能、信创、合成生物、现代中医药等重点领域，实施一批具有前瞻性、战略性的重大科技专项，攻克一批关键核心技术，强化科技创新的高水平供给能力。围绕信创、生物和高端装备制造等重点产业创新能力提升，布局“补短板”和“锻长板”并重的创新链，以自主可控的创新链保障安全稳定的产业链、供应链。

（二）完善科技创新体系

发挥国家自主创新示范区引领作用，强化企业创新主体地位，促进各类创新要素向企业集聚。加大国家高新技术企业引育力度，打造“雏鹰—瞪羚—领军”高成长企业接续发展梯队，加快培育独角兽企业，构建大企业与中小企业融通创新的高精尖企业集群。支持领军企业牵头组织创新联合体，领衔重大科技项目。鼓励企业加大研发投入。着力培育“中国信创谷”“生物制造谷”“细胞谷”“天津智谷”等应用场景牵引的科技创新标志区和创新集聚区，在体制机制上发力，营造“谷”的优良创新生态。全力打造国家自主创新示范区“升级版”，高水平建设国家新一代人工智能创新发展试验区。建立与北京全国科创中心联动机制，建设滨海—中关村科技园等协同创新中心，积极融入京津冀国家技术创新中心建设。成立京津冀科技成果转化基金，充分发挥京津冀科技成果转化联盟作用，吸引国内外先进成果来津落地产业化。

（三）推动科技成果转移转化

健全科技成果转化服务体系，着力打通转移转化通道。全面推动大学科技园建设，使其成为成果转化“首站”和区域创新创业“核心孵化园”。强化知识产权全链条保护，打造知识产权保护高地城市和创造运用强市。探索赋予科研人员职务科技成果所有权或长期使用权，推动科技成果评价的社会化、市场化和规范化。完善政府引导、市场主导的技术转移体系，大幅度提高科技成果转移转化成效。完善金融支撑体系，构建覆盖科技型企业全生命周期的科技金融支撑服务体系。

（四）营造优良创新生态

坚持用创新激活各类生产要素，充分发挥教育、科技、人才的支撑作用，聚焦主导产业链发展，加强组织协调，大力推进产学研协同创新，促进科技成果有效转化为生产力、转化为发展成果，推动形成产业、教育、科技、人才深度融合、良性循环、互促互进的良好生态。全面深化科技创新体制改革。强化科技宏观统筹，改革完善科研项目和经费管理，加快科技管理职能从研发管理向创新服务转变。赋予科研单位和科研人员更大人财物自主支配权和技术路线决定权。完善“揭榜制＋里程碑”“赛马”“大平台大设施＋项目”等科研项目管理新机制，推动重大科技项目、平台、人才、资金一体化配置。构筑人才聚集高地，充分激发人才活力，健全以创新能力、质量、实效、贡献为导向的科技人才评价体系。

二、加快建设开放包容的现代化天津

以解放思想为先导，充分发挥市场在资源配置中的决定性作用，更好发挥政府作用，坚持系统集成、协同高效，加快实施一批战略性、创新性、引领性改革举措，持续增强发展动力和活力，高标准打造改革开放先行区。

（一）大力推动制度创新

坚持“首创性”“差异化”标准，积极推进投资、贸易、监管等制度创新。

1. 金融领域。高水平建设金融创新运营示范区，加快推进自由贸易账户的功能拓展，提升资金自由流动程度，使更多企业能够充分利用国外资本扩大再生产，倒逼国内商业银行加快改革进度，并在此基础上将自由贸易账户扩展至证券、保险和信托等非银行金融机构，提升金融服务实体经济效率；扩大金融服务业与金融市场开放，进一步减少外资准入限制，持续推进包括银行业、证券业、保险业在内行业的对外开放，逐步放开银证保外资持股比例限制，允许设立外商独资证券公司和独资寿险公司，营造更加开放、公平、和谐的金融生态环境；深化金融综合监管，积极构建金融监管协调合作机制，做好跨境资金流动风险防范措施，特别是针对功能拓展后的自由贸易账户（FT）的管控及资金流向的监督，探索建设“高度信任”和高智能的控制监管平台。

2. 数字领域。发挥天津改革开放先行区、金融创新运营示范区、国家自主创新示范区“三区”政策叠加优势，探索区块链技术在跨境人民币结算和跨境贸易中的深度应用，构建基于区块链技术的资金管理模式，加快推进建设全国先进的信创产业基地和国家数字服务出口基地，打造多系统平台间的跨链互通和数据协同。提升公共服务、社会治理等数字化智能化水平，加强数据资源汇聚存储、交易流通、开发利用和安全保护，逐渐形成吸引外部投资的原发磁场，利用数字化创新满足企业投资贸易需求。

3. 产业领域。加强经济运行调度，强化产业上下游衔接和生产要素保障，稳定产业链、供应链，确保经济健康平稳运行。千方百计帮助现有企业稳定生产经营、市场销售，加强各项政策帮扶，稳存量、扩增量、提质量，以有效供给满足市场需求，积极培育新的经济增长点。做大做强特色产业，大力发展特色航运保险、跨境融资租赁、商业保理、产业基金等供应链金融，继续拉长做大航空、汽车上中下游产业，推进综合保税区功能升级，加快建设东疆国家级进口贸易促进创新示范区、东疆国际一流融资租赁聚集区；加快培育孵化前沿新兴产业，着力推进离岸贸易、保税研发等国际贸易业态，尝试开展符合市场需求的离岸金融创新业务，集中培育细胞及基因治疗、保税维修再制造、先进高端医疗器械等重点产业，聚焦智能科技、信创产业、新能源等关键领域，运用"政策＋专业服务及创新服务＋天使风险投资（VC）产业基金引导"理念，发挥自贸区在全市创新格局中的引领作用。

（二）持续探索深层次改革试点

深化要素市场化配置改革，提高土地、资本、劳动力、技术、数据等要素配置效率，加快构建高标准市场体系，积极融入全国统一大市场。推进国有经济布局优化和结构调整，深化国资国企改革，做强做优做大国有经济，坚持引资、引智、引制、引业、引治并举，持续推进混合所有制改革，健全市场化经营机制，完善以管资本为主的国有资产监管体制，努力建设世界一流企业。鼓励支持非公有制经济健康发展，完善促进民营经济发展的政策体系，引导民营企业融入重点产业链，壮大民营经济规模。深化开发区、产业园区等经济功能区改革，激发园区经济发展活力。深化财税体制改革，完善预算管理制度，防范化解政府隐性债务风险。深化投融资体制改革，健全市场主导的投资内生增长机制，发挥政府投资引导基金作用，激发社会投资活力。改革公共资源交易监管体制，盘活各类闲置低效资源资产。统筹推进完善党政机构职能体系、深化机构改革、优化机构编制资源配置，深化事业单位改革。

（三）进一步优化营商环境

着力打造一流营商环境，加大简政放权力度，优化企业办事流程，营造公开透明、公平公正的法治环境，让企业家在天津发展感到安心舒心。加快构建与国际通行规则相衔接的制度体系，全力打造市场化、法治化、国际化的营商环境。深入实施市场准入负面清单制度，完善配套政策体系，以服务业为重点进一步放宽准入限制，在支持重大项目落地、降低投资运营成本、鼓励总部经济发展、加强用地保障等方面加快改革创新。深化"放管服"改革，全面实行政府权责清单制度，构建税收体制合理、信用体系完善、政府服务高效的经济生态系统。深化信息服务、法律服务体制创新，加强知识产权保护和技术标准应用，营造良好的产权保护环境，吸引有实力的技术研发企业入驻自贸区，带动技术升级。

（四）聚焦服务国家发展战略

在大系统中谋、创、拼，在京津冀协同发展战略中牢固树立“一盘棋”思想，主动为北京服务、为河北服务、为雄安新区服务，继续在对接、协同、改革、联动、联通上求突破。强化服务协同，以天津自贸试验区为连接点，实现京津冀三地资源禀赋与产业基础形成优势互补。高标准建设世界一流智慧港口、绿色港口，完善集疏运体系，全力提升港口能级，深化环渤海港口合作；实施滨海国际机场三期改扩建工程，建成大通关基地，打造区域航空枢纽和国际航空物流中心；进一步发挥京津冀“出海口”的口岸服务功能，通过集海运、空运、铁路运、陆运的“四式联运运输网络”，逐步将京津冀三地自贸区打造成具有国际竞争力的融资中心、企业“走出去”的重要窗口、大宗商品离岸和在岸贸易联动的中心，形成全面开放新格局，带动更广阔的经济腹地，引领京津冀世界级城市群高质量发展。

（五）打造对外开放新优势

加快建设对外贸易强市，推动跨境电商等外贸新业态上规模上水平，深化服务贸易创新发展，扎实推进服务业扩大开放综合试点。加大引进外资力度，完善外商投资配套制度，依法保护外资企业合法权益。深度参与共建“一带一路”，借力区域全面经济伙伴关系协定，强化与东北亚、东盟、欧盟等国家和地区的经贸往来和产能合作，积极融入中蒙俄、中巴等国际经济合作走廊建设。优化“鲁班工坊”全球布局，充分发挥夏季达沃斯论坛、世界智能大会等重大会议活动的集聚效应，深化国际友好城市合作，提高天津国际知名度和影响力。

三、加快建设生态宜居的现代化天津

完整、准确、全面贯彻新发展理念，牢固树立生态优先、绿色发展、集约发展的鲜明导向，把“绿色决定生死”的理念贯穿经济社会发展的各领域、全过程，着力优化绿色空间和生态产品供给，坚定不移走生态优先、绿色发展之路，坚持降碳、减污、扩绿、增长协同推进，注重城市“精明增长”，全面提升现代宜居城市品质，共建人与自然和谐共生的美丽家园。

（一）构建科学合理的大都市城镇体系

优化城市空间布局，加快构建双城互动、新区带动、各区联动的区域发展格局。精心打造紧凑活力“津城”，加快打造创新宜居“滨城”，加快构建“双城”发展格局。完善统筹机制和政策体系，引导各区发挥优势、突出特色、协同发展，壮大提升区级经济实力。支持滨海新区发挥战略引领作用，建设生态、智慧、港产城融合的宜居宜业美丽“滨城”。支持和平、河东、河西、南开、河北、红桥六区大力发展都市产业，提升现代服务业发展能级和聚集度。支持东丽、西青、津南、北辰四区用足用好空间、载体、区位优势，聚集发展新兴产业、高端产业。支持武清、宝坻、宁河、静海、蓟州五区强化资源集聚能力，打造区域转型升级示范区、产业发展协同区、生态涵养功能区。

把产城融合、职住平衡、绿色低碳、安全健康、人文传承等理念融入规划建设管理全过程，建设宜居、韧性、创新、智慧、绿色、人文城市。高水平实施国土空间规划，强化规划的刚性约束，集约高效利用土地资源。着力构建现代化基础设施体系，提升城市路网、停车系统、地下管网等建设水平，大力发展市域（郊）铁路和城市轨道交通，加快5G网络、物联网等新型基础设施建设。实施城市更新行动，加快城市老旧空间复兴和品质提升。秉持全周期管理理念，推动治理模式创新，不断提高城市治理科学化、精细化、智能化水平。

（二）稳妥有序推进“双碳”工作

有序推进碳达峰碳中和，建立完善碳达峰碳中和“1+N”政策体系。其中“1”指《中共中央国务院关于完整准确全面贯彻新发展理念做好碳达峰碳中和工作的意见》，“N”则包括能源、工业、交通运输、城乡建设等分领域分行业碳达峰实施方案，以及科技支撑、能源保障、碳汇能力、财政金融价格政策、标准计量体系、督察考核等保障方案。加快推动产业、能源、交通运输、城乡建设等重点领域结构调整，健全绿色低碳循环发展经济体系，坚决遏制高耗能、高排放、低水平项目盲目发展，推动能耗“双控”向碳排放“双控”转变。打造能源革命先锋城市，建设电力“双碳”先行示范区。实施全面节约战略，增强全民节约意识，积极开展绿色低碳社会行动示范创建，大力倡导简约适度、绿色低碳的生活方式，推动城乡建设绿色发展，大力推广绿色建筑和装配式建筑，推进建筑工业化和智能化建造。

（三）深入打好污染防治攻坚战

突出精准治污、科学治污、依法治污，实施污染防治攻坚战“1+3+8”行动计划，即《天津市深入打好污染防治攻坚战行动方案》和蓝天、碧水、净土 3 个保卫战行动计划，以及持续打好入海河流水质提升攻坚战、坚决打好扬尘、异味、噪声等群众关切的突出环境问题整治攻坚战等 8 个标志性战役作战计划。集中力量解决柴油货车排放、臭氧、重污染天气以及扬尘、异味、噪声等突出问题，稳步提升优良天数比例、基本消除重污染天气；持续推进入海河流、近岸海域、黑臭水体综合治理，全面消除劣Ⅴ类水体、黑臭水体，确保水资源安全；加快污染地块修复治理和后期管理，坚决防止新增土壤、地下水污染，扎实做好垃圾分类工作，有序推进全域“无废城市”、国家生态文明建设示范区创建，持续改善生态环境质量。

（四）大力推动生态保护修复

建设深化生态保护补偿制度改革，建立健全生态产品价值实现机制。坚持留白、留绿、留璞，统筹推进山水林田湖海一体化保护和系统治理，提升“871”重大生态工程（包括 875 平方公里“1+4”湿地保护修复、736 平方公里绿色生态屏障建设、153 公里海岸线综合治理）“水库、粮库、钱库、碳库”功能，打造“一环十一园”植物园链，不断完善“三区两带中屏障”生态空间格局，加强双城间绿色生态屏障分级管控，推进湿地自然保护区“1+4”规划（即《天津市湿地自然保护区规划》和《七里海湿地生态保护修复规划》《天津市北大港湿地自然保护区总体规划》《天津市团泊鸟类自然保护区规划》《天津市大黄堡湿地自然保护区规划》）实施，持续推动七里海、大黄堡、北大港、团泊湿地保护和生态移民等重点工程，深化“蓝色海湾”工程，启动实施临港生态廊道等项目建设，不断巩固海洋生态修复成果，将天津建设成为绿水青山、碧海蓝天、草木葱茏、鸟语花香的生态城市。

（五）建设更高水平的平安天津

深入贯彻总体国家安全观，统筹做好各领域安全工作，严密防范和坚决打击各种渗透颠覆破坏活动、暴力恐怖活动、民族分裂活动、宗教极端活动，坚决筑牢首都政治“护城河”。强化忧患意识、底线思维，坚持“隐患就是事故、事故就要处理”，坚持“铁面、铁规、铁腕、铁心”，压实安全生产责任，健全公共安全保障体系，强化重点领域安全监管执法，坚决遏制重特大事故发生，不断增强抵御自然灾害、处置突发事件和危机管理能力。深入开展全域平安示范创建活动，加强智慧平安社区建设，大力提升社会治安防控体系效能，常态化开展扫黑除恶斗争，严密防范和严厉打击各类违法犯罪，全力保障人民生命财产安全和社会和谐稳定。

四、加快建设民主法治的现代化天津

坚持党的领导、人民当家作主、依法治国有机统一，积极发展社会主义民主政治，全面推进依法治市，不断提升治理体系和治理能力现代化水平，为全面建设社会主义现代化大都市汇聚磅礴力量、创造安全稳定的政治社会环境。

（一）深化全过程人民民主实践

坚持人民主体地位，健全民主制度，丰富民主形式，拓宽民主渠道，不断扩大人民有序政治参与，保障人民依法享有知情权、参与权、表达权、监督权。

1. 坚持和完善人民代表大会制度。充分发挥人民代表大会制度作为实现全过程人民民主的重要制度载体作用，完善民主民意表达平台和载体，支持人大及其常委会依法履行职能，更好发挥人大代表作用，健全吸纳民意、汇集民智工作机制，人民群众政治参与渠道不断拓展，重点领域、新兴领域地方立法形成一批重要成果。

2. 坚持和完善中国共产党领导的多党合作和政治协商制度。支持政协发挥专门协商机构作用，强化政协委员责任担当，把发展全过程人民民主要求落实到政治协商、民主监督、参政议政各项工作中，发扬民主和增进团结相互贯通，建言资政和凝聚共识双向发力，社会主义协商民主更加广泛深入。

3. 完善大统战工作格局。支持民主党派、工商联和无党派人士履行职能，做好民族、宗教工作，促进非公有制经济健康发展和非公有制经济人士健康成长，构建亲清政商关系，加强党外知识分子和新的社会阶层人士工作，更好服务港澳台工作大局，广泛凝聚侨心侨力，铸牢中华民族共同体意识，巩固和发展最广泛的爱国统一战线。

4. 充分发挥群团组织桥梁纽带作用。深化群团改革，充分发挥工会、共青团、妇联等群团组织作用，最广泛地把人民群众凝聚在党的周围。

5. 推进军民融合深度发展。坚持党管武装，国防动员体制改革有序推进，加强全民国防教育，军民融合深度发展，广泛开展双拥模范城创建活动，在全国首创关爱退役军人社会组织，退役军人服务保障水平不断提高，军政军民关系更加密切。

（二）全面推进法治天津建设

深入贯彻落实习近平法治思想，坚持依法治市、依法执政、依法行政共同推进，法治天津、法治政府、法治社会一体建设，加快打造法治建设先行区。

1. 加强高质量立法。坚持科学立法、民主立法、依法立法，进一步完善地方立法工作格局，深化重点领域和新兴领域立法，对标民法典加强配套法规规章建设，深化京津冀协同立法，加强科技创新、公共卫生、生物安全、生态文明、防范风险等领域立法，健全社会治理急需、满足人民日益增长的美好生活需要必备的法规规章制度，坚持立改废释并举，不断提高立法质量和效率，以良法促发展、保善治。

2. 深化法治政府建设。推进机构、职能、权限、程序、责任法定化，构建符合直辖市特点的政府治理体系；推进重大行政决策法治化，严格执行公众参与、专家论证、风险评估、合法性审查、集体讨论决定等法定程序，切实防止违法决策、不当决策、拖延决策；深化行政执法体制改革，在公共卫生、安全生产监管、资源环境等领域推行综合执法，全面深化街道乡镇“一支队伍管执法”改革，推动执法重心下移；做到严格规范公正文明执法，规范行政自由裁量权，防止权力异化和滥用；加大政务公开力度，推动权力公开透明运行，完善行政问责制度。

3. 确保司法公正高效权威。全面推进公正司法，严格落实司法责任制，深化司法体制综合配套改革，健全公共法律服务体系。健全完善公安机关、检察机关、审判机关、司法行政机关各司其职、相互配合、相互制约的执法司法制约监督体系，深化民事诉讼制度改革，深入推进审执分离，提升执法司法公信力，努力让人民群众在每一项法律制度、每一个执法决定、每一宗司法案件中都感受到公平正义。

4. 深化法治社会建设。大力培育法治文化，加大全民普法力度，不断提升全民法治观念和法治素养，形成办事依法、遇事找法、解决问题用法、化解矛盾靠法的良好法治环境。

（三）深化社会治理创新

坚持系统治理、依法治理、综合治理、源头治理，健全党组织领导的自治、法治、德治相结合的城乡治理体系，推进市域社会治理现代化，打造共建共治共享的社会治理格局。

1. 创新矛盾纠纷化解机制。坚持和发展新时代“枫桥经验”，充分发挥市、区、街道（乡镇）三级矛盾纠纷调处化解中心作用，完善各类调解联动工作体系，构建源头防控、排查梳理、纠纷化解、应急处置的社会矛盾综合治理机制，健全重大决策社会稳定风险评估机制，建立健全社会矛盾风险防控协同机制，强化社会心理服务和危机干预，落实信访工作条例，把各类社会风险隐患化解在萌芽状态、解决在基层末端。

2. 构筑现代化社会治安防控体系。坚持打防结合、整体防控、专群结合、群防群治，深化社会治安防控体系标准化城市建设，推进立体化智能化社会治安防控体系建设，健全扫黑除恶长效机制，完善毒品治理体系，落实维护社会稳定各项措施，依法严厉打击各类违法犯罪活动。

3. 构建社会治理共同体。持续深化“战区制、主官上、权下放”党建引领基层治理创新，推动权责下放，资源、力量向基层下沉，构建网格化管理、精细化服务、信息化支撑、开放共享的治理服务体系，强化基层党组织对村委会、居委会、业委会、物业服务企业、城乡社区社会组织的政治引领、组织引领、机制引领，发挥群团组织和社会组织积极作用，大力发展志愿服务和专业社会工作，完善基层民主协商制度，实现政府治理同社会调节、居民自治良性互动，建设人人有责、人人尽责、人人享有的社会治理共同体。

五、加快建设文明幸福的现代化天津

坚持以人民为中心的发展思想，聚焦“衣食住行、业教保医”，用心用情用力保障和改善民生，扎实推动共同富裕，更好满足人民群众高品质生活新期待。

（一）促进更加充分更高质量的就业

全面落实就业优先政策，坚持经济发展就业导向，不断促进就业量的扩大和质的提升，提高就业收入。

1. 不断促进就业增量提质。持续完善统筹城乡的就业政策体系，鼓励创业带动就业，加强创业孵化示范基地建设，推动创业载体升级。推动多渠道灵活就业，做好高校毕业生、退役军人等重点群体就业工作，积极引导农村劳动力就业，精准帮扶残疾人、零就业家庭成员等困难人员就业，支持和规范发展新就业形态。健全就业服务体系、劳资关系协调机制和终身职业技能培训制度，打造“海河工匠”品牌，办好“海河英才”创新创业大赛，全面提升重点群体职业技能水平和就业创业能力。加强创业政策支持，提升创业服务水平，鼓励引导各类群体投身创业，带动更多就业。

2. 提高就业收入。优化收入分配格局，完善有利于提高居民消费能力的收入分配制度，着重保护劳动所得，增加劳动者特别是一线劳动者劳动报酬，健全工资合理增长机制，健全劳动、资本、土地、技术、数据等生产要素由市场评价贡献、按贡献决定报酬的机制，提高居民财产性收入，增加低收入群体收入，扩大中等收入群体。

（二）办好人民群众更加满意的教育

全面贯彻党的教育方针，实施教育优先发展战略，落实立德树人根本任务，构建“五育并举”育人体系，推进学校家庭社会协同育人，促进学生身心健康、全面发展。

1. 全面落实立德树人根本任务。着力构建大中小幼一体化思政工作体系，加强和改进学校体育美育，广泛开展劳动教育，重视心理健康教育，加强师德师风建设，健全学校、社会、家庭协同育人机制，促进学生全面发展。

2. 实施教育优先发展战略。深化教育综合改革，优化教育布局，补齐学位缺口，促进基础教育优质均衡发展；深化产教城融合、专业群对接产业群建设、现代学徒制试点，增强职业技术教育适应性，巩固提升职业教育领先优势；支持南开大学、天津大学等高校加快“双一流”建设，打造一批高水平特色大学，促进高等教育高质量内涵发展。

3. 完善终身学习体系。建立政府主导、部门协同、社会参与的终身教育发展机制，扩大终身学习资源供给，强化职业院校和高等院校继续教育与社会培训服务功能，完善社区教育三级办学体系，推进市、区两级老年大学建设，建设学习型城市。

（三）提供更加优质的健康服务

把保障人民健康放在优先发展的战略位置，深入实施健康天津行动，扎实推进健康城市建设。

1. 加强公共卫生体系建设。坚持预防为主、防治结合，进一步理顺疾病预防控制体制机制，构建科学高效的公共卫生应急管理体系，持之以恒抓好常态化疫情防控。建立稳定的公共卫生事业投入机制，加强人才队伍建设，完善公共卫生服务项目，强化基层公共卫生体系，完善院前医疗急救体系建设，强化地方病、职业病防治和监管，深入开展爱国卫生运动，全域创建国家卫生城区，养成文明健康生活方式。

2. 提升医疗服务水平。持续深化医疗、医保、医药联动改革，完善分级诊疗就医格局，加强医联体建设，做实做细家庭医生签约服务，健全药品和耗材供应保障制度。推进优质医疗资源扩容和均衡布局，推动公立医院高质量发展，加快建设国家区域医疗中心，全面推动基层医疗机构标准化建设。促进中医药传承创新发展，打造国内领先、世界知名的中医药强市。发展健康产业，推进多元办医格局，提升医疗健康服务信息化水平。

3. 积极应对人口老龄化。完善积极生育相关配套措施，发展普惠托育服务。加快建设居家社区机构相协调、医养康养相结合的养老服务体系，健全完善“互联网 + 养老”，打造智慧养老服务新模式，推进居家养老服务改革，促进社区嵌入式养老服务机构发展，积极开发老龄人力资源，推动养老事业与养老产业协同发展。

4. 建设体育强市。弘扬北京冬奥精神，深入实施全民健身国家战略，推进群众体育、竞技体育、体育产业、体育文化全面发展，提高全民健身公共服务水平，大力推动冰雪运动发展，打造“排球之城”“运动之都”。

（四）构建更加完善的社会保障体系

坚持全覆盖、保基本、多层次、可持续，织密社会保障安全网，实现应保尽保、应助尽助、应享尽享。

1. 健全多层次社会保障体系。深入实施全民参保计划，推进灵活就业人员、新就业形态从业人员参保。健全基本养老、基本医疗保险筹资和待遇调整机制，落实企业职工基本养老保险全国统筹，推进社保转移接续。深化医疗保障制度改革，健全重大疫情医疗救治费用保障机制、重特大疾病医疗保险和救助制度，完善异地就医直接结算。完善工伤、失业保险制度，推进长期护理保险试点，发展商业保险。

2. 统筹推进社会救助与慈善事业发展。健全分层分类社会救助体系，建立健全最低生活保障标准动态调整机制，完善帮扶残疾人、孤儿等社会福利制度，进一步健全农村留守儿童和困境儿童关爱服务体系，推动慈善资源向基层下沉。

3. 保障重点人群合法权益。坚持男女平等基本国策，保障妇女儿童合法权益。建立健全青少年权益保护机制，营造青少年良好成长成才环境。提升退役军人服务保障水平，维护军人军属合法权益，让军人成为全社会尊崇的职业。

4. 强化住房保障。坚持房子是用来住的、不是用来炒的定位，完善房地产政策，建立健全租购并举的住房制度，加快发展保障性租赁住房。科学规划、稳步实施城中村改造，加快老旧小区更新提升，提高居住质量。健全弹性供暖机制，持续提升供暖服务质量。

（五）创造更加丰富的精神文化生活

坚持马克思主义在意识形态领域的指导地位，围绕举旗帜、聚民心、育新人、兴文化、展形象的使命任务，推动文化事业和文化产业繁荣发展，促进满足人民文化需求和增强人民精神力量相统一，建设文化强市。

1. 凝聚城市发展的精神力量。深入推进习近平新时代中国特色社会主义思想全民学习、全民武装、全民信仰、全民实践，实施“新时代宣讲师”计划，推动理想信念教育常态化制度化，引导人民群众不断增强道路自信、理论自信、制度自信、文化自信。坚持以社会主义核心价值观为引领，加强公民道德建设，深化诚信建设，打造学雷锋“志愿之城”，充分发挥新时代文明实践中心作用，提升全域创建文明城市工作水平。

2. 做大做强新型主流媒体。巩固壮大主流思想舆论，让主流媒体借助移动传播牢牢占据传播制高点。统筹处理好传统媒体和新兴媒体等的关系，完善全媒体传播体系，立足建网、管网、懂网、用网，依法加强新兴媒体管理，推进网络综合治理体系建设向纵深发展，提升对外传播能力，讲好中国故事、天津故事，向世界展示开放大气、充满活力、独具魅力的大都市形象。

3. 保护传承优秀历史文化。坚持创造性转化、创新性发展，传承弘扬中华优秀传统文化和革命文化，加快长城、大运河国家文化公园建设，加强历史文物和非物质文化遗产保护、传承、利用，提升博物馆、档案馆、纪念馆、文物保护单位和爱国主义教育基地宣传教育水平，全面展现历史文化名城的深厚底蕴。

4. 提升公共文化服务水平。坚持以人民为中心的创作导向，推出更多津派文艺精品力作。推进城乡公共文化服务一体建设，促进公共文化服务社会化、专业化发展，深入实施文化惠民工程，支持开展群众性文化活动，推动公共文化数字化建设，建设“书香天津”。

5. 健全现代文化产业体系。深化文化体制改革，完善文化产业规划和政策，加强文化市场体系建设，加快发展新型文化企业、文化业态、文化消费模式。深化国有文化企业和文艺院团改革，积极引进、举办高规格高水准的文化文艺活动，提升城市文化软实力和影响力。

6. 推动文化旅游融合发展。整合文化旅游资源，加强顶层设计，强化市场化运作，打响“近代中国看天津”旅游品牌，打造特色海洋文化旅游带、海河文化旅游带，建设国内旅游目的地城市。

党的二十大提出了一系列新的重要思想、重要观点、重大判断、重大举措，天津市委通过常委扩大会、座谈会、宣讲会等形式，充分发挥干部培训主渠道和理论阵地重要作用，教育引导全市广大党员干部群众深入领会党的二十大的精神实质、核心要义，切实把思想和行动统一到大会精神上来。今后，天津将继续深入贯彻落实习近平总书记对天津工作“三个着力”重要要求和一系列重要指示批示精神，以高质量发展、高水平改革开放、高效能治理、高品质生活为目标导向，以深入推进京津冀协同发展为战略牵引，加快实现“一基地三区”功能定位，促进共同富裕，推动全面从严治党向纵深发展，奋力开创全面建设社会主义现代化大都市新局面。

执笔人：张群，21 世纪马克思主义研究院经济社会文化发展战略研究中心特约研究员

卜凡彪，21 世纪马克思主义研究院经济社会文化发展战略研究中心特约研究员

第二章　加强产业人才队伍建设推动制造业高质量发展

习近平总书记在党的二十大报告中强调，科技是第一生产力、人才是第一资源、创新是第一动力。本章重点对加强和改进工业和信息化产业人才队伍建设，促进产业链、人才链、创新链深度对接，加快制造强国建设等方面谈几点认识。

第一节 "2022 年美国竞争法案"对我国参与国际人才竞争产生不利影响

2019 年 12 月新冠疫情暴发，继而引发全球产业链供应链动荡，越来越多的国家开始关注本国产业链供应链的完整和安全，人才的地位和价值也得到了前所未有的重视。

一、"2022 年美国竞争法案"引发全球新一轮国际人才竞争

2022 年 2 月 5 日，美国国会众议院审议通过"2022 年美国竞争法案"（*America COMPETES Act of 2022*），以提振美国在科技、教育、经济、外交等多个领域的国际竞争力。该法案主要内容包括：（1）创建美国芯片基金（CHIPS for America Fund），计划拨款 520 亿美元支持对半导体的研发和制造，以继续保持美国在半导体制造领域的领先地位，并确保更多半导体在美国国内生产。（2）加强供应链与美国制造业建设，授

权 450 亿美元改善美国供应链，防止关键商品短缺。（3）推动美国科学研究、技术和创新的卓越性，加大美国研究、创新和制造业转型的新投资。（4）继续限制中美科研交流，放宽移民政策，支持强有力的劳工标准和人权等关键条款。作为美国有史以来最大规模的“产业政策”立法，该法案不仅反映出美国产业战略的重大转变，而且从深层次反映出美国人才战略的重要转向，即从自由竞争走向深度干预和扶持，由此引发全球人才竞争加剧，许多国家都因此相继推出宽松移民政策，广泛招揽人才。

英国放宽入境、签证政策。2022 年 3 月 18 日，英国率先取消对所有旅客入境英国时的新冠防疫限制，对入境人员不再有核酸阴性报告及疫苗接种要求，旅客入境后无须进行自我隔离。5 月 30 日，英国启动“高潜力个人签证计划”（High Potential Individual Visa，HPI），5 年内毕业于英国以外的全球排名前 50 高校者，可以申请为期 2—3 年的工作签证，无名额限制，无须工作担保，无国家限制。该政策旨在吸引世界顶尖大学的学术精英，无论本科、硕士，还是博士毕业生，只要毕业学校在英国公布的 50 所顶尖大学名单内，即使还没获得工作录取通知，也能申请签证并带上配偶和孩子一起登陆英国。这 50 所高校包括 20 多所美国大学，中国高校 4 所在列，分别为清华大学、北京大学、香港大学、香港中文大学。

加拿大推出未来新移民计划。加拿大移民政策一直相对宽松，进入 2022 年，在此前基础上又进行大幅度政策宽松修订，目的为解决劳动力缺口，并瞄准世界优秀人才。2022 年 1 月，加拿大政府相关部门发布针对 70 类基本行业岗位以及 30 种医护岗位的邀请。2 月，加拿大联邦移民部（IRCC）发布未来 3 年新移民计划，依照该计划，2022—2024 年将吸引 133 万新移民，分别为 2022 年 431645 人，2023 年 447055 人，2024 年 451000 人，目标人数逐年攀升。另外，加拿大实施快速通道类移民项目，针对 IT 等重点领域和关键人才开展人才优先计划。

其他区域如欧盟也放宽流动限制，推出创业签证，推动创新创业高层次人才引进。总之，长远来看，无论是已抢占全球“人才红利”的科技先发优势国家，还是欲后来者居上的发展中国家，都会将积极开放的移民方式作为未来提升国际人才竞争力的最大法宝。

二、“2022 年美国竞争法案”对我国参与国际人才竞争提出挑战

我国参与国际人才竞争起步较晚，近些年，随着国家对人才重视程度提高，投入力度加大，我国国际人才吸引力跃升明显，但“2022 年美国竞争法案”明确提出以中国为战略“对手”，很大程度上将增加我国国际人才竞争难度，提升顶尖人才引进门槛。

（一）产业竞争加剧，我国关键领域人才引进难度加大

产业竞争说到底也是人才的竞争。“2022 年美国竞争法案”一改曾经对产业发展的自由放任态度，开始大力投入和扶持。例如，提出在半导体等制造业领域投资科技研发、强化供应链、增加国内就业、限制中美科研交流等。种种举措直指我国，以遏制我国在半导体、人工智能、量子科学等新兴技术和关键制造领域的飞速发展态势，提升对华竞争力。这在很大程度会削弱我国在一些关键领域的人才竞争力。数据显示，尤其在人工智能、区块链、半导体个别细分领域等，人才规模已呈现中美两强格局。

（二）学术脱钩频发，我国人才引进、培养渠道受阻

广泛开展国际科研交流和项目合作是近些年来我国技术引进和人才储备的重要渠道。据调研，中国 90% 以上高科技公司高管、首席科学家、核心研发人才有参与国际项目合作或外企工作经历。而特朗普执政以来，合作限制增多，人才交流门槛提高。首先，移民和留学政策收紧，来自中国的科学、技术、工程和数学（STEM）领域的留学生要接受严格审查。其次，学术脱钩，2022 年 5 月 30 日，美国《自然》杂志报道称，过去 3 年多，不仅共同署名中美科研机构的论文作者数量下降超过 20%，论文数量在 2021 年也出现下降。再次，动用国家力量遏制中国头部科技企业，将其排除在主要市场之外，仅 2018 年以来，美国就发起三波“规模性”对华“制裁”，被列入“实体清单”的中国企业有上百家。“2022 年美国竞争法案”对中国的遏制政策进一步升级，明确提出支持美国经济独立于中国之外，要利用联邦机构和资源对抗中国对外国政府的援助和融资，还要求美国政府加强科技外交战略，并联合美国私营企业开展

竞争行为。这些措施严重制约了我国重点领域关键人才的引进和培养难度。

（三）开放移民政策，我国高端人才国际竞争力减弱

2022 年开年以来，美国移民政策“利好”迭出。1 月，白宫发布了针对科学、技术、工程、数学专业毕业生的新政策，新增 22 个专业相关学习领域的延期签证，延期时间长达 36 个月，条件优秀的科学、技术、工程、数学专业博士可以直接申请美国绿卡；2 月，竞争法案明确，科学技术、工程、数学专业的外国博士毕业生申请美国绿卡豁免国别配额限制，即不再限制生活和工作在美国的外国科学家（及其配偶、子女）数量；3 月，国会重新批准 EB–5 投资移民的区域中心计划，预留 3200 个没有排期的名额，留学生申请人不用参与工签抽取，而此前政策规定，新的投资移民申请人需等数年甚至十几年；4 月，美国疾控中心宣布上海返美核酸豁免，公布之日起至 5 月 11 日止，美国公民、国民、合法永久居民（绿卡）以及某些非公民个人，返回美国不用提供核酸检测结果或康复证明；6 月 1 日起，美国移民局对杰出人才类别的部分移民申请加急优先处理，包括 EB–1C 跨国公司高管和 EB–2 拥有国家利益豁免（NIW）者。

（四）排除在美“共同价值观”之外，我国国际人才合作难度增加

“2022 年美国竞争法案”多次提到“共同利益”和“共同价值观”，提出要致力于投资联盟和伙伴关系，以促进在“共同利益”和“共同价值观”方面的更密切合作。早在 2021 年 5 月，美国就联合来自欧洲、日本、韩国、台湾等国家和地区的全球 65 家芯片制造商与上下游厂商，共同组建“美国半导体联盟”，以帮助美国与其盟友更长久地维持领先优势，特别是针对中国的领先优势。2022 年 5 月，美国总统拜登访问韩国和日本，开启其上任后首次亚洲之旅，意在落实美“印太经济框架”，以“共同价值观”加强美日同盟和美韩同盟，持续推动其战略重心东移。美此次行动意图明确，未来无论是美日同盟、美韩联盟抑或是美印、美澳关系，都将直接影响我国和周边国家的贸易与合作，间接对我国国际人才交流、合作环境形成挤压。

三、积极应对，保持我国人才国际竞争比较优势

（一）关注动向，敏捷应对

以上海为例，疫情封控期间正值其他国家相继宣布疫情结束并大举放开移民政策，上海面临高端人才外流风险。据拉勾招聘《2022 疫情期间上海人才趋势报告》显示，在对互联网行业调研中，有 18% 的求职者表示，因为某些原因可能会选择离开上海。在此情况下，有关部门积极应对，6 月 1 日疫情刚过就推出人才新政，选拔标准直接对标国外，其中一项人才落户政策规定，对于毕业于世界排名前 50 名院校的学生，取消社会保险缴费基数和缴费时间要求，全职入驻上海工作后即可直接落户，毕业于世界排名 51—100 名院校的学生，全职入驻上海工作并缴纳社保满 6 个月后可申办落户。

（二）开放姿态，融入竞争

对标国外人才管理标准和体系，以开放的姿态融入国际人才竞争，树立全球一盘棋思维，延揽国际高端人才。加大科技和教育投入力度，启动重点领域和急需紧缺人才本土储备和培育计划；放开移民政策，完善、细化和出台外国人永久居留条件；推动重点高校与国际一流高校多方合作，优化对外合作资金管理体系，去除不必要的障碍；加快建设重大科学装置、重点实验室、国家制造业创新中心、科技研发中心等高端人才创新载体，重点吸引科学、技术、工程、数学领域国际优秀人才；采取科研鼓励、宽容措施，支持长期基础学科研究工作，支持外籍人才研究经费投入；出台政策支持非营利组织，吸收民间力量支持科研，淡化政府资助色彩；搭建国际人才港、人才社区、人才服务平台，完善人才发展生态；兼顾人才政策的公平性，例如此次上海人才政策只针对留学归国人员，排名位列榜单前 50 名的清华大学、北京大学、浙江大学、复旦大学等高校毕业生无缘享受，故而欠妥。

（三）合理引才，高效用才

一是精准对接人才。培育国际品牌中介机构，完善人才市场，以市场机制调节、吸引、整合人才资源，通过公开竞争进行人才供需双向选择，实现人才要素与用人机构的最佳搭配，避免人才资源浪费。二是科学管理人才。政府出资聘请人力资源专家，对人力资源管理过程中的环节和细节进行科学设计、全面谋划，指导地方政府和企业进行人才资源

规划、招募、培训、评价，最大限度激发与开发人才的效能。

第二节　加快和改进专精特新“小巨人”人才队伍建设，助力中小企业强链补链[①]

专精特新“小巨人”是中小企业中的佼佼者和排头兵，承担着强链、补链，提升我国产业基础高级化产业链现代化水平，增强经济发展韧性的重任。高质量的人才队伍直接决定专精特新“小巨人”企业行稳致远，争夺产业链国际话语权。本节基于网络招聘大数据，围绕加快专精特新“小巨人”企业人才队伍建设，助力中小企业创新发展，以及强链补链问题开展一些思考。

一、专精特新“小巨人”企业人才需求情况分析

（一）不同岗位人才需求量分布

数据显示，专精特新“小巨人”企业排名前十的岗位依次为：销售顾问、销售经理、生产线工人、工程技术员、软件工程师、销售工程师、工艺工程师、操作工、机械工程师、生产管理员。普通中小企业排名前十的岗位依次为：销售顾问、生产线工人、操作工、销售经理、生产管理员、销售工程师、文员、仓库管理员、客户主管 / 经理、会计。

（二）不同岗位人才学历要求

对硕士学历有要求的岗位排名第一的是算法工程师，47% 的专精特新“小巨人”企业和 33% 的普通中小企业要求硕士学历。其他岗位的情况也类似，对硕士学历有要求的专精特新“小巨人”企业比例明显高于普通中小企业。

对本科学历有要求的岗位排名第一的依然是算法工程师，98% 的专精特新“小巨人”企业和 90% 的普通中小企业要求本科及以上学历。其

① 本部分数据来源：职教桥大数据中心（全国线上招聘数据），统计时间范围为 2020 年 7 月—2021 年 6 月。

他岗位的情况也类似，对本科学历有要求的专精特新“小巨人”企业比例高于普通中小企业。

（三）岗位薪资情况

总体来看，专精特新“小巨人”企业薪酬在4000元以下的岗位占比不大，多数企业的各岗位薪酬在6000—10000元。薪酬众数在4000—6000元的岗位主要是低技能要求的操作员、生产管理员、文员等。薪酬众数在6000—8000元的岗位主要是技能要求相对较高的质量工程师等，以及生产主管等中层管理人员。薪酬众数在10000—15000元的岗位主要是对技能要求更高的软件测试工程师等岗位，以及对企业业绩有重要贡献的销售类管理层岗位、产品研发等岗位。我们又选择了平均薪资最高的前十个岗位与普通中小企业作对比，结果发现，专精特新“小巨人”企业这些岗位的工资并没有明显的优势，甚至在一些岗位上还达不到普通中小企业的水平，如算法工程师、java开发工程师、项目经理及产品经理等四个岗位。

（四）岗位专业要求

据统计，专精特新“小巨人”企业需求量最大的前十个专业分别是：计算机、电子、自动化、机械、市场营销、通信、药学、机电一体化、医学、电气。由此可以发现，专精特新“小巨人”企业所招聘人才集中在国家重点发展的领域，例如新一代信息技术领域、高档数控机床和机器人领域、航空航天装备领域、海洋工程装备及高技术船舶领域、先进轨道交通装备领域、节能与新能源汽车领域、电子装备领域、新材料领域及生物医药和高性能医疗器械领域。

（五）人才招聘时长

专精特新“小巨人”企业人才招聘时长排在前三的岗位分别是工艺设计工程师、销售工程师及安装工人，招聘时长分别达到64天、63天、62天。生产线工人、操作工等基础技能人员的平均招聘时长也排在前列，达到62天。可见专精特新“小巨人”企业在这些岗位的人才供求矛盾还是比较突出的。招聘时长较短的岗位有：仓库管理员、采购专员、客户主管/经理、会计、文员。这些岗位的人才供给较为充裕，能在较短时间内招聘到合适的人员。

二、当前专精特新“小巨人”企业面临的问题

（一）创新研发能力有待加强

截至 2022 年 9 月，全国已培育专精特新“小巨人”企业 8997 家，A 股上市专精特新“小巨人”企业 600 多家，这些企业一般具有高成长、高盈利、高估值、高研发强度、低市值的特征，超五成研发投入在 1000 万元以上，平均拥有 50 项以上有效专利，超六成从事工业基础领域，超七成深耕细分行业 10 年以上，超八成居本省细分市场首位。但通过招聘岗位对比发现，无论专精特新“小巨人”企业，还是普通中小企业，销售类岗位需求量都较大，尽管就技术类工程师岗位而言，专精特新“小巨人”企业的需求量明显高于普通中小企业，不过依然可以看出，专精特新“小巨人”企业仍处在产品应用和市场推广阶段，技术研发活动排在其后。所以，要提升专精特新“小巨人”企业科技创新能力，提升产业链强链补链稳链作用，还需从政策、经费、人才等方面提供支持。

（二）人才吸引力不够

通过以上分析可以看出，专精特新“小巨人”企业对人力资源素质水平要求较高，不仅要求有较高的学历，还要求有较长的工作经验。高素质人才相应会要求较高的薪酬水平，但研究发现，相对于普通中小企业，专精特新“小巨人”企业并没有给出相应的高薪酬。这就使得在人才吸引力方面，专精特新“小巨人”企业相对国有和外资企业来说劣势严重。其一，专精特新“小巨人”企业无论在工作条件方面，还是在人才职业发展方面的影响力都要小于国有或者外资企业；其二，受企业规模、企业性质等客观因素的限制，“小巨人”企业难以提供高薪、高福利来吸引人才；其三，对于高级人才而言，他们认为专精特新“小巨人”企业的稳定性劣于大企业，在中小企业发展的风险要高于大企业。

（三）现有人才流失严重

据广东省省情调查中心发布的《广东省情调查报告》显示，作为全国经济最发达地区之一的广东省，中小企业人才流失率竟然达到了 40%。虽然本次研究未能获取其中专精特新“小巨人”企业人才流失的直接数据，但从招聘周期来看，专精特新“小巨人”企业招聘各岗位时长为

66—38 天，远高于全国 52—21 天的平均水平。这一情况也间接反映出专特精新“小巨人”企业同样面临较为严重的人才流失问题，人才一旦流失，重新招聘的难度也比较大。

（四）人才需求缺口问题突出

一是高技能岗位需求缺口。专精特新“小巨人”企业人才招聘需求最大的专业类别集中在计算机、电子、自动化、机械等领域，这些专业对应的是专精特新“小巨人”企业的核心技术岗位。但从岗位人才招聘时长分析得出，数据研发工程师、工艺设计工程师等职位的招聘时长排在最前面，可见高技能岗位面临比较严重的人才缺口问题。二是低技能岗位需求缺口。虽然从学历、工作经验等就业门槛角度来看，这些一线技能工人的招聘要求并不高，但安装工人招聘时长却是排在第 3 位，可见低技能岗位也存在较为严重的人才缺口。

三、关于上述问题应采取措施的几点思考

针对上述问题，笔者认为应采取以下政策措施：一是加大政府引导投入，以企业投入为主体，建立专精特新“小巨人”企业创新载体，提升企业高端人才吸引力；二是专精特新“小巨人”企业集中的区域，可由政府牵头，组织企业跨地域招聘，解决区域内人才招聘难的问题；三是设立专精特新“小巨人”企业创新人才专项基金，对在科技研发、技术改进、工艺提升等方面作出贡献的人才给予物质奖励；四是鼓励企业面向全国相关院校开展校企合作，积极参与国家重点人才培养计划或工程，支持有条件的企业设立博士后流动工作站，加大企业人才自主培养力度。

第三节 我国关键软件领域面临的人才问题——以国产操作系统为例①

当前，国际环境面临前所未有之大变局，中美竞争日益公开化，从

① 本部分数据来源：海比研究院。

贸易战到科技脱钩，美国对我国科技方面的限制逐步加深，不少领域都出现了“卡脖子”问题。除芯片、光刻机等关键硬件之外，关键软件领域也面临巨大挑战，本节主要以关键基础软件——操作系统为切入点，对国产操作系统人才问题进行一些分析和探讨。

一、国产操作系统人才现状

（一）国产操作系统与全球领先技术水平差距较大

我国信息产业有“缺芯少魂”的说法，“芯”就是芯片，“魂”就是操作系统。芯片和操作系统作为信息系统金字塔结构的最底层，是现代信息社会基础的基础。在全球操作系统市场中，美国的谷歌、微软一直处于垄断地位，占据主要市场份额。根据华经产业研究院《2022年中国操作系统市场规模、产值及重点企业分析》，在我国操作系统市场中，Android、Windows 和 iOS 市场占有率最高，截至 2021 年 5 月分别为 50.49%、29.27%、13.89%，市场高度集中，国产力量相对薄弱，国产化率相对较小。尽管随着我国操作系统技术的提升，操作系统厂商在丰富生态方面取得了一定的进步，但与微软、谷歌、苹果相比仍存在较大技术差距。例如，国产操作系统大都是基于 Linux 开源社区开发，由全球的 Linux 开发者进行维护，缺乏足够的资金支持，应用开发的工具链质量相对较低。相比来说，闭源的 Windows 背后有微软提供技术开发支持，平台拥有较高的技术生态壁垒，其开发工具的数量和质量均有绝对的优势。数据统计，我国信息技术应用创新（简称“信创”）产业在关键基础软件

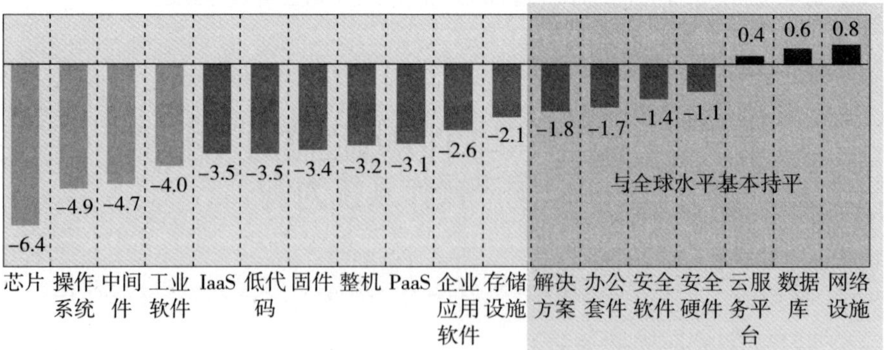

图 2–1　我国信创相关领域技术水平与全球技术水平的差距分析

领域，与全球技术差距较大的主要有操作系统、中间件、工业软件、低代码等，其中操作系统差距最大，为 4.9，仅次于芯片（6.4）。解决方案、办公套件、安全软件等应用软件领域差距较小，与全球领先水平基本持平。（见图 2–1）

（二）国产操作系统人才现状

1. 人才总量分布情况。就从业人员总量来看，有行业专家估算，2020 年国产操作系统从业人员大概 2 万人，约占信创从业人员总量的 20%。就岗位来看，操作系统的关键岗位主要涉及基础软件开发工程师、系统工程师，其中，软件开发工程师数量高于系统工程师。

2. 人才区域分布情况。从现有国产操作系统人才区域分布情况来看，排名靠前的省市有北京、广东、江苏、上海、浙江、湖北等，其中，北京人才集聚程度最高，占比 40.8%；广东次之，为 15.2%。这与两地信创产业布局较早、头部企业相对集中等因素有关。当前，北京已经形成以龙芯、兆芯为核心的信创产业聚集地，涉及产业链内众多企业；其次为广东，以华为海思为核心，囊括了信创产业链全部细分行业。（见图 2–2）

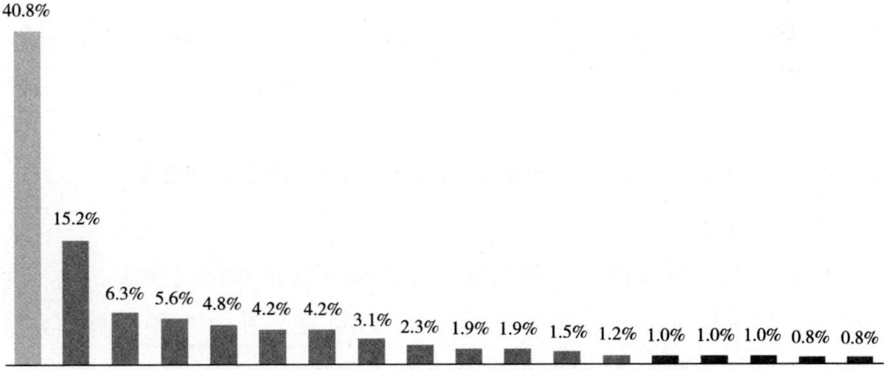

图 2–2　国产操作系统人才区域分布情况

3. 院校人才培养情况。从 2020—2021 年中国本科计算机类专业计划招生数来看，2020 年招生总人数为 341831 人，2021 年增至 360034 人，排名全国第一，增长率 5.33%。

从 2020—2021 年相关专业招生人数来看，计算机类的主要专业有计算机科学与技术、软件工程、数据科学与大数据技术、物联网工程等。其中，计算机科学与技术、软件工程专业为培养操作系统相关人才的主要专业。2020 年中国计算机科学与技术专业招生超过 85000 人，2021 年同比增长 2%；2020 年中国软件工程专业招生超过 70000 人，2021 年同比增长 4%。

从 2021 年中国各省市操作系统相关专业的招生比例来看，各省市平均计划招生比例为 9.32%，其中河南省为操作系统相关专业招生比例最大的省份，占比 12.59%；其次为江西省，占比 12.51%；再次为山西、广东、福建等省份。山东、安徽、湖南等省份操作系统相关专业的计划招生比例低于平均水平，上海市在中国操作系统相关专业计划招生数量占比最小，仅为 5.84%。（见图 2–3）

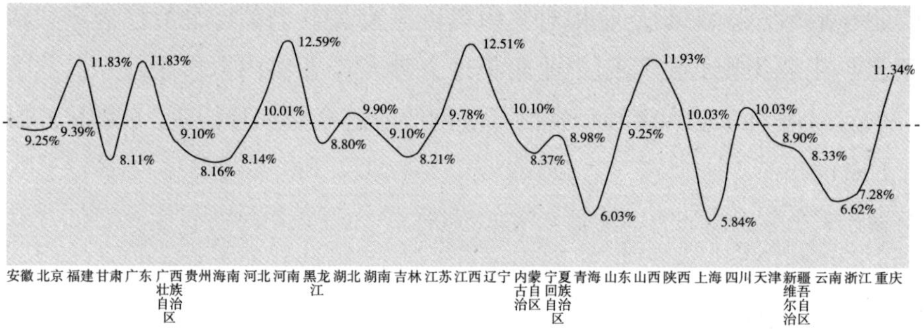

图 2–3　中国 30 个省市操作系统相关专业计划招生的数量占比

4. 企业人才培训情况。就信创产业总体人才培养情况来说，据不完全统计，当前从事信创技能培训的机构近 400 家，其中 70% 是操作系统厂商，主要为市场拓展和生态建设需要，围绕自有产品进行产品研发、交付和运维培训，代表企业有华为、麒麟、统信等；20% 是地方政府、协会等，也包括一些职业院校，主要集中于系统集成培训。随着信创产业发展步伐的加快，企业都在增加培训期数和培训人数，培训对象也从企业内训、产品生态架构客户扩展到政务人员、高校学生、社会在职人员等。

二、国产操作系统人才问题

（一）市场需求旺盛，尤其高端技术人才缺口较大

据亿欧智库《2021 国产桌面操作系统生态发展研究报告》，2020 年中国 IT 行业新增人才需求 102.3 万，但实际增长人数仅 22.7 万，存在近 80 万的缺口。另据赛迪预测，在整体关键软件领域，操作系统所属关键基础软件领域人才最为紧缺，紧缺度达 9.6，人才缺口超过 15 万。具体国产操作系统领域，2020—2022 年，相关岗位人才需求增速明显，其中，基础软件开发工程师岗位人才需求量最大。从头部企业情况看，2020 年初麒麟软件公司有员工 800 余人，2021 年底发展到 2100 余人，员工规模一年增长 162.5%，其中技术人员占比 70% 以上。2020 年 2 月，麒麟软件曾发布千人招聘信息，计划 5 年内打造一支万人精英团队，为打造桌面与服务器操作系统、云操作系统、嵌入式操作系统做人才储备。根据企业官方招聘信息，统信软件 2021 年在职员工约 1800 人，2022 年拥有员工 3000 人，2023 年计划增加到 4000 人，年均人才需求 1100 人，远高于同行业平均人才需求。分岗位来看，2021 年国产操作系统领域基础软件开发工程师岗位人才缺口约为 4000，系统工程师岗位人才缺口约为 2000。尽管国产操作系统人才增速快，但与国外动辄 10 万量级的员工人数相比，差距依然明显。

（二）应届毕业生行业流入比较低，只能满足半数市场需求

根据院校人才供给与操作系统岗位需求情况对比发现，院校应届毕业生行业流入比较低，只能满足半数市场需求。有数据统计，2021 年应届毕业生关注度高的行业主要有信息传输、软件和信息技术服务业、批发和零售、教育、租赁和商务服务业、科学研究和技术服务业，其中信息传输、软件和信息技术服务业占比最高，为 17.7%。（见图 2–4）

但另一组数据显示，在希望从事 / 打算从事的岗位中，选择技术、研发领域的毕业生占比较少，仅为 18%。另外，随着“95 后”进入工作岗位，选择跨行就业的毕业生逐渐增多，从事技术、研发领域的人才呈现逐年递减趋势，操作系统市场人才招聘压力也会增大。

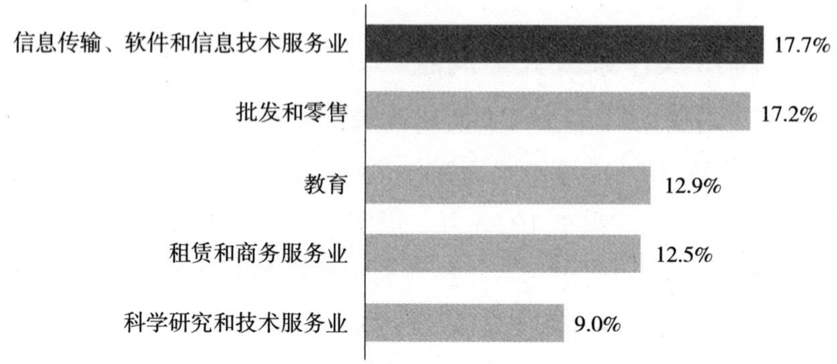

图 2-4　2021 年应届毕业生行业关注分布

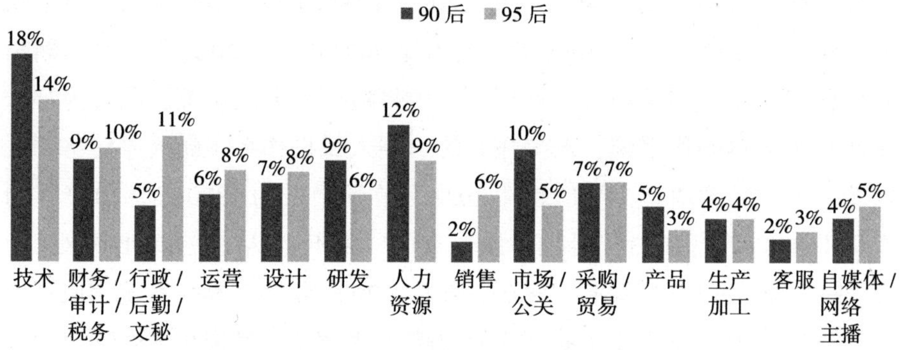

图 2-5　2021 届毕业生从事 / 打算从事的岗位

（三）院校人才培养体系对标产业技术路线和发展生态不够

作为“2+8”安全可控体系（“2”指党、政，“8”指金融、电信、电力、石油、交通、教育、医疗、航空航天等关键行业）的重点推广行业，教育行业已迎来信创高潮，但目前来看，院校信息技术课程建设步伐并没有跟上信息系统国产化建设步伐，不少院校依然沿用国外技术架构的教材，缺乏信创相关学习平台和课程体系，国产操作系统课程、教材研发滞后，课程替代率低。据调研，当前高中信息技术课程教学内容是 Python 编程和数据结构，教学环境是 Windows 和 Linux 搭建。初中和小学的信息技术课程教材则是以 Ms Windows 为基础编写的。

（四）人才企业、区域集中度过高，影响行业人才正常流动

从企业来讲，操作系统存量人才主要集中在华为、麒麟软件、统信软件等几家头部企业。从区域来讲，操作系统人才主要集中在北京、广

东、江苏、上海等发达地区，欠发达地区人才供给不足。这种企业、区域人才不均衡分布直接影响行业人才正常、合理流动，一方面头部企业、发达地区人才资源过剩；另一方面中小微技术创新企业、欠发达地区人才招聘难，导致人才资源浪费严重。

三、打好人才攻坚战，助力国产操作系统高质量发展

（一）对标产业发展趋势，升级院校课程体系

建议由工信部、教育部等部委牵头，成立国产操作系统课程研发专家小组，基于国产操作系统技术架构和产业发展方向，开发课程、教材，加大师资培养力度，构建国产操作系统人才培养体系，创新国产操作系统人才培养模式，快速响应市场人才需求。

（二）加大产教融合力度，缩短毕业生岗位适应时间

鼓励龙头企业与院校联合建设特色软件学院，以工程或项目为载体，提升学生实践能力。建立毕业生提前录用机制，对于优秀的学生学校可提前派遣，企业可提前录用，实现学生一毕业即就业，或未毕业即就业。

（三）建立区域项目交流合作机制，实现人才共育共享

政府牵头，积极对接教育、人才资源丰富的地区，共建项目合作、人才交流、人才培养机制，均衡区域产业、教育、人才资源差异，提升院校、社会教育资源利用效率，实现区域人才自主培养。

（四）构建人才标准体系，输出高质量信创人才

建议由相关部门牵头，面向厂商、高校、科研院所、第三方服务机构、行业协会等开展信创人才培养资格认证工作，旨在整合优势资源，规范行业人才培训、评价、服务标准，畅通人才知识更新渠道，输出高质量信创人才。

第四节　用好工程型“人才红利”，提升我国关键领域国际竞争力

2018 年 5 月 28 日，习近平总书记在中国科学院第十九次院士大会、

中国工程院第十四次院士大会上强调，工程科技是推动人类进步的发动机，是产业革命、经济发展、社会进步的有力杠杆。2022 年 3 月 4 日，主题为“更智慧地重建：工程建设未来”的“世界工程日”活动以线上直播的形式举办，强调要更好地发挥科学技术和工程在转型重建中的作用，发挥工程师在建设可持续未来方面不可替代的角色。尤其随着人工智能、大数据、云计算等新兴技术的普遍应用，工程师已经渗透到基础理论研发、科技成果转化和应用的各个环节，工程型人才红利的释放将成为推动我国科技自立自强、产业转型升级的重要驱动力。

一、工程型人才是我国关键领域发挥后发优势的重要驱动力

（一）工程型人才在基础研究领域正发挥着愈加重要的影响力

当前，工程应用领域与基础研究领域正在加速融合，几乎每一个科学发现都需要精准、系统的工程验证，基础科学理论验证离不开工程型人才支撑。例如，理论物理学家基普·索恩（Kip Thorne）很早就发现了引力波的巨大潜力，他描述了引力波信号的特征并估算了引力波的强度，但探测到引力波则是一个工程问题。其后，物理学家雷纳·韦斯（Rainer Weiss）发明了激光干涉仪引力波探测器，为验证引力波奠定了实验基础。在这一基础之上，另一位物理学家巴里·巴里什（Barry Barish）建立起了激光干涉引力波天文台 LIGO，并将引力波项目打造成一个世界级大科学项目。上述三位科学家共同获得了 2017 年诺贝尔物理学奖。

中国科学院院士、东华大学材料科学与工程学院院长朱美芳说，在材料科学领域，基础研究和应用以前是脱节的，但现在人们越来越发现，工程问题本质上就是科学问题。随着技术的进步发展，基础理论实验和验证对工程人才的需求已发生变化，既懂科学又懂工程的交叉型复合人才最受欢迎。

（二）发达国家关键领域先发优势主要得益于工程型“人才红利”

工程师是先进生产力的典型代表，工程型“人才红利”说到底是“智力红利”，用好工程型“人才红利”的国家和地区成为全球未来产业技术引领之地，而没有及时跟上工程人才培养步伐的国家与地区则在竞争中被甩在了后面。以软件工程领域为例，发达国家软件工程师支撑产业

高速发展 20 年。据埃文斯数据公司（Evans Data Corporation）数据显示，2019 年，世界范围内共有 2640 万名软件工程师，到 2023 年，将会增加至 2770 万。数据美国（DataUSA）统计，2017 年美国软件工程师、应用与系统软件从业人数达 136 万。IT 技术问答网站 Stack Overflow 统计，2018 年欧洲软件工程师为 550 万，其中德国的软件工程师数量最多，约有 83.7 万。中国软件工程师数量增长最快，目前保守估计有 160 万软件开发人员，到 2023 年占全球比例将达 6%—8%。[①]

美国知名职业规划服务商 Zippia 统计数据显示，截至 2022 年 6 月，美国雇佣工程师共 192270 名，平均年龄 41 岁，66% 供职于上市公司。另有统计数据表明，当前，美国生物医学工程领域拥有工程师 19890 名，电子电气工程领域 313970 名，航空工程领域 72500 名，机械工程领域 277500 名，硬件工程领域 75870 名。[②]

二、技术交叉融合背景下我国工程型人才培养典型模式与成效

（一）高校卓越工程师教育培养计划

以航空工业为例，为加快培养适应和引领新一轮科技革命和产业变革的航空卓越工程科技人才，从卓越工程师教育培养计划 1.0 到 2.0，我国航空工业相关重点高校积极行动，成立特色专业学院，开设特色课程，强化工程理念，培养工程英才。例如，北京航空航天大学成立未来空天技术学院，开设吴大观菁英班；西北工业大学开设黄玉珊班、两机专项工程博士班；南京航空航天大学成立长空学院，开设钱伟长班等。卓越工程师教育培养计划开创了我国具有航空特色的高等工程教育新变革，把工程科技人才培养模式提升到了一个新高度，人才培养成效显著。

据我国航空工业人才集聚高地——航空工业集团人才数据显示，2021 年，航空工业集团拥有工程型顶尖人才：院士 11 人，“百千万人才

---

① 《从欧美到亚洲，2019 年全球有多少个软件工程师？》，CSDN，2019 年 8 月 24 日，https://blog.csdn.net/duxinshuxiaobian/article/details/100054583。

② 《美国工程专业最佳就业 TOP10，平均年薪 10 万 + 美元！》，知乎，https://zhuanlan.zhihu.com/p/104837593。

工程”国家级人选 40 人；技术领军人才：首席技术专家 141 人，特级技术专家 390 人，一级技术专家 552 人，享受国务院特殊津贴人员近 3000 人；技能领军人才：中华技能大奖 13 人，全国技术能手 206 人，首席技能专家 133 人，特级技能专家 380 人，技术能手 405 人。上述技术领军人才很大比例来自卓越工程师教育培养计划，航空专业卓越工程师学院已成我国航空工业人才的“母机”。

（二）以赛促培，行业大赛成重要平台

以中国大学生方程式汽车大赛为例，该大赛创立于 2009 年，是中国汽车工程学会作为行业组织参与汽车工程型人才培养的一个典型案例。据统计，自创立以来大赛已累计为我国汽车产业发掘、培养和储备优秀青年人才 4 万多名，成为汽车行业最大赛事平台，被誉为中国汽车工程人才的“摇篮”。大赛已建立起项目管理员、电气系统安全员、整车试验员、CAE 工程师、无人系统安全员、商业策划师、成本控制师、全媒体运营师等完整的专项人才培养体系，国内各大传统主机厂、智能电动汽车企业都有从赛事走出来的毕业生，他们已成为我国汽车产业自主创新的中坚力量。[①]

同时，大赛也很好带动了企业作为用人主体参与大赛的积极性。例如，新势力造车龙头蔚来汽车，自 2015 年开始支持中国大学生电动方程式大赛，2021 年又开始支持中国大学生无人驾驶方程式大赛，通过大赛，蔚来汽车已储备不少自动驾驶人才，已有上百名大赛选手加盟蔚来汽车。

三、我国工程型人才存在的问题

（一）工程教育学科建设落后于世界发达国家

我国工程教育世界规模最大，并拥有最大规模的工业化实践，但从世界范围看，我国工程教育学科建设质量并不高。西安交通大学校长王树国举过一个例子，当年他上机械制造实践课时老师让他们做小榔头，几十年后下去调研，机械制造专业学生在实践课上依然做小榔头。

相比之下，美国高等工程教育为了促进其面向未来的进程，现在普

---

① 《体系化培养，中国大学生方程式大赛输送汽车人才超 4 万名》，中国经济网，2022 年 6 月 20 日，http://auto.ce.cn/auto/gundong/202206/20/t20220620_37772967.shtml。

遍实施了“大挑战学者项目”，直接针对美国国家工程院提出的“14 项工程大挑战”，实施面向未来的高素质工程人才培养计划。麻省理工学院引进企业管理的理念和方法——虚拟研发组织，以“无形组织，有形机体”的方式将学校的各工程学科连接起来，以打破专业壁垒，顺应多学科交叉趋势，同时有助于培养学生的团队合作精神和创新能力。

“如果没有领先的工程教育，就无法培养创新的工程技术人才，也就无法保证我们作为一个国家在未来世界格局中的繁荣与安全。”中国工程院咨询项目“世界顶级工学院战略研究”作出如此判断。尤其现在，大工程系统越来越多，对学科交叉的要求也越来越高，这就需要高校的工程学科建设要更加前沿化、综合化，才能跟上科技发展的步伐。

（二）关键领域工程型人才国际竞争严峻

以芯片领域为例，在美国，为保持增长和供应链稳定，英特尔、台积电和三星等芯片巨头都在扩大制造能力，广泛招揽人才。例如，英特尔亚利桑那州、俄亥俄州在建晶圆厂要招聘 6000 个职位，台积电亚利桑那州在建先进晶圆厂要招聘 1600 名有能力的高科技人才，在得克萨斯州，三星 2024 年开业的工厂配备了 2000 多个高科技职位。另外，自 2022 年 11 月 1 日起，为保证台积电美国亚利桑那州晶圆厂 12 月如期试产和量产，台积电工程师每 2 周 1 班、共 6 班包机陆续前往美国，台湾地区媒体人陈凤馨表示，随着一批批人才去美国，台湾地区会形成“慢性失血”状况。在日本，据一家国家行业机构称，未来 10 年需要大约 35000 名工程师才能跟上政府推动半导体行业发展的步伐。[①] 在我国，据测算，到 2023 年前后，全行业人才需求将达到 76.65 万左右，其中设计业 28.83 万，制造业 28.27 万，封装测试业 19.55 万。[②]

同时，还有个不可忽略的事实是我国工程型人才吸引力不足。数据显示，在整个美国，为美国高校或科技公司工作的中国名校毕业生超过

---

① 《美国芯片工程师，跃居最挣钱技术工》，东方财富网，2022 年 9 月 20 日，https://caifuhao.eastmoney.com/news/20220920091538649769450。

② 《〈中国集成电路产业人才发展报告（2020—2021 年版）〉发布，未来两年仍有 20 万人才缺口》，电子工程专辑，2021 年 11 月 2 日，https://www.eet-china.com/news/202111020204.html。

20 万人。芯片领域，在 2020 年全球十大芯片设计厂商排名中，有 8 家公司的首席执行官或创始人是华人，比如英伟达创始人黄仁勋、美国超威半导体有限公司的苏姿丰等等。如今，华人科学家掌舵的美国公司开始对中国企业进行“围堵”。半导体顶尖人才、庞大的留学生群体、为美国服务的华人科学家，对国产半导体领域人才竞争产生了不利影响。

（三）工程型人才全球数量最多但关键领域缺口严重

当前，我国工程师数量全球最多。据世界顶级工学院战略研究报告给出的数据，我国每年工科毕业生总数超过世界工科毕业生总数的三分之一。[①] 但数量多并不意味着质量高，当前，支撑我国产业转型升级的人才储备依然缺乏，高层次、创新型工程技术人才明显不足，尤其关键产业领域。

关键软件领域，据赛迪发布的《关键软件领域人才白皮书》，预计到 2025 年，我国软件产业规模将达 12.8 万亿元，软件行业人才总需求将达 890 万，新增人才缺口达 192 万，其中，关键软件领域新增人才缺口将达到 83 万。

生物医药领域，2022 年 11 月发布的《上海生物医药产业人才发展白皮书》公布数据显示，仅上海市未来需要人才就超过 10 万人，紧缺岗位集中在生产制造序列（54.4%）和研发序列（27.1%），生产制造序列“十分紧缺”岗位占比 47.8%，研发序列“紧缺”岗位占比 52.2% 。

半导体领域，在 2021 年 10 月 27 日人社部发布的当年三季度“最缺工”的 100 个职业排行中，电子元器件工程技术人员排在第 47 位，半导体芯片制造工排在第 82 位，电子材料工程技术人员排在第 89 位。预计到 2023 年前后，全行业人才缺口将达到 20 多万。[②]

---

① 《我国每年工科毕业生超全球 1/3，为何“根叔”等工程院院士还说做法很不未来》，上观新闻，2021 年 5 月 20 日，https://www.shobserver.com/staticsg/res/html/web/newsDetail.html?id=369255&sid=67。

② 《〈中国集成电路产业人才发展报告（2020—2021 年版）〉发布，未来两年仍有 20 万人才缺口》，电子工程专辑，2021 年 11 月 2 日，https://www.eet-china.com/news/202111020204.html。

四、加强工程型人才队伍建设，提升我国关键领域国际竞争力

（一）加强交叉工程学科建设

一是加强专业建设，推动现有工科与工科的交叉融合，工科与其他学科的交叉融合，基础理论学科向工程学科延伸，注重理工结合，避免两张皮。二是改进教学模式，鼓励工程类专业学生从事跨学科研究，开设定向保研渠道，推广本硕、本硕博连读培养方案；围绕加强学生工程实践训练，制定实施研究、实践和技术创业导向计划，引导学生在理论、实验和实践间达到平衡。三是建立工程型人才协同育人机制，赋予企业、协会、科研院所参与组织实施卓越工程师教育培养计划的资质。四是完善教学、学科评估标准，推广以产出导向的教学、学科评估模式。

（二）增设工程型人才“红利”

在我们迎接工程师红利时代的时候，不妨也给工程师更多的红利，让“工程师红利”真正成为工程师的“红利”。一是设立“工程师节”，宣传工程师和工程对当今世界的贡献，提升公众对工程技术改善人类生活、推动社会发展作用的认知，弘扬工匠精神，营造尊重工程师氛围。二是畅通高技能人才、工程技术人才、工程领军人才职业发展渠道。三是积极参与国际工程型人才标准制定，加强工程型人才国际互认。四是发挥高校工程型人才培养领航作用，以高校为主体建立政产学研用工程型人才协同创新中心，配套创新创业基金，构建面向工程型人才的职业发展生态。

（三）面向关键领域实施工程领军人才培养计划

一是建立多部门联合工作机制，组建专项培养计划专家委员会，负责工程领军人才培养计划的规划设计并组织实施。二是分批次分领域推进，率先在最关键领域启动人才培养计划，逐步扩大到其他重点领域。三是联合院校、科研院所、行业协会、龙头企业等面向全国设立工程领军人才培养基地。四是依据国际工程人才认证标准制定针对性工程领军人才能力标准。五是用好现有基金，设立工程领军人才大数据中心，针对性开展工程领军人才资格认定工作，并授予认定人员参与相关大工程

系统资质。

执笔人：李廷茹，21 世纪马克思主义研究院经济社会文化发展战略研究中心特约研究员、工信部人才交流中心研究人员

第三章　强化知识产权信息公共服务体系建设对推动高质量发展极为重要

习近平总书记在党的二十大报告中强调："高质量发展是全面建设社会主义现代化国家的首要任务"，"创新是第一动力"，"加强知识产权法治保障，形成支持全面创新的基础制度"。创新能力的提升与知识产权制度的有效运用密切相关。知识产权制度作为激励创新的基本制度，是高质量发展的重要内容和关键支撑。发达国家的实践证明，高质量的知识产权与完备的知识产权信息公共服务的支撑密不可分。加快建设便民利民的知识产权信息公共服务体系，充分发挥知识产权对制造业的促进和保护作用，为推动高质量发展提供制度支撑。

轻工业是我国国民经济的传统优势产业、重要民生产业，是国民经济的重要组成部分。本章重点从轻工业知识产权公共信息服务建设的重要意义、建设目标与内容及组织实施、发展战略与管理效能等进行分析。

第一节　强化轻工业知识产权信息公共服务体系建设的重要意义

随着知识经济和经济全球化深入发展，知识产权作为国家发展战略性资源和国际竞争力核心要素的作用更加凸显，成为建设创新型国家和扩大对外开放的重要支撑。深入实施知识产权战略是全面深化改革的重要支撑和保障，是推动经济结构优化升级的重要举措。

一、党中央和习近平总书记十分重视知识产权保护工作

党的十八大以来，以习近平同志为核心的党中央将知识产权工作摆在更加突出的位置，就建设知识产权强国作出一系列重大决策部署，出台一系列重大举措，深刻揭示了知识产权发展的客观规律、丰富内涵和重要作用，引领我国知识产权事业进入新时代，开启知识产权强国建设新征程。

2008 年 6 月，国务院颁布实施《国家知识产权战略纲要》，将知识产权上升为国家战略，明确“构建国家基础知识产权信息公共服务平台……培育和发展市场化知识产权信息服务”。2016 年 5 月，中共中央、国务院颁布《国家创新驱动发展战略纲要》，提出“加强知识产权强国。深化知识产权领域改革，深入实施知识产权战略行动计划，提高知识产权的创造、运用、保护和管理能力”。2021 年 3 月，十三届全国人大四次会议审议通过的《中华人民共和国国民经济和社会发展第十四个五年规划和 2035 年远景目标纲要》明确“健全知识产权保护运用体制，实施知识产权强国战略，构建知识产权保护运用公共服务平台”。同年 9 月，中共中央、国务院印发《知识产权强国建设纲要（2021—2035 年）》，指出“建设便民利民的知识产权公共服务体系。加强覆盖全面、服务规范、智能高效的公共服务供给；加强公共服务标准化、规范化、网络化建设；建立数据标准、资源整合、利用高效的信息服务模式”。2022 年 1 月，国家知识产权局颁布《知识产权公共服务“十四五”规划》，指出“到 2025 年，知识产权公共服务体系更加便民利民、公共服务信息化基础设施更加智慧便捷、公共服务供给更加丰富多元、公共服务发展基础更加牢固坚实”。

习近平总书记高度重视知识产权工作，2020 年 11 月 30 日，他在主持中央政治局第二十五次集体学习时强调，知识产权保护工作关系国家治理体系和治理能力现代化，关系高质量发展，关系人民生活幸福，关系国家对外开放大局，关系国家安全。全面加强知识产权保护工作，促进建设现代化经济体系，激发全社会创新活力，推动构建新发展格局。

他审时度势，高瞻远瞩，就知识产权法律制度建设、知识产权综合管理改革等作出一系列重要指示，提出“保护知识产权就是保护创新”“产权保护特别是知识产权保护是塑造良好营商环境的重要方面”等重要论断，进一步明确了知识产权的功能定位，赋予知识产权新的时代内涵。因此，深入实施国家知识产权战略，深化知识产权领域改革，打通知识产权创造、运用、管理、保护和服务全链条，严格知识产权保护，加强知识产权运用，提升知识产权质量和效益，扩大知识产权国际影响力，加快建设中国特色、世界水平的知识产权强国，成为实现“两个一百年”奋斗目标和中华民族伟大复兴的中国梦的重要支撑。党的十九大提出，“加快建设创新性国家。倡导创新文化，强化知识产权创造、保护、运用”。党的二十大指出，“深化科技体制改革，深化科技评价改革，加大多元化科技投入，加强知识产权法治保障，形成支持全面创新的基础制度”，赋予了新时代知识产权工作新的历史使命。

二、我国轻工业发展现状呼唤加快知识产权保护体系构建

轻工业是我国重要的民生产业和传统优势产业，分布在国民经济分类的 21 个大类、69 个中类和 213 个小类行业中，覆盖面广，涉及吃、穿、住、用、行、教、乐等多个方面。轻工业是惠民生、稳就业、扩出口的主力军，90% 以上为中小企业，约占全国工业企业数量的 30%。2021 年，轻工业以占全国工业 13.4% 的资产总额，实现了全国工业 17.5% 的营业收入和 16.2% 的利润；规模以上轻工企业 11.3 万家，实现营业收入 22.4 万亿元，同比增长 14.4%，实现利润总额 1.4 万亿元，同比增长 7.4%；努力克服中美经贸摩擦的不利影响，出口突破 9000 亿美元，同比增长 30%。2022 年上半年，轻工业营业收入 11.27 万亿元，同比增长 7%；利润 6903 亿元，同比增长 5.3%；出口 4583 亿美元，同比增长 12%。轻工业为国民经济增长作出积极贡献。

我国虽是轻工大国，但还不是轻工强国，特别在知识产权领域与发达国家相比仍有较大差距。内销方面，由于轻工业产品品类多、更新快，企业申请的专利多以实用新型和外观专利为主，一些不法企业仿冒市场上畅销的品牌企业产品，影响了行业正常的市场竞争秩序，妨碍了企业

创新积极性。出口方面，多数中小企业停留在接单与模仿阶段，技术研发、创意设计、高端制造、品牌运作和市场服务等方面的能力较弱，产品同质化现象严重，中低端或代工生产占了绝大多数，轻工外贸出口领域的纠纷、诉讼时有发生。企业通过合理运用知识产权保持创新优势，提高产品技术附加值和品牌价值的需求十分迫切。新冠肺炎疫情期间，我国轻工产品出口等国际贸易的背后也涉及大量的知识产权许可、转让以及产权效益等问题，深入推进轻工行业知识产权建设更利于“稳外贸”“促外贸”，轻工企业拥有高质量的自主知识产权，更有利于在国际贸易中占据主动地位。

当前，我国主要知识产权指标总体平稳、稳中有进，知识产权质量效益持续提升，知识产权“严保护”环境正在形成，法律威慑作用日益凸显。国家知识产权局数据显示，2012 年至 2021 年，我国累计授权发明专利 395.3 万件，年均增长 13.8%；累计注册商标 3556.3 万件，年均增长 25.5%。截至 2022 年 9 月，我国发明专利有效量为 4081.6 万件；有效注册商标量 4152.3 万件；累计批准地理标志产品 2495 个；标准地理标志作为集体商标、证明商标注册 6992 件；集成电路布图设计累计发证 5.9 万件。

面对新形势新任务新要求，我国知识产权事业发展还有较多的矛盾和问题，这些矛盾和问题在轻工领域表现得十分突出。一是轻工行业内多数企业未能及时制定符合自身实际的知识产权战略规划；二是对于专利、商标或标准等知识产权在创造、运用、管理和保护等方面缺乏经验和方法，数量质量不协调、保护体系不规范、运用能力不足、公共服务水平不高等问题较多；三是行业的知识产权预警监控和信息共享机制不健全，缺少专业的“导航”指引；四是保护效果与其他知识密集型行业仍有差距，特别是在国际合作领域严重影响了产权效益。

因此，加快建设轻工业知识产权公共服务体系，既是落实国家战略的需要，又是推动轻工业高质量发展的重要手段之一。通过构建行业知识产权公共服务体系，能够服务知识产权创造、运用、管理、保护全链条，支撑和赋能轻工行业创新发展，更好地满足人民日益增长的美好生活需要。

第二节　轻工业知识产权信息公共服务体系建设总体目标与内容及组织实施

我国大部分轻工企业只重视有形资产的管理和保护，忽视了知识产权等无形资产的重要价值。不重视技术的保密、专利的维护以及商标等知识产权的保护，没有使这些无形的资产发挥重要的价值，失去了为企业创造利润的机会。

一、轻工业知识产权信息公共服务体系建设的总体目标

针对轻工行业企业知识产权创造、运用和保护能力不强，管理水平整体不高的现状，轻工业知识产权信息公共服务体系建设的总体目标是：建立并持续完善轻工业知识产权公共服务云平台功能，为轻工企业提供更加便捷、高效、实用的知识产权云服务；不断提升知识产权公共服务水平，引导和增强轻工企业、轻工产业集群对知识产权的开发布局能力、信息利用能力和抗风险能力，提高创新效率，促进无形资产保值增值；深入了解轻工行业、企业、产业集群及区域政府的需求，探索知识产权管理、保护的新形式、新办法，带动、促进行业整体知识产权管理水平的提升；推进轻工业知识产权信息公共服务体系人才培养，建立一支专业化、高层次轻工业知识产权信息公共服务人才队伍；发挥好轻工业知识产权信息公共服务体系主渠道作用，面向政府部门、轻工企业、产业集群、社会公众等提供知识产权信息基础性支撑服务，积极推动知识产权信息传播利用。

二、轻工业知识产权信息公共服务体系建设的内容

（一）大力宣传国家知识产权政策

支持知识产权各指标要素与轻工行业合作对接，深入推进知识产权在轻工产业规划、体系建设、服务模式、技术标准等方面的实践与应用，培育打造一批轻工知识产权密集型产业。

（二）积极为轻工行业发展提供各种服务

采取措施，提供与知识产权相关的数据运营、个性化定制管理系统、

法律服务、政策研究、培训咨询、宣贯交流、人才培训、国际合作等多样化服务；推动轻工优势企业建立知识产权管理体系，做好知识产权管理，促进行业向智慧轻工方向升级。

（三）大力宣传推广知识产权保护措施

支持行业企业在知识产权、创意设计、提高科技含量和性能建设等方面下大功夫，促进轻工产品创新和有效供给，满足人民日益增长的美好生活需要。

三、轻工业知识产权信息公共服务体系建设的组织实施

2019 年，中国轻工业信息中心内设了中国轻工业信息中心知识产权与标准化应用促进中心（以下简称“促进中心”），旨在为轻工行业发展提供知识产权各种服务。

（一）加强轻工业知识产权宣传推广工作

2019 年 8 月，促进中心开通“轻工知识产权”微信公众号，通过公众号为轻工企业推送行业知识产权动态和工作通知；邀请优秀轻工企业家在知识产权建设工作领域对话，传播知识产权领域先进工作经验。

（二）加快轻工业知识产权公共服务平台建设

2019 年 8 月，中国轻工业信息中心和中国专利开发公司签订了长期战略合作协定，共享专利数据库，为各级政府、行业企业提供切合实际的多样化高效服务。同期，促进中心以中国轻工业知识产权云服务平台（liip.com.cn）为平台，搭建了轻工业企业知识产权管理平台，通过软件运营服务模式，为用户自动预置知识产权基础数据，并提供简单易用的在线知识产权管理服务和监控提醒、侵权预警服务，降低用户的知识产权管理成本，提高管理效率，增强知识产权保护效果。

（三）加强轻智云知识产权数据库建设

2019 年 11 月，促进中心通过与第三方机构合作，以全量知识产权数据为基础，搭建了轻智云知识产权数据库，通过大数据算法，为不同层次、需求的用户提供专利数据查询、信息推送、数据分析结果及风险评估服务，有效提升用户的决策能力和抗风险能力。同时以轻智云知识产权数据库的专利数据为基础，对轻工各细分行业专利情况进行分析并发

布知识产权专题报告，为轻工企业提供多种服务和支持；通过组织制定行业标准，帮助企业掌握知识产权创造、运用、管理和保护的经验方法，增强知识产权保护效果，提高行业创新效率。

（四）及时制定行业标准——《轻工业企业知识产权管理指南》

2019 年 12 月，工业和信息化部下达第四批行业标准制修订和外文版项目计划，其中行业质量提升标准项目《轻工业企业知识产权管理指南》（计划编号为 2019-1607T-QB）由中国轻工业信息中心牵头制定。中国轻工业信息中心会同行业龙头企业、国内高校、科研院校共同梳理轻工业企业在知识产权开发、管理、运用、保护方面的成功经验和做法，并将其总结上升为行业标准。通过标准的推广实施助推轻工业企业知识产权水平提升，支撑轻工业企业高质量发展，提高轻工业企业国际竞争能力。现已完成起草工作，进入报批阶段。

（五）认真主办轻工业企业知识产权管理实务公益研修班

2020 年 9 月，为贯彻落实中共中央办公厅、国务院办公厅《关于强化知识产权保护的意见》，积极推进轻工行业形成以国内大循环为主体、国内国际双循环相互促进的新发展格局，加快提高行业发展质量和效益，中国轻工业信息中心主办了轻工业企业知识产权管理实务公益研修班。专家们分别以《多种类型知识产权综合管理运用促进产业企业品牌化建设》《用设计做品牌》《资产管理方法在企业专利工作中的运用》《企业商标保护管理》《知识产权工作管理》为题分享了知识产权领域的不同管理模式。来自北京大豪科技、内蒙古伊利集团、四川新希望集团等 30 多家企业的专家领导分享了各自在知识产权管理方面的经验和做法，来自酒业、乳品行业、饮料行业、家具行业、玩具行业等 26 个行业企业的近 100 位学员参加研修。

第三节　认真制定轻工业知识产权信息公共服务体系建设发展战略，提高管理效能

加快建设轻工业知识产权公共服务体系，既是落实国家战略的需要，

又是促进轻工业高质量发展的重要手段之一。中国轻工业信息中心知识产权与标准化应用促进中心将围绕新任务、新要求，重点从以下几个方面重点开展知识产权信息公共服务。

一、立足行业，为轻工行业各类企业与政府提供高效服务

（一）重视服务轻工龙头企业

通过技术支撑，完善升级轻工业知识产权公共服务云平台，发挥平台公共服务作用，为轻工各细分行业龙头企业提供知识产权查询检索、标准化管理、大数据分析、预警监测、科技创新发展规划、信息利用培训、法律维权、融资交易等专业化和个性化的公共服务解决方案，建立知识产权创造、运用、管理、保护等管理发展体系，提升行业、企业运用知识产权的能力。

（二）积极带动中小企业发展

轻工行业现有工业企业 72 万家，其中 90% 以上为中小企业。中小企业对保持经济平稳健康发展起着至关重要的作用。广大中小企业作为科技创新的主力军，既是知识产权的重要创造者，也是知识产权价值实现的推动者和受益者。依托轻工业知识产权公共服务云平台的数据支撑，为行业中小企业提供基础性知识产权数据服务，为中小企业获取专利技术开辟新路径；组织行业龙头企业经验分享，发布典型案例，为中小企业提供经验分享和示范标本；组织知识产权相关人员的业务培训及交流，提升知识产权工作者的专业素质和能力；通过推动相关行业标准、团体标准的制定、实施，带动行业知识产权意识及管理水平的提升。

（三）把服务行业发展作为工作重点

主要以数据分析应用为基础，挖掘最新行业资讯、科研成果及趋势分析，通过轻工业知识产权公共服务云平台和微信公众号向行业发布；总结轻工业百强企业知识产权管理的优秀经验和做法，发布企业知识产权管理经典案例，宣传推广先进管理经验；推动行业知识产权领域标准化工作，积极宣贯《轻工业企业知识产权管理指南》，帮助企业掌握知识产权创造、运用、管理和保护的经验方法等。

（四）积极为各级政府服务

通过专项支撑，为各级政府和产业集群在重点项目规划、产业政策等方面提供知识产权数据分析、区域创新发展规划、导航、监控预警、数据大屏等服务，为区域政府提供技术及智力支持，支撑科技创新决策，提高轻工行业创新性高质量产品的有效供给能力。

二、加快知识产权人才培养，为完善轻工业知识产权信息公共服务体系提供保障

知识产权人才是发展知识产权事业的重要资源，拥有更充足、更优秀的知识产权人才队伍才能保障知识产权事业快速发展。目前，轻工业企业在知识产权管理人才工作中存在一些短板和问题，如知识产权管理人才结构不够优化，知识产权高层次管理人才数量不足，知识产权管理人才供给与需求之间存在矛盾，知识产权管理人才工作体系有待进一步健全，知识产权管理人才培养、评价激励、流动配置机制尚需进一步完善等。因此，轻工业企业急需培养自己的专业化知识产权人才队伍。

（一）深入开展知识产权人才培训工作

聚焦知识产权创造、运用、保护和管理等各个环节，重点培训急需紧缺的运营人才、专利信息分析人才和国际化人才，全面提升知识产权从业人员能力素质。积极探索培训新形式、新方法，利用数字化和网络化手段开展各类培训，建设一批有特色的培训课程。

（二）打造知识产权高水平公益讲座

紧贴轻工业企业及行业需求，紧跟知识产权法律法规及政策发展动向，通过中国轻工业网、在线学习平台、微信公众号等方式开展专利申请实务、审查标准与流程、轻工专利运用及保护案例等高水平公益讲座，助力轻工企业提质增效。

（三）积极推进轻工知识产权人才标准建设

基于人才标准建立人才培养体系成为趋势，通过制定轻工知识产权人才标准，为轻工知识产权人才的培养及测评提供依据，促进轻工知识产权人才能力的整体提升，为轻工知识产权事业发展提供人才保障。

三、开展轻工知识产权高峰论坛，搭建行业交流平台

知识产权创新、管理、运用和保护已成为“双循环”背景下轻工业创新驱动发展的“刚需”和开展贸易特别是国际贸易的“标配”。中国轻工业信息中心把组织召开轻工知识产权高峰论坛作为常态化工作，举办主论坛、分论坛、发布会、展览等活动，发布中国轻工业知识产权优秀案例、知识产权“点亮”消费好产品优秀案例，发布轻工业知识产权白皮书；同时搭建知识产权交流平台，邀请政府部门、行业协会、轻工业企业、律所、知识产权代理机构、知识产权服务商等领域领导专家，针对国内外知识产权最新政策、知识产权热点话题进行深度剖析和思想碰撞，深度探索轻工行业知识产权保护，加强合作、凝聚共识，搭建轻工业知识产权专业化、高水平交流平台。

四、依托轻工媒体平台，促进轻工知识产权工作宣传推广

加大轻工知识产权宣传力度，依托轻工知识产权、数智轻工等微信公众号，中国轻工网等网络平台，向国内外讲好中国轻工业知识产权故事，传播好中国轻工业声音，全面、生动、真实展现中国轻工业知识产权的发展与成就，提升中国轻工业知识产权领域的软实力和影响力。此外，中国轻工业信息中心以专业的知识产权管理平台为基础，配合知识产权数据服务、法律服务及相关配套服务，切实帮助解决企业知识产权管理、保护过程中遇到的问题，助力企业成功、推动区域发展、促进行业进步。

五、提高轻工业知识产权信息公共服务建设管理效能

中国轻工业信息中心知识产权与标准化应用促进中心经过多年的探索发展，已经具备了一定的基础，在智能云数据产权数据库建设、国家政策宣传推广、知识产权行业标准制定等方面开展了大量工作，取得丰硕成果，为我国轻工业企业技术创新和知识产权战略实施提供了必要的服务支撑。

（一）轻工知识产权荣获国家知识产权公共服务网点

2021 年 10 月，国家知识产权局公布了 2021 年度国家知识产权信息公共服务网点名单，确定 88 家知识产权公共服务机构备案为国家知识产权公共服务网点。中国轻工业信息中心以“中国轻工业知识产权平台”等公共服务，获得国家知识产权信息公共服务网点认定。

（二）智能云知识产权数据库助力轻工业企业智能高效决策

轻智云知识产权数据库是中国轻工业信息中心知识产权数据中心与第三方机构合作开发的知识产权专业数据库，拥有全球 105 个国家和地区的近 1.3 亿组专利数据，可以进行查询、监控、下载、自动生成分析报告、年费查询等功能操作。

数据库账号级别分为基础版、企业版、智库版。账号支持简单查询和高级查询等多种查询方式，可以对关注的专利进行监控，并将监控结果及时反馈至邮箱，同时，支持工作空间，在工作空间可以管理本公司的专利信息。

目前，数据库账号以免费测试方式提供给了行业 300 余家龙头企业使用，获得了企业的好评。同时，利用数据库制定了智能家具、家电、食品饮料等行业专题分析报告，发送给行业重点企业，以便及时了解行业动态，掌握行业发展趋势。

（三）通过轻工知识产权微信公众号传播轻工知识产权信息

“轻工知识产权”微信公众号（服务号），由中国轻工业信息中心知识产权与标准化应用促进中心运营，以服务轻工行业为宗旨，致力于宣传国家知识产权、标准化政策，深入推进知识产权、标准制定、产业规划、体系建设、管理服务等在轻工业的实践与应用。

公众号自 2019 年 8 月开通运营以来，及时发布轻工行业知识产权动态和工作通知；邀请优秀轻工企业家在知识产权建设工作领域对话，交流、传播知识产权领域先进工作经验；以轻智云知识产权数据库的专利数据为基础，对轻工各细分行业专利情况进行分析并发布知识产权专题报告，为轻工企业提供多种服务和支持；推动企业对相关知识产权行业标准工作的参与。目前公众号发布原创文章 60 余篇，关注人数 800 余人，公众号原创文章单篇最大阅读量达到 12000 人次。

（四）制定行业标准，促进轻工行业健康有序发展

2019 年 12 月底，中国轻工业信息中心牵头制定《轻工业企业知识产权管理指南》。在国家标准《企业知识产权管理规范》的基础上，信息中心会同安徽古井贡酒股份有限公司、厦门银祥集团有限公司、珠海格力电器股份有限公司、青岛海尔智能技术研发有限公司、天能电池集团股份有限公司、新海科技集团有限公司、内蒙古伊利实业集团股份有限公司、重庆登康口腔护理用品股份有限公司、爱玛科技集团股份有限公司、雪天盐业集团股份有限公司、威海光威户外装备有限公司、农夫山泉股份有限公司、兴业皮革科技股份有限公司、明新旭腾新材料股份有限公司、湖南华联瓷业股份有限公司、新希望六和股份有限公司、江苏省银宝盐业有限公司、浙江友谊菲诺伞业股份有限公司、山西中德管业有限公司、九牧厨卫股份有限公司、浙江恒洋伞业有限公司、杭州茂华工贸有限公司等行业内龙头企业，相关高校及科研机构，梳理总结行业龙头企业在知识产权管理方面的经验和做法，共同研究制定行业标准。

《轻工业企业知识产权管理指南》制定，填补了我国轻工行业有关知识产权标准的空白，对轻工业企业在“双循环”背景下全面细致地开展知识产权管理工作起到了很好的指导作用，提高了企业自身知识产权管理工作规范化水平，增强了企业有效应对知识产权纠纷的基础能力，提高了企业对自身关键技术、创新成果转化和应用的重视程度和实施力度，从而促进了行业健康有序发展，更好地发挥了知识产权信息公共服务支撑轻工业制造强国战略实施。2022 年 4 月，国家知识产权局发布 2022 年首批 15 个全国知识产权信息服务优秀案例，中国轻工业信息中心作为国家知识产权局确定的国家级知识产权公共服务网点，位列其中。

执笔人：赵阳，21 世纪马克思主义研究院经济社会文化发展战略研究中心特约研究员、中国轻工业信息中心知识产权处处长

中国轻工业信息中心孟慧敏

第四章　山东潍城高质量发展在东部地区加快推进现代化中发挥示范作用

党的二十大报告提出：“坚持人民城市人民建、人民城市为人民，提高城市规划、建设、治理水平，加快转变超大特大城市发展方式，实施城市更新行动，加强城市基础设施建设，打造宜居、韧性、智慧城市。”在新时代推进城市建设，必须坚持以人民为中心，聚焦人民群众的需求，合理安排生产、生活、生态空间，走内涵式、集约型、绿色化的高质量发展路子，努力创造宜业、宜居、宜乐、宜游的良好环境，让人民有更多获得感，为人民创造更加幸福的美好生活，以高品质城市建设支撑高质量发展。

第一节　习近平总书记把脉高质量城市建设

城市是人类活动的重要区域，城市建设和发展关乎人民群众的生活质量。党的十八大以来，习近平总书记一直高度重视我国城市建设与发展，围绕“建设什么样的城市，怎样建设城市”多次发表重要讲话，科学诠释了新时代城市的性质和功能，系统回答了我国城市建设的目标、立场和原则，全面阐明了城市建设的治理逻辑、内在要求等重大问题，形成了习近平城市建设的重要论述，为新时代我国城市高质量发展提供了科学指导。

一、城市是经济、政治、文化、社会等方面活动的中心

2014 年 2 月，习近平总书记在北京考察时指出，北京要坚持和强化首都全国政治中心、文化中心、国际交往中心、科技创新中心的核心功能。5 月，他在上海考察时强调，上海要继续当好全国改革开放排头兵、科学发展先行者。2015 年 12 月，习近平总书记在中央城市工作会议上的讲话中指出："城市是我国经济、政治、文化、社会等方面活动的中心，在党和国家工作全局中具有举足轻重的地位。"总书记对城市性质作出的"四位一体"整体性解读，凸显了城市的"中心"属性，阐明了城市在我国社会主义现代化建设中的功能作用。他在分析城市普遍性功能的同时，也特别强调城市的特殊性功能。2020 年 1 月，他在主持中央财经委员会会议时强调，要强化西安、郑州国家中心城市的带动作用。10 月，他在深圳经济特区建立 40 周年庆祝大会上要求："深圳要建设好中国特色社会主义先行示范区，创建社会主义现代化强国的城市范例"。11 月，他在浦东开发开放 30 周年庆祝大会上强调："浦东要努力成为国内大循环的中心节点和国内国际双循环的战略链接，在长三角一体化发展中更好发挥龙头辐射作用。"

二、城市建设要坚持以人民为中心的发展理念

2015 年 12 月，习近平总书记在中央城市工作会议上的讲话中指出："做好城市工作，要顺应城市工作新形势、改革发展新要求、人民群众新期待，坚持以人民为中心的发展思想，坚持人民城市为人民。""城市的核心是人，关键是十二个字：衣食住行、生老病死、安居乐业。城市工作做得好不好，老百姓满意不满意，生活方便不方便，城市管理和服务状况是重要评判标准。"此后，他在多地考察时多次围绕"人民城市为人民"这一城市治理理念进行深入的阐述。2019 年 8 月，他在甘肃考察时强调："城市是人民的，城市建设就是要坚持以人民为中心的发展理念，让群众过得更幸福。金杯银杯不如群众口碑，群众说好才是真的好。"2019 年 11 月，他在上海考察时指出："城市是人民的城市，人民城市为人民。无论是城市规划还是城市建设，无论是新城区建设还是老城

区改造，都要坚持以人民为中心，聚焦人民群众的需求，合理安排生产、生活、生态空间，走内涵式、集约型、绿色化的高质量发展路子，努力创造宜业、宜居、宜乐、宜游的良好环境，让人民有更多获得感，为人民创造更加幸福的美好生活。”2020 年 5 月，他在山西考察时要求：“城市建设水平体现了一个城市的经济实力、治理理念、市民素质，要坚持不懈抓下去。”2021 年 3 月，他在福建考察时强调：“建设好管理好一座城市，要把菜篮子、人居环境、城市空间等工作放到重要位置切实抓好。福州是有福之州，生态条件得天独厚，希望继续把这座海滨城市、山水城市建设得更加美好，更好造福人民群众。”4 月，他在桂林考察调研时指出：“要坚持以人民为中心，以文塑旅、以旅彰文，提升格调品位，努力创造宜业、宜居、宜乐、宜游的良好环境，打造世界级旅游城市。”

三、城市规划和建设要重视历史文化保护

2014 年 2 月，习近平总书记在北京考察工作时指出：“历史文化是城市的灵魂，要像爱惜自己的生命一样保护好城市历史文化遗产。”“要本着对历史负责、对人民负责的精神，传承历史文脉，处理好城市改造开发和历史文化遗产保护利用的关系，切实做到在保护中发展、在发展中保护。”2015 年 12 月，他在中央城市工作会议上指出：“要保护弘扬中华优秀传统文化，延续城市历史文脉，保护好前人留下的文化遗产。”2018 年 10 月，他在广东考察时强调：“城市规划和建设要高度重视历史文化保护，不急功近利，不大拆大建。要突出地方特色，注重人居环境改善，更多采用微改造这种‘绣花’功夫，注重文明传承、文化延续，让城市留下记忆，让人们记住乡愁。”2019 年 11 月，他在上海考察时指出：“文化是城市的灵魂。城市历史文化遗存是前人智慧的积淀，是城市内涵、品质、特色的重要标志。要妥善处理好保护和发展的关系，注重延续城市历史文脉，像对待‘老人’一样尊重和善待城市中的老建筑，保留城市历史文化记忆，让人们记得住历史、记得住乡愁，坚定文化自信，增强家国情怀。”2020 年 8 月，他在合肥主持召开扎实推进长三角一体化发展座谈会时强调：“长三角区域城市开发建设早、旧城区多，改造任务很重，这件事涉及群众切身利益和城市长远发展，再难也要想办法解

决。同时，不能一律大拆大建，要注意保护好历史文化和城市风貌，避免‘千城一面、万楼一貌’。”2022 年 1 月，他在山西省晋中市考察调研时指出：“历史文化遗产承载着中华民族的基因和血脉，不仅属于我们这一代人，也属于子孙万代。要敬畏历史、敬畏文化、敬畏生态，全面保护好历史文化遗产，统筹好旅游发展、特色经营、古城保护，筑牢文物安全底线，守护好前人留给我们的宝贵财富。”

四、城市建设要以自然为美

2013 年 12 月，习近平总书记在中央城镇化工作会议上指出：“城市建设水平，是城市生命力所在。城镇建设，要实事求是确定城市定位，科学规划和务实行动，避免走弯路。要体现尊重自然、顺应自然、天人合一的理念，依托现有山水脉络等独特风光，让城市融入大自然，让居民望得见山、看得见水、记得住乡愁。”2015 年 12 月，他在中央城市工作会议上指出：“城市建设要以自然为美，把好山好水好风光融入城市，使城市内部的水系、绿地同城市外围河湖、森林、耕地形成完整的生态网络。要大力开展生态修复，让城市再现绿水青山。”2019 年 1 月，他在河北雄安新区考察调研时指出：“先植绿、后建城，是雄安新区建设的一个新理念。良好生态环境是雄安新区的重要价值体现。‘千年大计’，就要从‘千年秀林’开始，努力接续展开蓝绿交织、人与自然和谐相处的优美画卷。”2020 年 3 月，他在浙江考察时指出：“要把保护好西湖和西溪湿地作为杭州城市发展和治理的鲜明导向，统筹好生产、生活、生态三大空间布局，在建设人与自然和谐相处、共生共荣的宜居城市方面创造更多经验。”4 月，他在中央财经委员会第七次会议上指出：“增强中心城市和城市群等经济发展优势区域的经济和人口承载能力，这是符合客观规律的。同时，城市发展不能只考虑规模经济效益，必须把生态和安全放在更加突出的位置，统筹城市布局的经济需要、生活需要、生态需要、安全需要。”“要坚持以人民为中心的发展思想，坚持从社会全面进步和人的全面发展出发，在生态文明思想和总体国家安全观指导下制定城市发展规划，打造宜居城市、韧性城市、智能城市，建立高质量的城市生态系统和安全系统。”2021 年 4 月，他在桂林考察调研时指出：“桂林是一座山水甲天下的旅游名城。这是大自然赐予中华民族的一块宝地，一定要呵护好。”2022 年 1 月，他在北京考察 2022 年冬奥会、冬残奥会筹办备赛工作时指出：“要坚持绿色办奥、共享办奥、开放办奥、廉洁办奥的理念，突出科技、智慧、绿色、节俭特色。无论是新建场馆还是场馆改造，都要注重综合利用和低碳使用，集合体育赛事、群众健身、文化休闲、展览展示、社会公益等多种功能。”

五、一流城市要有一流治理

2015 年 12 月，习近平总书记在中央城市工作会议上指出：“全心全意为人民服务，为人民群众提供精细的城市管理和良好的公共服务，是城市工作的重头，不能见物不见人。抓城市工作，一定要抓住城市管理和服务这个重点，不断完善城市管理和服务，彻底改变粗放型管理方式，让人民群众在城市生活得更方便、更舒心、更美好。”2017 年 3 月，他在参加十二届全国人大五次会议上海代表团审议时指出：“城市管理应该像绣花一样精细。城市精细化管理，必须适应城市发展。要持续用力、不断深化，提升社会治理能力，增强社会发展活力。”2018 年 11 月，他在上海考察时指出：“一流城市要有一流治理，要注重在科学化、精细化、智能化上下功夫。既要善于运用现代科技手段实现智能化，又要通过绣花般的细心、耐心、巧心提高精细化水平，绣出城市的品质品牌。”2020 年 3 月，他在武汉考察新冠疫情防控工作时指出：“要着力完善城市治理体系。城市是生命体、有机体，要敬畏城市、善待城市，树立‘全周期管理’意识，努力探索超大城市现代化治理新路子。”同月，他在浙江考察时指出：“推进国家治理体系和治理能力现代化，必须抓好城市治理体系和治理能力现代化。运用大数据、云计算、区块链、人工智能等前沿技术推动城市管理手段、管理模式、管理理念创新，从数字化到智能化再到智慧化，让城市更聪明一些、更智慧一些，是推动城市治理体系和治理能力现代化的必由之路，前景广阔。”11 月，他在浦东开发开放 30 周年庆祝大会上指出：“提高城市治理现代化水平，开创人民城市建设新局面。要坚持广大人民群众在城市建设和发展中的主体地位，探索具有中国特色、体现时代特征、彰显我国社会主义制度优势的超大城市发展之路。要提高城市治理水平，推动治理手段、治理模式、治理理念创新，率先构建经济治理、社会治理、城市治理统筹推进和有机衔接的治理体系。要着力解决人民群众最关心最直接最现实的利益问题，不断提高公共服务均衡化、优质化水平。要构建和谐优美生态环境，把城市建设成为人与人、人与自然和谐共生的美丽家园。要把全生命周期管理理念贯穿城市规划、建设、管理全过程各环节，把健全公共卫生应急管理体系作为提升治理能力的重要一环，着力完善重大疫情防控体制机制，毫不放松抓好常态化疫情防控，全方位全周期保障人民健康。”2022 年 4 月，他在主持中央财经委员会第十一次会议时强调：“基础设施是经济社会发展的重要支撑，要统筹发展和安全，优化基础设施布局、结构、功能和发展模式，构建现代化基础设施体系，为全面建设社会主义现代化国家打下坚实基础。”

第二节　山东省潍坊市积极推进高品质城市建设

党的十八大以来，山东省潍坊市高举习近平新时代中国特色社会主义思想伟大旗帜，深入贯彻落实习近平总书记视察山东重要讲话、重要指示批示精神，坚持以人民为中心的发展思想，坚持新发展理念，践行高质量发展要求，大力实施提升城市品质系列行动，突出城市发展方式转变、特色风貌塑造、环境质量提升、管理服务创新、体制机制改革，着力打造全国农业开放发展引领区、国家高端装备制造业基地、国家综合交通枢纽城市，加快建设生态、开放、活力、精致的现代化高品质新潍坊。

一、坚持创新核心地位，催生现代化高品质城市发展新动能

坚持创新在现代化高品质城市建设全局中的核心地位，深入实施创新驱动发展战略、人才强市战略，完善创新体系，提升科技研发能力和水平，促进科技自立自强，建设国家创新型城市，创建“科创中国”试点城市，打造区域性创新高地。

（一）增强企业技术创新能力

强化企业创新主体地位，促进各类创新要素向企业集聚，发挥企业家在技术创新中的重要作用，加大财政科技投入，构建完善的全生命周期政策支持体系，为企业创新发展提供专业化服务。

（二）加快重大科技平台建设

更加注重原始创新，构建新型研发平台，优化布局全市产业技术研究院，搭建技术转移平台，建设国际科技合作平台，加快整合各类科技资源，推动高校、科研机构、企业共建研究中心或联合实验室，积极争取更多国字号创新平台在潍落地，实现创新、创业、创投、创客“四创联动”，最大限度集聚创新资源要素，把潍坊打造成科技创新资源充分集聚、科技型产业快速发展的区域性科技创新中心，为实现高质量发展提供有力支撑。

（三）激发人才创新活力

贯彻尊重劳动、尊重知识、尊重人才、尊重创造方针，深化人才发展体制机制改革，构建完善的人才制度体系，大力度引育“高精尖缺”人才，打好“人才净流入攻坚战”，发展壮大技能型人才队伍，打造一流人才发展环境，全方位培养、引进、用好人才，打造区域性人才高地。

（四）完善科技创新政策体系

加快转变政府科技管理职能，完善科技成果转移转化激励机制，强化知识产权保护运用，健全政府投入为主、社会多渠道投入机制，推动重点领域项目、基地、人才、资金一体化配置，构建“政产学研金服用”协同创新体系，形成一流创新生态。

二、推动经济高质量发展，全面提升现代化高品质城市活力

坚持以实体经济为着力点，高标准推进全国高端制造业高地、国际动力城建设，推进产业基础高级化、产业链现代化，高质量发展现代服务业，加快产业集群化、融合化发展，营造良好产业生态，构建具有潍坊特色的现代产业体系。

（一）放大现代农业新优势

以优化提升“三个模式”（诸城模式、潍坊模式、寿光模式）为统领，

举全市之力抓好潍坊国家农业开放发展综合试验区建设，发挥全国蔬菜质量标准中心、北京大学现代农业研究院等高端平台作用，广泛吸引国内外优质资源要素聚集，加快形成一批政策创设、先行先试成果，为全国农业开放发展探路子、出经验。

（二）推动制造业优化提升

加快传统制造业转型。坚持高端化、绿色化、智能化、服务化发展定位，充分挖掘制造业产业优势，重点推进高端装备、汽车制造、高端化工等优势产业发展，加快纺织服装、食品加工、造纸包装等产业转型提升，实现全产业链整体跃升，加快优势制造业向中高端迈进。加速新兴产业发展。持续实施新兴产业倍增工程，支持发展个性化定制、云制造、分享经济等新业态新模式，大力发展新一代信息技术、新能源新材料等战略性新兴产业，兴办一批新兴高端产业园区，推动城市新兴产业规模成长、质效提升、模式创新。

（三）加快建设现代服务业高地

实施数字经济、现代金融、现代物流、商务服务、服务外包、医养健康、文化旅游产业提升行动，建设中心城市现代服务业发展引领示范区，加快打造全国数字经济融合发展示范区、金融创新中心和区域资本中心。依托陆港型国家物流枢纽城市，大力发展高铁物流、保税物流和冷链物流，构建以高铁物流为龙头、空港物流为突破、海港物流为重点、公路物流为主体的物流发展体系。实施“潍坊之声”工程，创建国家服务外包示范城市。统筹整合市域旅游资源，着力打造富有潍坊特色的旅游目的地项目。大力发展夜间经济，坚持景色与场景双“景”相融，打造奎文门灯光秀等一批夜间“打卡地”，建设一批地标性夜生活集聚区。

（四）着力发展开放型经济

精准推进“双招双引”，聚焦“一带一路”沿线国家、金砖国家、上合国家等重点国家和地区，围绕壮大产业链抓招商，围绕培育新动能引人才，吸引更多创新型、基地型、补链型、平台型、终端型大项目、好项目落户潍坊。支持企业整合全球资源，深度开拓重点市场，推动出口市场多元化。依托潍坊综试区、综合保税区，进一步探索跨境电商、外贸综合服务平台等支持政策，健全完善贸易便利服务措施。支持企业在海外建立研发中心，全方位提升科技国际化水平。实施新一轮开发区体制机制改革，推行“党工委（管委会）+”模式，促进管委会瘦身强体、开发区回归本位，形成新的集聚效应和增长动力。充分发挥风筝会、鲁台会、中日韩产业博览会等展会平台作用，将潍坊打造为区域性国际会展中心。全面深化与山东半岛城市群周边城市合作，加快推动区域一体化发展。

三、优化生态环境，全面提升现代化高品质城市生态文明水平

深入贯彻习近平生态文明思想，牢固树立绿水青山就是金山银山理念，坚持尊重自然、顺应自然、保护自然，促进生态效益、经济效益、社会效益和谐统一，建设人与自然和谐共生的现代化。

（一）强化污染治理

坚决打赢蓝天保卫战。加快推进中心城区污染企业淘汰退出或搬迁。扩大高污染燃料禁燃禁售区范围，加快燃煤锅炉淘汰替换和大热源改造，推进能源消费清洁化。严格落实扬尘技术导则，重点做好建筑工地、渣土运输、拆迁现场、裸露土地等扬尘治理，推进扬尘管控精细化。加快淘汰国三营运柴油货车，加大新能源汽车推广力度，推进移动源低排放化。制定完善中心城区通风廊道系统建设方案。探索建立重点排放企业立体化监控体系，推进空气质量超级站建设。持续改善水环境质量。实施中心城区城市污水处理厂排水水质提升工程，污水处理厂出水主要指标提升至地表四类水标准。加快推进雨污分流。实施河道生态补水工程，有序推进四河串联。强化沿河管控，加大企业污水排放及沿河农业面源和养殖种植污染监管查处力度。开展峡山水库水源地保护提升行动。严格落实陆源入海污染控制、海岸带生态保护、海洋污染防治三大领域具体任务，全面完成渤海区域环境综合治理任务。加强土壤污染管控与修复。严格落实《土壤污染防治法》，扎实推进净土行动。

（二）打造宜居空间

聚焦“增花添彩、疏林间植、建设特色路”，大力推进公园景区更新、绿化景观营造。规划建设城市动物园和大型综合植物园，普遍建设郊

野公园、城市公园、“口袋公园”。加快绿化立法，提高绿化指标，推动南部山区森林生态屏障建设，争创国家生态园林城市。以建设北方水网城市为统领，加速新建改建河道整治，全面清理河道内障碍物，最大限度恢复河道行洪功能及两岸自然风貌，增强生态承载力。

（三）推动形成绿色生产生活方式

坚持“绿色、循环、低碳”理念，建立产业准入负面清单制度，全面禁止高能耗、高污染、高排放产业和低端制造业发展。实施能源消费总量和强度双控行动。加快培育壮大节能环保产业、清洁生产产业、清洁能源产业，推进生产系统和生活系统循环链接。在全社会牢固树立生态文明理念，增强全民节约意识、环保意识、生态意识。

（四）实行最严格的生态环境保护制度

落实环境保护“党政同责、一岗双责、依法追责、终身问责”，构建以绿色发展为导向的评价考核体系，严格执行党政领导干部自然资源资产离任审计、生态环境损害责任追究制度。完善生态保护成效与财政转移支付资金分配相挂钩的生态保护补偿机制。全面实施河长制、湖长制、湾长制、林长制。建立环境污染“黑名单”制度，健全环保信用评价、信息强制性披露、严惩重罚等制度。

四、增强城市功能，厚植现代化高品质城市发展新优势

优化调整城市空间结构，提升城市功能，以“绣花精神”提高城市管理水平，打造精致无处不在、精细处处体现的精致城市。

（一）构建现代化综合交通体系

优化域外交通。完善“两纵四横”快速铁路客运网。加快潍日高速潍坊连接线建设，构建中心城区高速外环，实现中心城区 20 分钟上高速。积极推进济青中线潍坊至青银连接线、潍坊至青岛段和疏港高速等 5 条高速公路前期工作。加快中心城区新外环路和新机场快速路建设，进一步拓展中心城区发展空间。大力发展区域特色枢纽港口，打造环渤海内贸集装箱运输枢纽港和新兴液化品中转基地；开通潍旅客货滚装航线，打造连接华东—东北地区的黄金水道。加快推进潍坊机场迁建。畅通市区交通。有序推进中心城区环岛改造、“断头路”打通和下穿青银高速道

路建设，适时启动城区快速路建设。落实“小街坊、密路网”理念，大力实施城市微循环改造工程。加快推进停车场建设，增加停车设施和泊位供给，鼓励机关事业单位内部停车场对外开放、错时开放，推行停车场差别化收费，合理利用停车资源。加强立体交通建设，开展“堵点”专项治理，优化交通组织，改善道路通行条件。落实公交优先理念，积极创建国家公交都市。

（二）强化基础设施建设

加快建设智慧城市，推进“城市大脑”在交通、平安、健康、政务、教育、防灾、减灾、城市管理和社会治安防控体系建设等领域的建设应用。完善提升渠化岛、绿化带、过街天桥等公用设施。加强地下空间开发利用，推进地下管线普查及信息系统建设，因地制宜推动地下综合管廊建设。加快推进供热直供到户，打通供热“最后一百米”。全面推行生活垃圾分类，加快建立全过程分类系统和配套垃圾分类制度。增强城市防灾避险能力，建立综合应急指挥平台，提高应急预案实战性、操作性。

（三）提高公共服务水平

优化提升社区服务，打造完善便利的社区居民生活服务圈。加快物业管理地方立法。全面对接国际规则和服务体系，规划建设一批国际学校、国际门诊等，打造国际化仿真环境。大力发展教育事业，打造半岛宜学城、教育品牌市。全面提速中小学（幼儿园）建设。支持潍坊医学院创建“医科大学”。加快推动山东海洋技术大学建设。实施教育惠民便民提质工程，推进家庭教育、弹性上学、延时服务、社区教育、智慧教育等方面创新，确保教育惠民便民措施更加精准。全面提升康养水平，打造山东半岛医疗健康高地。科学布局重点医院项目和社区卫生服务机构，构建“15 分钟就医圈”。提高智慧医疗水平，建设全民健康信息平台、全市互联网医疗中心和“互联网医院”，探索智慧健康管理新模式。加快公办养老机构改革，鼓励民办养老机构发展，提升养老服务质量和水平。持续发展体育事业。突出精品高端赛事引领，深化全民健身活动品牌，实施“一区一品牌”计划。落实体育场馆免费开放、打造体育主题公园等惠民措施，推动群众性体育活动更加丰富多彩。

五、全面推进乡村振兴，稳固现代化高品质城市的基础

坚持以创新提升“三个模式”为统领，以产业振兴带动全面振兴、以示范片区带动全域提升、以城乡融合巩固全要素支撑、以组织引领带动全民行动，推动形成工农互促、城乡互补、协调发展、共同繁荣的新型工农城乡关系，建设乡村振兴齐鲁样板先行区，打造全国农业农村现代化发展高地。

（一）提升农业综合竞争力

以推进农业供给侧结构性改革为主线，坚持科技强农、绿色兴农、融合发展之路，优化农业产业布局、壮大农业龙头企业、提高农业科技创新能力、大力发展智慧农业、推动农业绿色发展，实现农业产业高质量发展，打造黄河流域生态保护和高质量发展农业龙头城市。

（二）优先发展高质高效农业

坚决落实重要农产品保障战略，提高农业质量效益和竞争力，加快在体制机制、科技创新、产业高质量发展等方面形成突破，构建现代农业产业体系、生产体系和经营体系，建设全国农业开放发展引领区、农业科技创新先行区、农村一二三产业融合发展示范区。

（三）激发乡村发展活力

提升农业对外开放水平，深化农村资源要素改革、完善思想发动机制、创新人才管理机制，坚持农民主体地位，激发农业发展内生动力。

（四）提升乡村建设水平

充分尊重乡村发展规律和农村居民意愿，因地制宜、分类施策，科学推进城乡规划建设、完善乡村基础设施、营造乡村文化新氛围、推进生态乡村建设、完善乡村公共服务体系，高质量推进美丽宜居乡村建设。

（五）创新乡村治理体系

建立健全党委领导、政府负责、民主协商、社会协同、公众参与、法治保障、科技支撑的现代乡村社会治理体制，强化农村党组织建设、完善村民自治组织形式、加强乡村法治建设、提升乡村德治水平，打造充满活力、和谐有序的善治乡村。

六、增强文化软实力，提升现代化高品质城市“精气神”

坚持马克思主义在意识形态领域的指导地位，坚定文化自信，强化文化引领作用，加快发展文化事业，提高全社会文明程度，推动文化强市建设，促进物质文明和精神文明协调发展。

（一）繁荣公共文化

提升公共文化服务能力。完善支持博物馆、美术馆事业发展政策，做强做优市博物馆，推动特色非国有博物馆建设。优化市图书馆功能布局，改造升级区图书馆、文化馆，建设一批“城市书吧”。推进社区综合性文化服务中心建设。严格落实公共文化场馆免费开放政策，实施文化共享工程，加大对城市弱势群体的文化关怀力度。广泛开展市民文化节、文化惠民消费季等群众性文化活动，推动优质文化资源向基层延伸。繁荣发展文艺创作。充分发挥“莫言家乡”的文学影响力，组织开展写潍坊、画潍坊、拍潍坊、唱潍坊、演潍坊活动，讲好潍坊故事，传播潍坊之美。实施重大题材文艺创作计划。举办“发现潍坊之美”网络文艺作品选拔大赛，形成一批展现潍坊之美的新媒体产品。加强文化遗产保护利用。重点做好坊子德日建筑群、大英烟公司旧址、乐道院·潍县集中营旧址的保护修缮和开发利用。建设规范化非遗聚集区，扶持非遗产业园发展，打造非遗传习基地，实施传承人培育工程，推动非遗固态保护、活态继承。

（二）壮大文化产业

加快风筝、年画、核雕等传统非遗产品创新性发展，大力发展广告传媒、影视制作、文化创意、动漫、雕塑等文化业态，壮大文化发展硬实力。

（三）升华城市品牌

深度挖掘世界风筝都、中国画都、中国民间文艺之乡、金石之都等城市名片优势资源。积极拓展新的城市名片，争创中国摄影之乡、国家历史文化名城、联合国手工艺与民间艺术之都。

（四）提升城市文明程度

常态化推进文明城市创建。坚持宣传教育、文明实践、问题治理相结合，不断提升城市人文价值、提高市民文明程度，提炼塑造城市精神，培育文明社风、淳朴民风、良好家风。

七、创新城市治理，全面推进现代化高品质城市治理现代化

进一步转变城市治理理念、改进城市治理方式，全面依法治市，推进治理体系和治理能力现代化。

（一）推动治理重心下移

坚持把更多资源、服务、管理放到社区，更好提供精准化、精细化服务，实现政府治理和社会调节、居民自治良性互动。优化社会组织发展环境，建立健全统一登记、各司其职、协调配合、分级负责、依法监管的社会组织管理体制和政社分开、权责明确、依法自治的社会组织制度。

（二）健全治理体制机制

全面推进系统治理、依法治理、综合治理、源头治理，加快构建以党建为引领，以综治中心标准化建设、网格化服务管理、“雪亮工程”建设为重点的“1+3”社会治理体系。

（三）营造良好法治环境

有序推进城市管理领域立法。全面推行行政执法公示、执法全过程记录、重大执法决定法制审核等制度。完善公共法律服务体系。持续开展法治城市、法治镇（街）创建活动。严格落实普法责任制，广泛开展以案释法活动，深化以宪法为核心的法治宣传教育，提升市民法治素养。

第三节　潍城区建设潍坊城区西部高质量发展中心的探索

潍城区地处山东半岛中部，是重要区域性中心城市潍坊市的中心城区之一，是山东半岛重要的交通枢纽，素有“半岛走廊”之称。是全国义务教育发展基本均衡区、全国养老服务示范区、全国慢性病综合防控示范区、省级文明区、山东省健康促进区、全省双拥模范区、全省体教融合发展试验区、山东省社会治安综合治理先进区。

潍城有 2000 多年建城史，是老潍县文化发祥地、潍坊城市文化的根

脉，文化底蕴深厚；工业基础、商贸基础非常雄厚，历史上是半岛著名商埠和手工业名城，产业特色鲜明；自然资源广博，山、河、湖等生态要素俱备，生态环境优越；半城半乡，既有中心城区的要素资源，又有广阔的发展腹地，发展活力强劲。党的十九大以来，潍城坚持以习近平新时代中国特色社会主义思想为指导，全面落实中央部署和省委、市委要求，立足新发展阶段，完整、准确、全面贯彻新发展理念，主动服务和融入新发展格局，确定了“全面建设现代化新潍城、打造潍坊城区西部高质量发展中心”的目标定位，努力推动经济社会实现高质量高速度发展。

一、创新驱动，转型升级焕发新活力

坚持创新是发展第一动力，坚持以新发展理念引领高质量发展，聚焦“建链、补链、延链、强链”，加快构建现代产业体系，全力推动新旧动能转换取得突破、塑成优势，获评山东省县域经济高质量发展“进步奖”。

（一）实施产业培强做大行动

大力发展新兴产业，强化产业链研究，推动激光雷达、智能机器人等新兴产业做大规模，支持富锐光学、大洋泊车等企业加快发展，加强创新型企业、专精特新企业、瞪羚企业雁形梯队培育，全力推进潍坊激光雷达产业园等产业园区建设运营，加快产业转型升级，助推经济社会高质量发展。

（二）强化科技创新引领

实施工业技改项目 120 个，新上先进制造业项目 207 个，半导体（激光）产业园、金科智慧科技城等高端产业平台落户新动能企业 130 余家，全市首家城市奥莱、智迈德智能装配等 128 个产业项目建成运营，普洛斯、传化等智慧物流项目落户鲁东物流中心；累计新增“四上”企业（规模以上工业企业、资质等级建筑业企业、限额以上批零住餐企业、国家重点服务业企业）330 家、市级以上创新平台 38 家、高新技术企业 39 家、“专精特新”企业 22 家，高新技术产业产值占比提高 37 个百分点。

（三）聚力高质量“双招双引”

围绕“以产聚才，以才兴产”，通过“引进一个人才，带来一个团队，兴办一个企业，带动一个产业”，着力解决制约产业高质量发展的瓶颈问题。持续打造“潍爱人才·城就未来”招才引智品牌，举办潍城籍学子家乡行、“加强校地合作共谋未来发展”校地合作交流活动、“访企问需引人才”校地合作青年双创工作会等招才引智活动，5 年来，新签约投资过亿元项目 352 个、过 10 亿元项目 94 个、500 强企业投资项目 42 个，完成固定资产投资 524 亿元，新引进合作“两院”院士 27 名、高端技术人才 257 名，引育泰山系列领军人才 20 名，新设立院士工作站和科研院所 39 家，潍坊先进光电芯片研究院获批山东省博士后创新实践基地，获评山东省人才工作先进单位、山东省勇于创新奖，院长郑婉华当选中国科学院院士。

（四）深化文旅融合发展

城隍庙“金银仓”等 8 个文旅产业项目加快建设，陈介祺艺术节被评为全省十大优秀节庆活动，十笏园文化街区入选第一批省级夜间文化和旅游消费集聚区，潍城区成为“金石之都”的主要承载地。

二、改革开放，内生动力明显增强

牢记“发展是第一要务”，始终把改革开放作为大踏步赶上时代的重要法宝，用全面深化改革为发展破题开路，发展内生动力显著增强。

（一）重点领域改革有序推进

深化推进重点领域、关键环节改革，累计完成 30 个国家和省级改革试点、284 项改革任务，在全市率先完成综合行政执法体制改革，“一校一案”、十笏园老旧小区改造等做法入选国家部委试点案例集，全面完成“十三五”省级服务业综合改革试点任务。

（二）政务服务质效并进

创新推出项目管家服务模式，在全市率先实现工商登记 24 小时智能自助秒批，审批提速 90% 以上，“潍城服务 365”成为省政务服务“好差评”唯一县级试点。累计新增市场主体 4.6 万户，年均增长 14.2%，市场主体数量实现 5 年翻番。工程建设类项目“拿地即开工”“验收即拿证”

等创新性工作为全市流程再造提供样板。认真落实服务企业专员、金融辅导员等制度，坚决落实减税降费政策，累计减税降费9.7亿元，为企业解决融资需求300余亿元、用工需求1.6万余人。

（三）开放新格局加快形成

加快提升对外开放水平，积极融入国内国际双循环，高质量承办鲁台会等节会，跨境电商产业园建成运营，带动外贸进出口总额翻倍增长。新增外资项目31个，累计使用外资2.7亿美元，全面开放新格局加快形成。

三、统筹融合，城乡面貌焕然一新

始终把补齐城市发展短板作为重大任务，在提升功能品质、狠抓精细管理的实践中，实现城乡面貌焕然一新。

（一）全域城市化、现代化加速推进

高水平推进城乡规划、建设、管理，稳步实施城市更新，区域吸引力持续增强，近10年常住人口增长11万，达到52.2万人，成为全市新增人口最多的区。实施火车站南广场片区改造，仅用一个月时间便完成征迁108万平方米，腾出土地3600亩，创造了“站南速度”，塑造了“站南精神”，站南片区综合开发项目累计完成投资28亿元；新建改建总97条道路，长度306公里，新G309等4条国、省道建成通车，交通路网全面升级。

（二）群众居住品质不断提升

完成34条道路雨污分流工程，实施棚改旧改项目36个，建成安置房7200余套。改造提升老旧小区165个5.6万户，数量居全市第一。

（三）以“绣花”功夫管理城市

新建公厕66座、遮阳棚37处，完成自怡园、和平广场改造提升，37处口袋公园和安顺体育公园建成投用，免费开放停车位2.4万个。城乡环卫保洁实现全覆盖，2021年度城乡环卫一体化工作考核获评全省第1名，顺利通过全国文明城市、国家卫生城市创建复审。

（四）大力实施乡村振兴战略

完成土地流转4万余亩，建成高标准农田2.3万亩，新增粮食种植面积 1.1 万亩，仙草科技文化产业园等 16 个现代农业项目建成运营，成功创建国家农产品质量安全区。新增农民专业合作社 253 家、省级示范社 9 家，绿野农机合作社入选中国农民合作社 500 强，并被评为国家级示范合作社。高标准完成农村人居环境整治 3 年行动，新建“四好”农村路 86 公里，完成 164 个村户户通、2.7 万余户农村改厕和 88 个村生活污水治理，在全市率先实现农村清洁取暖全覆盖，省级美丽乡村示范村达到 15 个，城乡面貌实现美丽“蝶变”。

四、绿色发展，环境质量持续改善

深刻把握绿水青山就是金山银山的发展理念，深入开展生态环境领域重点问题“三清”行动（彻底清查中央、省环保督察及“回头看”反馈问题和交办信访件；彻底清查已整改销号的问题；彻底清查日常督导检查新发现生态环境问题），扎实抓好环保督察督导反馈问题整改，污染防治攻坚战取得显著成效。

（一）坚决落实“双碳”战略

分布式光伏发电、朝日新能源等一批新能源企业渐成规模。完成山水水泥、华龙硝铵关停搬迁和 44 家铸造企业改造提升，万元 GDP 能耗下降 21.4%。投入 2 亿元，完成 2.7 万户农村清洁取暖“气代煤”改造，提前 2 年完成潍坊市下达的 3 年改造任务，在全市率先实现农村清洁取暖全覆盖。2021 年全区空气质量综合指数较 2016 年改善 35.4%，优良天数增加 71 天。

（二）全面落实河湖长制

累计投入 4.4 亿元，完成 34 条道路和 166 个老旧小区雨污分流改造、大于河污水管网铺设、460 处雨污混接点改造、88 个村生活污水治理、20 处分布式污水处理站及 2 处污水应急处理站建设，河流断面水环境质量指数、水质类别考核连续 5 年实现双达标，白浪河、大于河创建省级幸福美丽河湖，潍城区成功创建为全国节水型建设达标区。

（三）大力开展国土绿化行动

完成 110 个地块土壤污染状况调查，土壤环境质量全面改善。积极推进村庄绿化提升建设，全力开展村庄绿化美化行动，以街道绿化、庭院美化、风景林、环村林带建设为重点，提高农村整体绿化水平，努力打造绿树成荫、生态宜居的美好家园，完成30个村的村庄绿化提升。

五、改善民生，人民福祉更加殷实

坚持以人民为中心的发展思想，始终把用心用力改善民生作为第一追求，在践行宗旨意识、深化为民情怀的实践中，实现民生福祉持续增进。

（一）高质量打赢脱贫攻坚战

2180户建档立卡贫困户全部实现稳定脱贫，5个街道被评为市脱贫攻坚工作示范镇。城乡居民收入比由2016年的2.06：1缩小至2022年的1.74：1。

（二）坚持教育优先发展

投资30亿元，新改扩建21所中小学和30所幼儿园，新增学位2.8万个，招引教师1135名，实现适龄儿童6周岁入学和一年级起点英语教育，被确定为全省首批体教融合发展先行试验区。

（三）持续加大医养惠民力度

潍城区中医院等9家医院建成运营，潍坊市人民医院潍城院区加快建设，改造提升基层卫生院和村级卫生室192家，在潍坊市率先实现智慧化接种门诊全覆盖，社区卫生服务站和村卫生室实现中医药服务全覆盖，获评全国基层中医药工作先进单位。新建养老服务机构5家，华都颐年园通过国家五星级养老服务认证，实现全省“零突破”。潍城区被评为国家慢性病综合防控示范区、山东省健康促进区、省级医养结合示范区。

（四）深入实施文化惠民工程

每年开展文化惠民活动3000余场次，荣获山东省（桃）核雕之乡、中国最佳楹联文化区等称号，陈介祺艺术节获评全省十大优秀节庆活动。

（五）完善多层次社会保障体系

城乡低保、特困供养8次提标，企业退休人员养老金实现“17连涨”，可量化民生项目保障标准全部达到或超过省定市定水平。每年增加投入3400万元，为2100多名环卫园林工人提高待遇。免费为低保、特困等群体 5935 人投保“潍坊惠民保”。落实被征地农民养老保障资金 3.6 亿元，发放就业创业扶持资金和担保贷款 2.3 亿元，新增城镇就业 2.4 万人。创业项目荣获全国一等奖，实现全省“零突破”。

六、共建共享，治理体系不断完善

坚持统筹发展与安全，全面加强和创新社会治理，有效防范化解重大风险。

（一）坚决打赢疫情防控人民战争、总体战、阻击战

被确定为全省第一批低风险地区。创新“1+3+2”新冠疫苗接种模式（“1”即疫苗接种阵地“一个阵地”，“3”即等候区、接种区、留观区“三区协调”，“2”即街道联络员、医院现场协调员“两员联动”），累计接种疫苗 115 万剂次。

（二）牢固树立底线思维

认真落实“八抓”（指安全生产领域抓教育培训、抓制度完善、抓苗头隐患、抓日常监管、抓严惩重罚、抓本质安全、抓应急处置、抓社会共治）要求，以“五张清单”（市、县、镇三级生产经营单位 / 市场主体清单，企业自查风险隐患清单，企业重大风险点和重大隐患清单）、“六知”（知道安全重点、难点是什么，知道危险源和隐患有哪些，知道工作着力点和应急力量在哪里）为抓手，扎实开展安全生产大排查大整治、百日攻坚等专项行动，首创安全生产“一键排查”智慧监管，本质安全水平全面提升。常态化开展非法集资排查、互联网金融巡查防控，银行不良贷款率低于全省全市平均水平，降至五年最低。政府债务规模、债务率始终保持合理水平。

（三）扎实开展领导干部公开接访

持续推进信访积案化解，65 个房地产领域遗留问题顺利化解，12345 政务服务便民热线诉求解决率和群众满意率持续提升。

（四）深化平安潍城建设

坚决打赢扫黑除恶收官战、禁毒人民战争，获评山东省国庆安保维稳工作先进单位、省十九大安保维稳工作先进集体、省法治创建先进区。

第四节　打造人民满意的现代化高品质城市

“十四五”时期，潍城区将高举中国特色社会主义伟大旗帜，坚持以习近平新时代中国特色社会主义思想为指导，全面贯彻党的二十大精神，紧紧围绕中央战略部署和省市委工作安排，聚焦推进高质量发展、建设现代化高品质强区主线，着力构建完善的特色产业体系，保持经济社会持续健康安全发展，加快走出一条高质量发展之路，奋力开创现代化高品质强区建设新局面。

一、坚持创新驱动，塑造高质量发展新优势

坚持创新在现代化高品质强区建设全局中的核心地位，深入实施创新驱动发展战略、人才强区战略，完善创新体系，全面提升创新驱动发展水平，打造区域性创新高地。

（一）强化创新载体支撑

围绕重点产业链布局创新链，实现大中型企业研发机构全覆盖。依托潍坊先进光电芯片研究院，切实强化科技平台建设，瞄准光电芯片、人工智能、新能源、新材料、生物医药、物联网等前沿领域，创建一批省级以上重大科技平台，进一步提升科技进步对经济增长贡献率。

（二）增强企业自主创新能力

强化企业技术创新主体地位，进一步推动创新政策、创新资源、创新人才、创新服务等要素向企业集聚，推动产业链上中下游、大中小企业融通创新。深入实施高新技术企业“育苗造林”和“小升高”计划，进一步壮大高新技术企业规模，提升高新技术产业产值占比。推进产学研深度融合，以做强山东省先进光电芯片创新创业共同体为突破点，完善“众创空间 + 孵化器 + 加速器 + 产业园区”四位一体创新创业服务体系，重点孵化培育一批具有行业核心竞争力的科技型企业。发挥企业家在技术创新中的重要作用，支持创新型中小微企业快速成长。鼓励企业牵头组建创新联合体，加强共性技术平台建设，培育更多“单项冠军”“瞪羚”“独角兽”企业，支持创新型中小微企业成长为创新重要发源地。

（三）建设创新人才高地

坚持尊重劳动、尊重知识、尊重人才、尊重创造，用好现有人才，培养紧缺人才，引进急需人才，为人才发挥聪明才智营造宽松环境、提供广阔平台。实施高层次人才聚集、专业技术人才提升和高技能人才振兴“三大工程”，深化人才发展体制机制改革。加大“高精尖缺”人才引育力度，构建集聚国内外优秀人才的科研创新高地。健全以创新能力、质量、实效、贡献为导向的科技人才评价体系，健全创新激励和保障机制，构建充分体现知识、技术等创新要素价值的收益分配机制，完善科研人员职务发明成果权益分享机制。充分发挥驻潍城院校人才资源和学科优势、企业生产实践和技术优势、政府统筹协调优势，深化产教融合、校地合作，打造人才科教小镇。实行更加开放的人才政策，搭建人才信息库和“一站式”综合服务平台，健全人才市场体系和服务机制，构建专业化、市场化、社会化的人才服务品牌。

（四）完善科技创新体制机制

推动政府职能从研发管理向创新服务转变，坚持市场化导向，以产业为中心，优化重大科技项目、科技资源布局，打造一批“政产学研金服用”创新共同体，推动重点领域项目、基地、人才、资金一体化配置，构建普惠性创新生态体系。加大研发投入，健全政府投入为主、社会多渠道投入机制，加大对基础前沿研究、关键核心技术研发支持。改进科技项目组织管理方式，落实“揭榜挂帅”等制度，完善科技评价机制，优化科技奖励项目。加强知识产权保护与应用。依托中科院山东综合技术转化潍城分中心等技术转移机构，加强技术转移机构和技术经理人培育，完善科技成果转移转化服务体系，加快技术成果向现实生产力转化。健全科技金融协同支持机制，促进新技术产业化、规模化应用。加强科普工作，弘扬科学精神和工匠精神。

二、产业培强做大，推动高质量发展实现新突破

把发展城市经济作为主攻方向，聚焦打造新兴产业发展区、高端商贸聚集区，以推进动能转换、产业转型为核心，统筹做好育新、改旧、培强文章，加快转方式、调结构步伐，形成新动能主导的现代产业体系。

（一）大力发展城市工业

以产业转型升级为重点，做大做强智能农机、特种设备、精密标件等传统优势产业，加快形成具有潍城特色的产业集群和产业生态。借力省市产业链"链长制"，强化产业链研究，着力打造智能农机、动力装备2个百亿级和节能环保、绿色铸造等5个50亿级产业集群。做强培优实体企业，实施重点企业扩能增效行动，全力支持东方钢管、鲁中大马力拖拉机等龙头企业"二次创业"，实现上市企业零的突破。大力发展新兴产业，推动激光雷达、智能装配、智能机器人等新兴产业做大规模，支持富锐光学、宇鹤智造等企业加快发展，加强创新型企业、专精特新企业、瞪羚企业、独角兽企业、上市企业雁形梯队培育。紧盯未来产业发展趋势，推动数字经济和城市工业融合发展，抓好数字化车间、智能工厂、工业互联网应用等项目建设，抢抓数字风口、抢占产业高点。大力弘扬企业家精神，壮大新时代高素质企业家队伍。

（二）大力发展现代服务业

坚持把现代服务业作为做大经济总量的突破口，加快形成多层次、高品质的现代服务业发展新格局。做大做强现代物流业，抓好中国邮政、普洛斯、丰树等智慧物流园区建设运营，加快上合国际物流分港、传化智慧智能产业园保税仓库等项目实施，在全市率先建立智慧物流产业链综合服务平台，着力打造半岛重要的国际物流港。做大做强高端商贸业，以"中央休闲区"建设为引领，加快中百、豪德等传统商圈改造升级，抓好谷德锦城、绿地缤纷城等商业综合体和十里春风等特色街区建设运营，大力发展总部经济、商务会展、文化创意、专业中介等高端服务业，着力打造市区西部高端商贸中心。实施扩内需促消费计划，创新消费模式，促进线上线下消费双向提速，大力发展首店经济、首发经济、夜间经济，引导直播电商、社交电商等健康发展。做大做强特色金融业，发挥京东华东区产融中心、金融总部产业园引领效应，大力引进各类金融机构和产业基金，打造区域性金融产业中心。支持本地企业对接金融机构，开展供应链金融服务，用好资本市场的金融活水，服务经济发展。

（三）突出重点项目带动

实施重点项目带动战略，健全领导包联机制，实行项目全生命周期管理，做好事前谋划、事中约定、后期比对、闭环管理，加强履约监管，加快项目转化。创新招商方式，树立精准招商、专业招商思维，针对不同行业、不同企业，一企一策、一事一议，量身定制招商方案，突出项目资金到位率、财税贡献率等指标考核，切实提高招商引资实效。

（四）提档升级产业园区

坚持把园区作为项目建设、产业升级的主阵地，全力推进潍坊半导体（激光）产业园、金科智慧科技城、中南产业园、潍坊激光雷达产业园等产业园区建设运营，加快建设一批承载力强、竞争力足的新兴产业园区。加快完善园区配套和政策支持，推动高附加值、高税收项目向园区集聚，全面提升园区产业层次和亩均税收贡献率，为发展城市型经济提供重要平台支撑。

（五）高效利用资源空间

及时清退产能落后、投资强度不达标的企业和项目。积极盘活存量用地，加快低效用地收回、闲置厂房处置和僵尸企业清理，腾出主导产业发展空间。大力发展楼宇经济，加快商务楼宇能级提升、老楼改造、特色发展、主题打造，推动城市“往上生长”。打破以资源禀赋决定产业发展的思维定式，大力发展“硅巷经济”、推进“工业上楼”，建设新型城市工业集聚区。积极推动老厂房改造，统筹坤泰城、和平广场商业综合体等楼宇招商，向“存量空间”要“增量价值”。

三、激活需求动力，融入高质量发展新格局

抓住市场需求持续扩大的战略机遇，采取务实举措，推动扩大投资、提振消费与对外开放有效结合，积极融入以国内大循环为主体、国内国际双循环相互促进的新发展格局。

（一）持续扩大有效投资

优化投资结构，保持投资持续健康增长，发挥投资对优化供给结构的关键作用。聚焦未来产业、战略性新兴产业、先进制造业等，布局建设一批投资额大、产业关联度高、带动力强的大项目，支撑引领产业转型升级。持续扩大创新能力、经济安全、公共服务和生态环保等领域投资，加快补齐交通、市政、园区和农村基础设施投资短板。提升政府投

资使用效能，多措并举激发民间投资活力。完善项目调度推进和协调服务工作机制，健全“要素跟着项目走”的保障机制，全力向上争取政策、资金、土地等资源要素，为项目建设保驾护航。

（二）推动消费结构升级

增强消费对经济发展的基础性作用，顺应消费升级趋势，提升传统消费，培育定制消费、体验消费、信息消费、服务消费等新模式新业态，优化布局城市新购物中心、城市商业综合体等核心商圈，打造首店经济、后街经济、展会经济等特色商业街区，规范发展夜经济。统筹推进乡村振兴战略实施与扩大农村消费，开拓城乡消费市场。严格落实节假日制度、带薪休假制度，扩大节假日消费。加强消费者权益保护，推进消费品质量提升，强化市场秩序监管，着力优化消费环境。

（三）打造开放发展新高地

积极融入国家“一带一路”等建设，深化与沿线国家及节点城市在基础设施、国际产能、科技金融等领域合作，构建全方位、全领域、全时空开放新局面。依托传化智联智能服务平台，集成互联网、物联网、大数据、云计算等新兴要素，无缝衔接国际国内多式联运，加快融入“一带一路”及上合示范区建设，打造上合国际物流港潍坊分港。借势中国（潍坊）跨境电子商务综合试验区建设，探索打造配套要素齐全的跨境电商产业园区，实现资源共享。借力鲁台会、中日韩产业博览会等节会，进一步加深与重点国家和地区的经贸合作。优化调整进出口产品结构，加快发展服务贸易。

四、全面深化改革，构建高质量发展新体制

充分发挥市场在资源配置中的决定性作用，更好发挥政府作用，激发市场活力和社会创造力，深化重点领域和关键环节改革，充分释放改革创新制度红利。

（一）建立高标准市场体系

坚持平等准入、公正监管、开放有序、诚信守法，实施高标准市场体系建设行动，加快完善产权、市场准入、公平竞争等制度，构建高效规范、公平竞争、标准统一的市场体系。落实“全国一张清单”的市场

准入负面清单制度，健全公平竞争审查机制，提升市场综合监管能力。健全要素市场运行机制，推进土地、劳动力、资本、技术、数据等要素市场化改革。

（二）激发各类市场主体活力

深化区属国有企业混合所有制改革，做强做优做大国有资本和国有企业。优化民营经济发展环境，坚决破除制约民营企业发展的各种壁垒，依法平等保护民营企业产权和企业家权益，加强对民营企业全生命周期服务，支持中小微企业和个体工商户发展，促进非公有制经济健康发展和非公有制经济人士健康成长。加强企业家队伍建设，促进企业高质量发展。

（三）深化行政管理体制改革

围绕打造高效服务型政府，深化简政放权，创新监管方式，提高服务质量，更大范围、更深层次推进"放管服"改革，加快建设人民满意的服务型政府。深化商事登记制度改革和财税金融改革，构建事中事后监管体系，激发市场主体发展活力。积极推进开发区体制机制改革、事业单位改革，建立更加灵活高效的选人用人体制机制，不断增强发展内生动力。

（四）切实优化营商环境

推进司法责任制综合配套改革，提升执法司法公信力。全面实行政府权责清单制度，建设职责明确、依法行政的政府治理体系。加快流程再造，创新审批和监管方式，进一步拓展全流程网上办理事项，推进政务服务标准化、规范化、便利化。探索建立覆盖所有机构和个人的诚信账户，加强守信联合激励和失信联合惩戒。

五、城乡一体推进，构建城乡发展新格局

深入践行"人民城市人民建，人民城市为人民"的重要理念，坚持高点规划、集约建设、精细管理，聚力构建城乡一体、产城融合、品质一流、宜居宜业的城乡发展新格局。

（一）科学规划城市空间布局

高质量完成新一轮国土空间规划编制，增强城市发展的整体性、协

调性。突出以产兴城、以城促产，抓好站南、鲁台等重点片区开发，不断优化产业布局、完善功能配套，提升城市承载力。完善城市建筑品质风貌审核制度，加强建筑设计把关，切实提升“地面、路面、立面、屋面”形象。

（二）全面提升城市功能品质

大力实施基础设施建设行动，适时推进北宫西街等道路改造提升，加快实施杏乐路等市政道路和规划支路改扩建工程，打造承西联东、沟通南北的市区西部路网。大力推进公交奥体中心等公交枢纽站建设，发展更加普惠的城乡客运，实现公交网络城乡全覆盖。大力实施城市更新行动，突出抓好十笏园片区、老潍县开埠区、苗圃片区和北关片区改造提升，全面完成老旧小区改造和棚改旧改项目，高标准推进海绵城市建设，科学规划建设公厕、遮阳棚、口袋公园等设施，推动老城区“旧貌换新颜”。以“绣花”功夫抓好城市精细化管理，构建良性互动、共治共享的城市管理新格局。

（三）扎实推进乡村全面振兴

坚持以城乡一体化推动农业农村现代化，努力实现“乡村让城市更美好”。实施“藏粮于地、藏粮于技”战略，守牢耕地保护红线，扛稳粮食安全重任。大力推广“绿野模式”，实现规模化种粮。实施农业品牌发展计划，支持瑞福油脂、益康宝等企业做大做强。实施农民合作社、家庭农场提升行动，深入推进供销系统综合改革，争创省级“生产、供销、信用”三位一体示范区。大力发展乡村数字经济，鼓励发展农村特色电商产业园，带动周边群众就业增收。

（四）加快全域美丽乡村建设

实施乡村建设行动，以城市标准建设农村，推进城乡基础设施一体化建设，加快完善小城镇基础设施，实现乡村社区服务站、标准化卫生室、“四好”农村路全覆盖，让小城镇成为服务居民的区域中心。加快全域美丽乡村建设，开展农村人居环境整治提升五年行动，深入打好农村厕所、垃圾、污水专项整治“三大革命”，健全长效管护机制，让乡村更美丽更宜居。

六、推动文旅繁荣，增强高质量发展软实力

坚持以文旅互融推进文旅共兴，做精做优文化产业，繁荣发展文化事业，打造文化元素丰富、文化实力雄厚、文化活力迸发、文化生活精致的文旅融合示范区。

（一）提高城市文明程度

深入开展习近平新时代中国特色社会主义思想学习教育，推动理想信念教育常态化制度化，加强党史、新中国史、改革开放史、社会主义发展史教育，加强爱国主义、集体主义、社会主义教育，弘扬党和人民在各个历史时期奋斗中形成的伟大精神，推进公民道德建设，实施文明创建工程。扎实推进全国新时代文明实践中心试点区建设，常态化抓好文明城市、文明村镇创建工作。健全志愿服务体系，广泛开展志愿服务关爱行动。弘扬诚信文化，推进诚信建设。提倡艰苦奋斗、勤俭节约，开展以劳动创造幸福为主题的宣传教育。加强家庭、家教、家风建设。加强网络文明建设，发展积极健康的网络文化。深入开展移风易俗行动，着力破除乡村陈规陋习。推动传统文化传承保护，焕发历史文化名城现代风采。

（二）提升完善公共文化服务体系

推进城乡公共文化服务体系一体建设，促进图书馆、档案馆、基层综合性文化服务中心等各类公共文化设施资源共建共享，形成覆盖全区的数字公共文化服务网络。创新实施文化惠民工程，广泛开展群众性文化活动，重点打造提升“唱响潍城·文化四季”活动品牌。扩大公共文化产品和服务供给，加强现实题材创造生产，不断推出反映时代新气象、讴歌人民新创造的文艺精品。加强文化人才队伍建设，培养一批专业水平高、知名度大、影响力强的特色文艺人才骨干。

（三）着力打造文化旅游品牌

坚持把社会效益放在首位、社会效益和经济效益相统一，深入挖掘老潍县文化底蕴，放大中国画都、金石之都等品牌效应，全力打造金石书画、文化创意、红色教育、非遗体验、特色旅游等特色文旅品牌。以打造中央休闲区为契机，提升十笏园文化街区、国家广告产业园区等园区建设水平，加快发展新型文化企业、文化业态、文化消费模式，促进

文化经济融合发展，提升文化产业发展水平。整合浮烟山、乐埠山、大于河等山水资源，规范提升浮烟山文旅公园及民俗村落，大力发展城市近郊休闲线路，推动“美丽资源”向“美丽经济”转变。

七、实施生态提升，打造生态秀美宜居潍城

践行“绿水青山就是金山银山”理念，主动融入黄河流域生态保护和高质量发展国家战略，加快美丽潍城建设。

（一）持续改善环境质量

加强大气污染防治，实现重污染天数逐年下降，空气质量优良率持续提升。抓好水源地保护，加快实现“两清零一提标”（城市建成区雨污合流管网清零行动、城市建成区黑臭水体清零行动，城市污水处理厂提标行动）目标，水质达到或优于Ⅲ类标准。加强土壤污染管控，受污染耕地、污染地块安全利用率均达到92%以上，危险废物规范化评估达标率达到90%以上。

（二）加强生态保护修复

全面提升湿地保护与修复水平，实行湿地面积总量管控，确保湿地保护率达到70%以上。加强遗留矿山修复工作，严格落实林长制，突出抓好有害生物防控、陆生野生动植物资源保护，筑牢生态安全屏障。

（三）建设绿色宜居城区

加大植树造林力度，将浮烟山打造为中心城区最大的森林公园。持续改善大于河等水系生态环境，建设中心城区“生态绿肺”。加强固体废物管控，努力实现城区生活垃圾分类全覆盖，加快建设“无废城市”。

（四）发展低碳美丽经济

大力开展新能源领域科技攻关和推广应用，坚决遏制“两高一资”（高耗能、高污染和资源性）项目，加快国电电力分布式光伏等项目建设，构建绿色低碳、安全环保的现代产业体系。用好山水人文资源，变“美丽资源”为“美丽经济”。

八、保障改善民生，彰显高质量发展潍城温度

坚持以人民为中心的发展思想，全力办好民生实事，让群众获得感

成色更足、幸福感更可持续、安全感更有保障。

（一）发展更有质量的教育

坚持立德树人，全面提升基础教育水平，加强师德师风建设，健全学校家庭社会协同育人机制。加快学前教育普及普惠发展，推进医科大学附属学校、潍阳学校等中小学校新改扩建工程，推动义务教育优质均衡发展、普通高中多样化发展，保障特殊群体平等接受教育的权利。加快推进现代化教育品牌区建设，打造一批有较大影响力的品牌特色学校，提升校长治校育人、教师教书育人能力素质，促进学生德智体美劳全面发展。深化教育体制改革，推动教育结构更加优化、教育制度更有活力、教育服务更有成效。

（二）大力提升医养水平

深化“健康潍城”建设，开展医疗能力提升行动，抓好市人民医院潍城院区运营，分批改善基层医疗条件，加快优质医疗资源均衡布局。推动养老事业和养老产业协同发展，争创省级医养结合示范先行区。

（三）持续推进富民增收

坚持就业优先战略，进一步优化完善公共就业创业服务体系；积极开展“潍州直聘”线上线下招聘活动，做好高校毕业生等重点群体就业工作。扎实推动共同富裕，持续巩固拓展脱贫攻坚成果，多渠道抓好脱贫人口稳岗就业，全面提升低收入群体增收能力、生活品质。

（四）健全完善社会保障

统筹推进扶老、助残、救孤、济困、慈善等福利事业发展，全面落实各项保险制度和住房公积金保障制度，健全覆盖全民、统筹城乡、公平统一、可持续的社会保障体系。加强对老弱病残、鳏寡孤独等特殊群体的关心关爱，切实兜牢民生底线。实施“全民参保计划”，确保居民养老保险、基本医疗保险参保率保持全市领先。

九、创新社会治理，营造安定祥和高质量发展环境

全面贯彻总体国家安全观，把安全发展贯穿潍城发展各领域和全过程，加快市域治理现代化，确保社会安定有序。

（一）完善公共安全体系

强化安全发展理念，以政治安全为根本，坚决守牢金融、安全、稳定等发展底线。健全公共卫生应急管理体系，提高应对突发公共卫生事件能力。常态化开展扫黑除恶斗争，完善社会治安防控体系，推动更高水平平安潍城建设。建立健全应急管理机制，加强综合监测预警，完善防灾减灾体系，提高防灾减灾抗灾救灾能力。

（二）加快社会治理现代化

践行新时代“枫桥经验”，做好领导干部公开接访，更大力度化解信访积案。深化社会治理信息平台和“雪亮工程”建管应用，提高风险隐患预警能力。高标准开展“八五”普法，建设更高水平法治潍城。

（三）夯实社区治理基础

深化网格化服务管理，全面推行微组织、微协商、微服务、微共建、微关爱“五微”工作法，探索“党组织＋党员＋社工＋社会组织”服务模式，构建“网格化管理、组团式服务”的工作格局。建强社区工作者队伍，优化“三岗十八级”薪酬体系，充分调动工作积极性。加强和改进物业管理工作，积极探索社区物业管理新模式，建立群众满意度占主要权重的物业管理考核评价机制，不断提升服务质效。

（四）提升安全发展水平

坚持人民至上、生命至上，严格落实安全生产抓教育培训、抓制度完善、抓苗头隐患、抓日常监管、抓严惩重罚、抓本质安全、抓应急处置、抓社会共治的“八抓”工作要求，统筹抓好危化品、道路交通、建筑施工、食品药品等重点领域安全，持续扩大“一键排查”安全管控平台覆盖面，为高质量发展筑牢安全屏障。

执笔人：张群，21 世纪马克思主义研究院经济社会文化发展战略研究中心特约研究员

张立伟，21 世纪马克思主义研究院经济社会文化发展战略研究中心副主任、研究员

第五章　江西永新高质量发展在中部地区加快崛起中发挥示范作用

近年来，江西省吉安市永新县坚持以习近平新时代中国特色社会主义思想为指导，深入贯彻落实习近平总书记视察江西重要讲话精神，积极融入中部地区崛起和湘赣边区域合作示范区建设战略，咬定“作示范、勇争先”的目标定位，完整、准确、全面贯彻新发展理念，奋力建设湘赣边区高质量发展示范县，走出了一条革命老区高质量发展的路子。

第一节　永新高质量发展的根本遵循和行动指引

习近平总书记视察江西的重要讲话精神、中部地区崛起和湘赣边区域合作示范区建设发展战略，江西省委全面建设“六个江西”（创新江西、富裕江西、美丽江西、幸福江西、和谐江西、勤廉江西）发展目标和吉安市委“一二三”总体工作思路（坚持一条主线、紧扣两个定位、奋力建设“三区”），为永新高质量发展提供了根本遵循，明确了前进方向。

一、习近平总书记视察江西重要讲话精神以及中部地区崛起战略的核心要义

2019 年 5 月 20 日至 22 日，习近平总书记在江西考察，主持召开推动中部地区崛起工作座谈会并发表重要讲话，强调要坚持以新时代中国

特色社会主义思想为指导，贯彻新发展理念，在供给侧结构性改革上下更大功夫，在实施创新驱动发展战略、发展战略性新兴产业上下更大功夫，积极主动融入国家战略，推动高质量发展，不断增强中部地区综合实力和竞争力，奋力开创中部地区崛起新局面。

（一）深刻把握习近平总书记视察江西重要要求

习近平总书记视察江西重要讲话，深刻阐明了事关江西长远发展的一系列根本性、方向性、全局性重大问题，为江西奋力开启全面建设社会主义现代化新征程提供了思想指引、战略指引和行动指引。

1. 推进经济高质量发展。牢牢把握供给侧结构性改革这条主线，不断改善供给结构，提高经济发展质量和效益。要加快推进新旧动能转换，巩固"三去一降一补"成果，加快腾笼换鸟、凤凰涅槃。要聚焦主导产业，加快培育新兴产业，改造提升传统产业，发展现代服务业，抢抓数字经济发展机遇。要完善科技成果转移转化机制，走出一条创新链、产业链、人才链、政策链、资金链深度融合的路子。要加快构建生态文明体系，做好治山理水、显山露水的文章，打造美丽中国"江西样板"。

2. 推进改革开放走深走实。突出改革重点，在生态文明体制改革、科技体制改革、农业农村改革、社会民生领域改革上抓创新、抓落实。要充分利用毗邻长珠闽的区位优势，主动融入共建"一带一路"，积极参与长江经济带发展，对接长三角、粤港澳大湾区，以大开放促进大发展。

3. 推进农业农村现代化。夯实粮食生产基础，坚持质量兴农、绿色兴农，不断提高农业综合效益和竞争力。要构建新型城乡关系，建立健全城乡融合发展体制机制和政策体系，促进城乡协调发展、融合发展。

4. 推进社会治理创新。坚持以人民为中心的发展思想，从群众最关心的问题入手，坚持尽力而为、量力而行，落实各项惠民政策，做好普惠性、基础性、兜底性民生建设。要加强预防和化解社会矛盾机制建设，完善立体化社会治理防控体系，依法打击和惩治违法犯罪活动，深入推进扫黑除恶专项斗争。

5. 推进红色基因传承。深刻认识红色政权来之不易、新中国来之不易、中国特色社会主义来之不易，教育党员干部特别是领导干部树牢立党为公、执政为民的理念，践行群众路线，锤炼忠诚干净担当政治品格，为完成新时代党的历史使命而努力奋斗。要把井冈山精神和苏区精神继承和发扬好，教育引导广大党员、干部增强“四个意识”、坚定“四个自信”、做到“两个维护”，自觉做共产主义远大理想和中国特色社会主义共同理想的坚定信仰者和忠实实践者。

（二）中部地区崛起战略核心要义

做好中部地区崛起工作，对实现全面建成小康社会奋斗目标、开启我国社会主义现代化建设新征程具有十分重要的意义。当前，中部地区崛起势头正劲，中部地区发展大有可为。

1. 促进中部地区崛起，有利于提高国家粮食和能源保障能力，缓解资源约束；有利于深化改革开放、不断扩大内需，培育新的经济增长点；有利于促进城乡区域协调发展，构建良性互动的发展新格局。

2. 促进中部地区崛起，是落实四大板块区域布局和“三大战略”的重要内容，是构建全国统一大市场、推动形成东中西区域良性互动协调发展的客观需要，是优化国民经济结构、保持经济持续健康发展的战略举措，是确保如期实现全面建成小康社会目标的必然要求。

3. 促进中部地区崛起，有利于优化国民经济结构、保持经济持续健康发展。能够充分发挥中部地区比较优势，积极推进产业结构优化升级，加快推动新旧动能转换，提高经济增长的质量和效益，为推动中国经济保持中高速增长、迈向中高端水平作出新贡献。

4. 促进中部地区崛起，有助于坚决打赢脱贫攻坚战，促进基本公共服务均等化，不断提高城乡居民生活水平，为全国统筹区域和城乡发展发挥示范带动作用，加快实现全面建成小康社会目标。

5. 促进中部地区崛起，有利于构建全国统一大市场。通过积极融入推进“一带一路”、京津冀协同发展、长江经济带发展，能够有力支撑全国新一轮全方位开发开放，推动中国经济增长空间由沿海向内陆地区拓展，加快形成东中西区域良性互动、协调发展新局面。

二、江西省委全面建设“六个江西”的奋斗目标和总体发展思路

2021 年 11 月 23 日至 26 日，江西省召开第十五次党代会，回顾总结

了过去五年江西各项事业取得的重大成就，科学分析了当前全省面临的机遇挑战和存在的关键问题，研究确定了今后五年全省工作的指导思想、奋斗目标、主要任务和战略举措，提出了全面建设“六个江西”的奋斗目标。

（一）建设创新江西

深入实施创新驱动发展战略、科技强省战略、人才强省战略，深入推进鄱阳湖国家自主创新示范区建设，扎实推进重大创新平台攻坚行动。完善产业协同创新体系，实施研发投入攻坚行动。积极创建国家稀土技术创新中心，支持省属科研院所提升创新能力，以高水平创新平台，促进高质量科技创新。深入实施高层次、高技能领军人才培养工程，大力引进培育战略型人才、科技领军人才和创新团队，深入推进省高层次人才产业园建设，打造集聚国内外优秀人才的科技创新高地。健全科技创新激励机制，推广运用“揭榜挂帅”“赛马制”等制度，营造鼓励创新、宽容失败的创新氛围。未来五年，全省发展动力得到新提升，国家级创新平台建设加快推进，研发经费投入强度持续加大，高效协同创新体系更加完善，综合科技创新水平显著提升，创新驱动发展能力持续增强，创新型省份建设取得明显成效。

（二）建设富裕江西

促进产业链供应链现代化高级化，深入实施工业强省战略，大力推进产业高质量跨越式发展行动，着力建设航空产业集群、全国重要的电子信息制造集聚区、全球新能源新材料产业集聚区。加快实施传统产业转型升级和新一轮企业技术改造行动，打造全国传统产业转型升级高地和世界级有色金属产业基地。大力实施数字经济“一号发展工程”，加快建设“物联江西”“智联江西”，推动数字经济与实体经济深度融合。促进现代服务业优化发展，推动生产性服务业向专业化、高端化延伸，生活性服务业向高品质、多样化升级。深入实施扩大内需战略，狠抓“两新一重”（新型基础设施，新型城镇化，交通、水利等重大工程）等重大项目建设，积极扩大有效投资。深入实施商贸消费升级行动，加快建设南昌全国性消费中心城市，打响“赣菜”品牌。建设旅游强省，大力推进全域旅游高质量发展，扩大“江西风景独好”品牌影响力。推进改革开放走深走实，坚持把优化营商环境作为“一号改革工程”，深化“放管服”改革，争当全国政务服务满意度一等省份。深入推进江西内陆开放型经济试验区建设，建设更高水平开放型经济新体制，加快打造内陆双向开放新高地。促进区域协调发展，优化完善以融合一体的大南昌都市圈为引领，以沪昆、京九高铁经济带为驱动轴，以赣南等原中央苏区振兴发展、赣东北开放合作、赣西转型升级为三大协同发展区，层次清晰、各显优势、融合互动、高质量发展的“一圈引领、两轴驱动、三区协同”区域发展格局，扎实推进以人为核心的新型城镇化，深入实施城市功能与品质提升行动，大力推进城市高质量发展示范省建设。全面推进乡村振兴，深入实施现代种业提升工程，深入推进省部共建绿色有机农产品基地试点省建设，发展壮大农业特色产业，打造一批现代农业示范区，促进一二三产业融合发展，加快建设农业强省。未来五年，全省综合实力实现新跨越，新发展理念深入人心，具有江西特色的现代经济体系基本形成，经济增幅持续保持全国“第一方阵”，经济总量越过 3 万亿元、向 4 万亿元迈进，发展的质量和效益不断提升。

（三）建设美丽江西

有力有序推进碳达峰碳中和，建立碳达峰碳中和推进体系，全面落实能耗双控约束目标，加快优化能源结构、产业结构、交通运输结构，推进重点行业绿色化改造，大力发展循环经济、低碳经济，助力碳达峰碳中和目标如期实现。深入打好污染防治攻坚战，持续加强大气污染综合治理、水污染防治、土壤污染防治，全面实行生活垃圾分类，着力解决突出生态环境问题，持续提升生态环境质量。推进生态保护与修复，强化国土空间规划和用途管控，加大生态系统保护力度，坚持山水林田湖草沙综合治理，大力实施生态鄱阳湖流域建设行动计划，深入推进废弃矿山生态修复，提升生态系统质量和稳定性。完善生态产品价值实现机制，全面构建生态产品价值核算评估体系，健全市场交易体制机制，打造生态产品供需对接平台，探索创新绿色金融服务模式。健全生态文明制度体系，深化生态环境保护督察，完善地方环境标准体系、生态环境保护综合执法体系，大力倡导绿色生产生活方式。未来五年，全省绿色转型取得新突破，美丽中国“江西样板”建设纵深推进，生态环境质量巩固提升，资源能源利用效率不断提高，生态产品价值实现机制建设走在全国前列，走出一条经济社会发展全面绿色转型之路。

（四）建设幸福江西

扎实推进就业创业，全面落实就业优先战略，发挥创业带动就业的“倍增效应”，深入实施中等收入群体培育行动。加快教育强省建设，统筹优化城乡基础教育学校布局，支持南昌大学建设世界一流大学，全面落实“双减”政策措施，推动教育事业高质量发展，让人民更加满意。推进文化强省建设，推进公共文化服务数字化，提高文化惠民工程覆盖面和实效性。深入推进长征国家文化公园江西段建设，加快健全现代文化产业体系和市场体系，大力发展新型文化企业、文化业态。深入实施健康江西行动，坚持预防为主方针，创新医防协同机制，加快推进国家及省级区域医疗中心建设，加大食品药品安全监管力度，加快打造国内领先、世界知名的中医药强省。提升社会保障水平，全面实施全民参保计划，实施积极应对人口老龄化工程，加快“一老一小”服务设施建设。加强社会治理创新，深入推进市域社会治理现代化试点，积极探索“红色文化＋社会治理”机制，健全城乡社区治理和服务体系。未来五年，全省民生改善迈出新步伐，脱贫攻坚成果巩固拓展，乡村振兴战略深入推进，民生保障水平进一步提升，共同富裕取得明显的实质性进展，人民群众的获得感成色更足、幸福感更可持续、安全感更有保障。

（五）建设和谐江西

发展全过程人民民主，坚持党的领导、人民当家作主、依法治国有机统一，健全完善党组织领导的基层治理体系和各级议事协调机制。大力推进依法治省，深化刑事诉讼制度改革、执法司法制约监督体系改革，加强全民普法工作，健全公共法律服务体系。提升平安建设水平，大力推进地方国家安全体系和能力建设，加大违法犯罪活动打击整治力度，提升社会治安防控体系建设整体效能，严格落实安全生产责任制，坚决遏制重特大事故发生。凝聚社会各界力量，坚持大团结大联合主题，完善大统战工作格局，深化民族团结进步创建，深化与港澳合作交流，推进军民深度融合发展，提高新时代“双拥”工作质量水平。未来五年，全省治理效能达到新水平，平安建设、法治建设不断深化，社会主义民主法治更加健全，社会公平正义更加彰显，基层治理体系和治理能力现代化水平明显提高，共建共治共享的社会治理格局基本形成。

（六）建设勤廉江西

旗帜鲜明加强党的政治建设，坚决贯彻执行党的政治路线，全面加强宣传思想工作，坚持不懈强化理论武装，严格落实意识形态工作责任制，深化拓展新时代文明实践中心建设，唱响“江西好人文化”品牌。夯实建强基层战斗堡垒，严格落实基层党建工作责任制。锻造高素质专业化干部队伍，完善干部选育管用机制，深化忠诚型、创新型、担当型、服务型、过硬型“五型”政府建设，深入实施人才强省战略。持之以恒推进正风肃纪反腐，坚定不移推进党风廉政建设和反腐败斗争，紧盯一把手和领导班子等关键少数，持之以恒落实中央八项规定精神，统筹做好查办案件前后半篇文章，深化纪检监察体制改革，加强巡视巡察上下联动，推动全省政治生态更加风清气正、健康向上。未来五年，全省政治生态呈现新气象，党的领导和党的建设全面加强，各级党组织创造力凝聚力战斗力明显增强，党风政风民风社会风气更加昂扬向上，勤政廉政、担当实干、风清气正、诚信友善成为江西最强音。

三、吉安市委“一二三”总体工作思路

吉安市第五次党代会回顾总结了四届市委的工作和基本发展经验，确定了今后五年全市工作的指导思想、奋斗目标和主要任务，提出了“一二三”总体工作思路，即：坚持一条主线，以习近平新时代中国特色社会主义思想为指导，谱写吉安全面现代化建设新篇章；紧扣两个定位，深化落实习近平总书记视察江西重要讲话精神，紧扣“作示范、勇争先”目标定位，放大视野格局，强化工作导向，创造一流业绩；奋力建设“三区”，建设革命老区高质量发展先行区、全省共富共享美好生活实践区、全国红色基因传承示范区。

（一）建设革命老区高质量发展先行区

在改革创新上勇于作为，坚持以大改革引领大发展，打造内陆双向开放新高地，加快提升创新能力。在产业升级上谋求突破，实施工业倍增升级行动，加快壮大旅游支柱产业，推动现代服务业提速提档。在乡

村振兴上务求实效，巩固拓展脱贫攻坚成果，加快发展现代农业，实施乡村建设行动。在区域协同上优化提升，建设赣江中游生态经济带，提升中心城区首位度，壮大县域经济实力。在生态建设上争创一流，推动生态质量稳定向好，扎实推进碳达峰碳中和，拓展“两山”转化通道。未来五年，全市经济保持中高速增长，主要经济指标增速保持高于全国、全省平均水平，位居革命老区前列，地区生产总值年均增长 7.6% 左右、人均地区生产总值突破 1 万美元；产业体系更加完整更具特色，建成全国有影响力的电子信息产业基地；创新能力显著增强，研究与试验发展（R&D）经费投入增速位居革命老区前列，投入强度达到全省平均水平；乡村振兴成为样板，生态环境质量保持全国一流水平。

（二）建设全省共富共享美好生活实践区

加强普惠性基础性兜底性民生建设，扎实推动共同富裕，不断增强群众获得感幸福感安全感。夯实民生基础，推进更加充分更高质量就业，稳步提高群众收入水平，健全多层次社会保障体系。完善公共服务，让群众享有更加优质公平的教育、更高水平的健康服务，特殊群体得到更好照护。推进文化建设，推动优秀传统文化传承创新，大力繁荣文化事业，加快壮大文化产业。创新社会治理，建设更高水平平安吉安，深化法治吉安建设，全面提升社会治理能力。未来五年，全市居民收入增速保持全省前列，人均可支配收入力争达到 4 万元，城乡收入差距不断缩小；公共服务更加公平可及，群众文化生活更加丰富，民主法治更加健全，公平正义充分彰显，公众安全感位居全省前列，社会治理成效保持全国一流水平。

（三）建设全国红色基因传承示范区

毫不动摇坚持和加强党的全面领导，大力弘扬井冈山精神，推动红色基因传承制度化载体化，把吉安打造成为处处都是红色课堂、人人都是井冈山精神宣传员，最讲党性、最讲政治、最讲忠诚的地方。赓续绝对忠诚的红色血脉，让红色基因代代相传。锻造务实担当的干部队伍，坚持为发展配干部、凭实绩用干部，完善干部培养机制，健全干部考核奖惩机制，严管厚爱、激励作为。筑牢全面过硬的基层堡垒，落实基层党建工作责任制，强化“党建 +”理念，抓党建促乡村振兴，壮大村级集体经济。加强党对意识形态工作的领导，全面落实意识形态工作责任制，巩固发展爱国统一战线，维护民主团结的生动局面。持续正风气、强监督、严惩戒，狠抓中央八项规定及其实施细则精神落实，加强对“一把手”和领导班子监督，保持惩治腐败高压态势，做好查办案件前后半篇文章，巩固风清气正的政治生态。未来五年，全市红色资源得到充分保护利用，长征国家文化公园吉安段加快建设，红色名村建设走在前列，成为全国重要的红色教育培训基地；红色基因融入工作生活，党员干部信念坚定、担当作为，“我为群众办实事”实践活动常态长效，广大群众感党恩、听党话、跟党走。

第二节　永新高质量发展的创新做法和生动实践

永新县位于江西省西部、罗霄山脉中段。全县面积 2181 平方公里，辖 23 个乡镇、1 个街道、238 个行政村、30 个社区，全县户籍人口 52.4 万、常住人口 39 万。永新县情可以用“历史红”“人文浓”“生态美”三个关键词来概括。

一是历史红。永新是井冈山革命根据地的重要组成部分、湘赣革命根据地的中心、原湘赣省委所在地，是著名的“三湾改编”“龙源口大捷”发生地，走出了贺子珍、贺敏学、贺怡“贺氏三兄妹”和王恩茂、张国华、王道邦、旷伏兆等 41 位开国将军，有名有姓的革命烈士达 8000 多人，是全国将军大县。现代作家、历史学家郭沫若在参观永新时曾挥毫赋诗：“长征逾万参加者、烈士八千磊落才”。

二是人文浓。永新文风鼎盛，孕育了“忠、勇、信、义”的人文精神，北宋名相刘沆、明代布衣哲学家颜钧、明末清初文学家贺贻孙等皆出自这里；近代以来，从这里走出了探月工程首席科学家欧阳自远、计算机专家洪家威、国画名家刘勃舒、中国工程院院士陈晓红等一批文化科技精英。永新不仅是全国书法之乡，还拥有永新盾牌舞、永新小鼓等国家级非物质文化遗产。

三是生态美。永新是国家重点生态功能区、省级生态县，全县森林覆盖率达 65.68%，拥有三湾国家森林公园、七溪岭省级自然保护区、双江口省级湿地公园和 2 个国家级生态乡镇、17 个省级生态乡村、5 个省级森林乡村。

2021 年，全县实现地区生产总值 134 亿元、同比增长 9.6%，财政总收入 15.5 亿元、同比增长 20.9%，固定资产投资同比增长 11.7%，社会消费品零售总额同比增长 17.3%，规模工业增加值同比增长 12.2%，全年实际利用外资同比增长 7.87%，引进内资同比增长 9.28%，外贸出口同比增长 370%，城乡居民人均可支配收入分别达 30607 元、14166 元，同比增长 8.3%、11.5%。

面向党的第二个百年奋斗目标，对标江西省委全面建设“六个江西”发展目标和吉安市委“一二三”工作思路，永新县委分别从宏观目标、中观路径、微观抓手三个层面进行系统谋划，确定了“坚持一个目标、主攻三大战场、推进五个走前列”的“一三五”总体发展思路。坚持一个目标，就是积极融入湘赣边区域合作示范区建设，锚定目标、一干到底，奋力打造湘赣边高质量发展示范县；主攻三大战场，就是围绕“三化”协同发力，强力攻坚工业经济、乡村振兴、城市建设，不断壮大经济实力，增强承载能力，推动县域经济高质量发展；推进五个走前列，就是努力推动特色产业、乡村振兴、生态文明建设、社会治理、传承红色基因等工作在湘赣边区域走前列、作示范。

一、新型工业化成效明显

近年来，永新县坚持工业强县核心战略，聚焦要素资源，创新机制方法，推进新型工业化，推动工业产业转型升级。2021 年规模工业主营业务收入 139.5 亿元、同比增长 50.8%，工业税收 5.77 亿元、同比增长 82.1%，工业利润同比增长 125%，规模工业增加值、工业固投、工业用电量等主要经济指标增幅均位居吉安市前列。2022 年上半年，全县规模工业增加值同比增长 8.1%，工业用电量同比增长 12.56%，工业增加值 18.6 亿元，工业固投 45.3 亿元、同比增长 27.5%，工业营业收入 72.4 亿元、同比增长 13.62%。

（一）突出转型升级，产业结构优化

立足全县产业层次较低的现状，确定“首位产业转轨、重点产业转型、传统产业提升”的思路，推动产业转型升级。

1. 首位产业“从无到有”。积极策应京九（江西）电子信息产业带，主动融入全市电子信息产业圈，规划建设占地 4000 余亩的电子信息产业园，采用政府控股、企业参股的模式，共建智能制造产业园、智慧医疗产业园和智能装备产业园，推动“柔性线路板—电子元器件—电子智能终端产品”点线面网融合发展，已集聚关联企业 52 家，2021 年实现产值 102 亿元、纳税 7 亿元。

2. 主导产业“转型升级”。针对传统皮革产业落后的生产工艺，按照“关停淘汰一批、规范提升一批，转型招引一批”的思路，推动企业转型发展二层超纤移膜革、牛皮移膜革等项目，招引集聚以泽晞新材料、中逸非织造等为代表的超纤复合新材料企业 50 余家。

3. 传统产业“老树发新枝”。在主攻电子信息、超纤复合新材料两大重点产业的同时，统筹推进传统产业技改扩能、扩量提质，2021 年以来，推动 39 家规模以上企业进行技改提升，总投资额达 54.68 亿元。扶持肯特化学企业开展异地技改扩能，实现生产标准化、智能化，目前企业年产值达 10 亿元，年纳税 1 亿元，产能提升 5 倍。

（二）着力延链强链，产业格局纵深拓展

聚焦产业链关键环节和优势领域，推动上游向原材料延伸、下游向终端拓展，加快推进产业集群。

1. 提升开放水平。融入共建“一带一路”、长江经济带、长三角一体化、粤港澳大湾区，深化湘赣边区域合作示范区建设。实施产业升级招大引强大会战，建立综合高效招商机制，创新“产业链 + 金融供应链 + 主题产业园”引进培育模式，形成了上下联动、招大引强的浓厚氛围。2022 年上半年，招引亿元以上项目 23 个、“5020”项目 4 个，投资总额 278.5 亿元；外贸促出口 8.1 亿元，同比增长 199.9%，获评全省开放型经济工作综合先进单位。

2. 挖潜新能源产业链。引进总投资 55 亿元的嘉尚新能源项目，年产 60 亿安时动力储能锂电池，达产达标后，可实现年主营业务收入 100 亿元、税收 2 亿元以上。洽谈对接杉杉新能源等项目，引进一批新能源电池正负极材料、隔膜、电解液等配套产业，致力打造 200 亿级锂电池产业园区。

3. 拓宽新材料产业链。新建投资 20 亿元的巨联新材料项目，引进总投资 22 亿元的浙江路联装饰新材料项目，产品涵盖 PVC 人造革、合成革、装饰革等多个种类；引导凯迪生物发电立足园区超纤企业生产需求，提供生物质集中供热服务；规划建设 500 亩的超纤产业园，形成县内原材料供应、生产加工、废水处理一体化循环发展，构建生态超纤绿色新材料产业链。

（三）推进科技创新，产业动能不断激发

坚持创新驱动，深入实施数字经济“一号发展工程”，引领工业高质量发展。

1. 实施创新驱动。大力实施科技创新平台攻坚行动，组建重点实验室、技术中心等产学研平台，加强与高等院校、科研院所的合作，与南昌工程学院共建博士科研工作站，与湖南大学建设机器人智能感知研发中心，获批高新技术企业 17 家、省级“专精特新”企业 9 家。

2. 壮大数字产业。全力对接数字大湾区，聚焦数字经济 3 条主攻赛道（基础赛道、新兴赛道、融合赛道），促进数字经济和实体经济深度融合，智能联达、创鼎智能等智能制造企业投产见效，智能装备产业园项目全部达产达标后，年产值可达 100 亿元，被列为全市第一批数字经济创新发展试验基地。

3. 强化金融支撑。由县工业园区平台公司（两益公司）与深圳弈博智能公司合作，组建金融供应链公司，围绕项目落户、建设、投产等环节，配套多元化金融服务，累计为企业融资 620 余笔，金额达 7.5 亿元。发挥资本作用，与江西高投、上海财中金控合作组建 10 亿元产业引导基金，与省投资集团组建设备租赁公司，减轻企业生产资金压力，助力重大项目引进。

（四）强化服务保障，发展环境持续向好

突出服务的针对性和实效性，集聚要素资源，多措并举破解企业发展难题。

1. 完善园区配套。累计投入 25 亿元，建成园区面积 9 平方公里，高标准厂房 60 万平方米，基本形成了新材料产业园、电子信息产业园、药化产业园、返乡创业园、小屋岭产业园和循环经济产业园 6 个功能分区。全面推进“安全管家”“环保管家”服务工作，污水处理厂提标改造，“一企一管”、双创中心、人才公寓、幼儿园、九年一贯制学校等配套设施加快建设。

2. 推动人才引进。围绕产业链布局人才链，深化校企合作，采用抱团发展模式，引进优秀企业家 40 余名，本科以上学历 35 名，985 名校毕业人员达 50% 以上，华昊新能源有限公司吴新建获评市“双百人才”。目前，园区共有各类人才 460 余人，其中研究生及以上管理人才 15 人，本科及以上管理人才 86 人，专业技术人才 120 人。

3. 持续精准帮扶。大力推进营商环境优化升级“一号改革工程”，实施“精准滴灌”帮扶企业新机制，建立县党政主要领导“园区工作日”和“企业家早餐会”制度，深化“面对面解难题”企业大走访调研，搭建“吉事即办·惠企通”平台，梳理县级惠企政策入库，惠企兑现总数 642 件，总金额 1.4 亿元。

二、新型城镇化提速推进

坚持区域协调发展战略，推进以县城为重要载体的城镇化建设。攻坚城区扩容、交通畅达、城市更新、精细管理“四大工程”，加快建立“一江两岸、一城四区”城市发展格局。

（一）攻坚城区扩容工程

围绕“山水禾城、人文永新”城市定位，发挥比较优势，优化规划布局、要素资源和功能配套，着力拉大城市框架。

1. 做强做大县城新区。按照行政、文化、商务中心的功能定位，推进县城新区重点项目建设，基础设施进一步完善，市政配套稳步推进，新区路网日益完善，幼儿园、民俗馆等项目投入使用，永新生态湿地公园建设即将完工，新区艺术中心、商会大厦等重大项目正有序推进。

2. 谋篇布局高铁新区。围绕交通枢纽、旅游窗口的功能定位，规划建设高铁站、公交换乘中心、交通路网和特色小镇等项目，打造方便快捷的交通路网、高端一流的文旅业态。

3. 组团建设西峰山板块。推进分茶铁路城区段改线，规划建设西绕城道路，组团开发西峰山板块，提升城市宜居度。

（二）攻坚交通畅达工程

把握长赣高铁即将建设、宜遂高速建成通车的“两高”机遇，坚持以县城为中心，构建“一核两环六通道”（一核：以县城为中心；两环：推进东、西绕城公路建设，打通文竹至三湾、汗江至龙源口等路网，构建城市内环、县域外环“两大循环”；六通道：提级改造六条出县主干道，构建大通透、多层级综合交通网络）的交通体系大格局。近年来，先后打通了建设西路、三湾路三期等 12 条“微循环”道路，同步将道路“微循环”工程与“两区一组团”（县城新区、高铁新区、西峰山组团）建设统筹考虑，推进与东西绕城、袍田东大道、禾山路等城市道路的联通，形成便捷内环网络道，逐步疏通城区“经络”。

（三）攻坚城市更新工程

坚持人民城市人民建、人民城市为人民，大力实施城市功能与品质提升三年行动，推行“针灸式”改造模式，加快城市更新，获批江西省第一批城市更新试点。

1. 实施微改造。把整个老城区规划为旧商业区、老街区、城中村、老旧小区等 8 个空间，全域推进城市更新，推进武功坛棚户区改造、岩源棚户区改造等项目，完成老旧小区、棚户区改造 1.26 万套。“重见永新”老街改造项目被住建部列为城市更新样板，老街被评为江西省首批特色文化街区。

2. 完善新功能。规划建设城北、仰山等公共停车场 12 个，新增停车位 2000 余个。推进城市“厕所革命”，新建一批、改建一批、开放一批，近 3 年新改建城区公厕 28 所。坚持一次规划、分步实施，推进城区污水管网、天然气管网等工程，功能配套日益完善。

3. 增加新空间。将城区划分为 10 个片区，全域化开展背街小巷整治，做好治脏、治乱、治污三方面的工作。合理利用闲置空间，见缝插针建设休闲设施，新建 29 个口袋公园、3 个小游园，拓展了居民活动空间。

（四）攻坚精细管理工程

按照习近平总书记“城市管理应该像绣花一样精细”的要求，提高城市治理水平，以“清净整洁、精细秀美”为引领，聚焦短板、完善配套、健全机制，打造“人见人爱的城市”，被评为省级文明城市。

1. 着力治违治乱。强化违法用地和违法建筑管控，2021 年共拆除违章建筑 292 处、约 1.6 万平方米。对沿街凸窗、屋顶垃圾、管线乱拉、立面广告牌进行专项整治，拆除凸窗 1.4 万平方米、屋顶广告牌 336 块，城区主街道管线乱拉现象基本整治到位。开展交通秩序整治，依法全面取缔载客三轮摩托车 2645 辆，彻底解决了困扰 20 多年的三轮摩托车非法载客问题。开展经营秩序整治，对违规占道经营的夜市摊点等进行整治，有效解决了占道经营、乱设摊点等问题。

2. 健全机制保洁。坚持市场化运作，通过整体打包招标的方式，引进专业的保洁公司，推进城乡环卫保洁一体化，实施垃圾处理市场化、公司化、全域化运营和无害化处理；建成垃圾焚烧发电项目，日焚烧处理垃圾 600 吨，日均发电量 11.8 万千瓦时，实现生活垃圾零填埋。开展绿化带降坡封尘专项行动，城区公共绿地降坡封尘 4.7 万平方米，最大程度减少道路扬尘污染。

3. 实施亮化绿化工程。以经济节能为前提，加强对公园、道路和背街小巷夜景灯光升级改造，增强城市亮度和活力。以主干道路绿化为骨架，以广场、公园绿化为重点，加快推进城市生态绿地项目，新增绿地 37 万平方米 ，新增城市绿道 35 公里，努力建设“城在景中、景在城中”的生态宜居城市。

三、农业农村现代化稳步提升

始终把“三农”工作牢牢抓在手上，坚持农业农村优先发展，优化农业产业结构，壮大农业产业经济，守住粮食安全底线，全力打造新时代“五美”（产业兴旺之美、文明淳朴之美、共建共享之美、自然生态之美、和谐有序之美）乡村。

（一）全力抓好粮食生产和重要农产品供给

全方位夯实粮食安全根基，全面落实粮食生产党政同责，严格落实耕地利用优先序，防止耕地“非农化”和“非粮化”，筑牢粮食安全“压舱石”。

1. 坚决守住粮食安全底线。狠抓粮食生产和流通，大力整治耕地抛荒，推广“稻油轮作”模式，2022 年收割冬种油菜 26 万亩，高质量完成早稻 23.04 万亩，中稻 18.1 万亩，旱粮 5 万余亩，晚稻种植 30 万亩，全年粮食产量 28.3 万吨。

2. 加强重要产品稳产保供。狠抓农产品供给和品质，推进生猪生态循环养殖模式，建立 5 个生猪生态循环养殖小区，畜牧水产发展态势良好。截至 2022 年 10 月，全县养殖水域面积 2.95 万亩，水产总量 7563 吨；生猪出栏 19.53 万头，肉牛出栏 1.2 万头，家禽出笼 115.32 万羽。

（二）夯实现代农业基础支撑

坚持强化现代农业基础，聚焦提升“地、水、技术、服务、人才”等要素支撑，不断提高农业科技贡献度和农业劳动生产率。

1. 地力支撑。全面开展高标准农田建设，推进永久基本农田向高标准农田转化，有效提升农业生产效率和综合开发能力，粮食产能提高 187.6 万公斤、油料产能提高 7.5 万公斤。2022 年，全县已建成高标准农田 25.68 万亩，完成土地流转率达 80.7%，产业结构调整率为 60.5%。

2. 水利支撑。加大灌区续建配套、节水改造和山塘水库整治力度，扎实推进农田水利建设。2022 年，稳步实施禾山灌区、斗上灌区、源陂灌区等 3 个中型灌区配套与节水改造项目，推进 47 座山塘整治，省重点水利项目铁镜山水库正在进行初设。

3. 服务支撑。探索综合农事服务改革，推行“四统一”（统一集中育秧、统一调度农机、统一采购农资、统一生产托管）社会化综合农事服务，促进良田、良种、良机、良技全面融合。2022 年，组建 10 家乡镇综合农事服务中心，服务面积达 9.5 万余亩，受益农户 6500 余户。强化农业科技与装备支撑，加快创建重要农作物全程机械化示范县，主要农作物（水稻）耕种收机械化综合水平达 80.68%，油菜机收水平达 80.78%。

4. 人才支撑。利用国家科技部挂点的优势，实施“永新英才”计划，引进各类高层次人才 135 人次，聘请科技顾问 15 人次，与江西农业大学等院校建立长期合作关系，开展各类合作项目 150 余项；围绕新型职业农民培育及“一村一名大学生”工程，大力推进农村实用人才队伍建设，培育“有文化、懂技术、会经营”的新型农村科技致富带头人。2022 年已举办培训 32 期，培训 1200 余人。

（三）加快现代农业产业发展

立足自然资源禀赋，坚持传统产业与新兴产业并举、发展数量与发展质量并重，大力发展“优质粮油、精品果蔬、特色茶桑、经济林木”等五大富民产业，着力创建绿色有机品牌基地县，促进规模和效益双提升，形成“一乡一业、一村一品”新格局。

1. 发展特色产业。坚持以市场和效益为导向，立足可持续，实行分量差异化奖补，集中力量发展“果蔬桑茶油”五大特色富民产业。2022 年，投入产业发展及基础设施建设资金 1.55 亿元，新增果业 2200 亩、设施蔬菜 1730 亩，新增和改造茶林 1200 余亩。截至 2022 年 10 月，全县发展特色产业 45.1 万亩。

2. 打造产业品牌。加大农业招商力度，实施农业品牌提升工程，大力培育龙头企业，全力打造“永新珍好”农产品公共品牌，提升农业产业的综合竞争力。全县现有农业龙头企业 22 家（省级 4 家，市级 18 家）、合作社 597 个、家庭农场 557 家（省级 6 家，市级 3 家），获评“两品一标”216 个，“永新酱萝卜”列入地理标志农产品申报名录，庆丰农业的井冈蜜柚实现了全市首例自主出口，成功列入粤港澳“菜篮子”工程。

3. 促进产业融合。通过“互联网 +”“文旅 +”，加快曲白院下、香文山庄、中蝶农庄等乡村旅游项目建设，打造了以体验农家生活、品农家酒菜、赏农家风景等为主的休闲旅游农业园 12 家、农家乐 26 家、民宿 9 家，拓展观光农业、休闲康养等新业态，推动农业“接二连三”（“二”表示工业，“三”表示第三产业，意为现代农业要依托工业，发展第三产业）。与京东集团建立了乡村振兴战略合作，利用抖音直播等拓展销售渠道，2021 年线上销售农产品金额达 1.32 亿元。

（四）稳步推进乡村建设

坚持规划先行、建管并重，深入实施农村人居环境整治提升五年行动，统筹乡村基础设施和公共服务布局，推进生活垃圾、污水、厕所和村容村貌“四大革命”，推动农村人居环境由村庄整治向功能品质提升迈进，建设宜居宜业和美乡村。

1. 精细建设。全面完成“多规合一”规划编制，强化农村建房管控，分类有序推进村庄建设，传统村落和乡村风貌得到有效保护。扎实推进5个中心镇建设，有力推进在中乡全域美丽宜居乡镇、18个美丽宜居村庄、3000个美丽庭院创建。

2. 精细整治。巩固拓展农村人居环境整治行动成果，以农村厕所、生活垃圾、污水治理、村容村貌提升为重点，全面启动141个村点和8个乡镇集镇污水治理设施建设。截至2022年10月完成385座问题户厕整改，改造提升164座问题公厕，累计完成整改3404个。

3. 精细管护。推行“5G+长效管护”机制，确保管护人员专业化、管护流程规范化、管护要求标准化。2022年以来，实施农村人居环境“5G+长效管护”平台二期建设，全县宜居村庄线上监管实现了全覆盖，通过平台上报事件总数9305条，事件完结率99.97%，获得群众好评率达99.91%。

四、文旅融合跑出加速度

坚持以文塑旅、以旅彰文，推进文化和旅游深度融合发展。围绕旅游强县发展目标，全面实施“全景永新、全域旅游”战略，充分发挥红色资源丰富、生态环境优美、人文底蕴厚重等优势，做好红、古、绿“三色”文章，创建了三湾改编、曲白院下2个国家4A级旅游景区，洲塘书画村4A级乡村旅游示范点，龙源口、黄陂洲3A乡村旅游示范点，获评国家休闲农业与乡村旅游示范县；多次成功申报“全国书法文化艺术之乡”荣誉称号、申报省级和国家级非遗项目10项，文旅产业发展环境、辐射影响能力逐步提升。2020年来，永新累计旅游人次达1144.24万人次，旅游总收入94.53亿元。

（一）加快项目建设，产业基础逐步夯实

1. 探索“旅游+乡村振兴”。统筹投入5650多万元，突出特色、创新形式、建强堡垒，精心打造了12个风格各异的红色名村，探索组建红色名村联盟，创新“红色+”的乡村振兴路径。投资约1.1亿元，打造了

集美食消费、非遗体验、休闲娱乐等功能于一体的曲白院下景区，吸纳周边近 200 村民实现家门口就业，并成功创建为国家 4A 级旅游景区。

2. 采用“旅游 + 城市更新”。投资 1.57 亿元，以“小尺度、微改造”方式保留城市肌理，推进“重见永新”老街改造，完成街景立面和地面改造，建设街角茶楼口袋花园、肖家祠、永新商会、海天春茶馆等项目，布置老街书房、永新非遗民俗展示馆等文旅业态，走出了一条富有永新特色的城市更新之路。

3. 擦亮三湾改编招牌。对三湾改编景区进行重大改造提升，聘请了中商国企公司和智纲智库等专业团队，目前三湾景区项目提升突破总规划正在制定当中，按照 5A 级旅游景区标准，对景区基础设施进行改造提升，以期以崭新面貌迎接建军 100 周年。

4. 推进长征国家文化公园建设。投资 5.5 亿元，有序开展各项目建设。截至 2022 年 10 月，项目累计投资 7600 万元，主要涉及的 1 个国家级和 5 个省级重点项目均已落地并有序建设。

5. 打造“大美秀水”文旅综合项目。投资近 3 亿元，沿秀水河两岸规划建设系列景观带，对河两岸年代不一、风格各异的老建筑全力做好“改”字文章。在秀水河治脏、治乱、治污等基础上因地制宜布局“秀水书院”“寻味秀水”“和子夜歌”等秀水八景，规划建设公共停车场等配套设施，实现文化历史与城市风光的高度融合。

（二）培育文旅业态，产业消费提质扩容

1. 红培产业方面。借院下创建国家 4A 级旅游景区契机，成功打造了吉安市首家大型红培研学基地。

2. 文创产品方面。开发了李氏四珍、李阿公核桃糕、永新书法、油纸伞、盾牌舞人偶、红军斗笠等 60 余件文创产品。

3. 旅游产品方面。对本地花生饼、栗子豆腐、三湾蜂蜜、蚕桑制品、永新白茶等土特产品进行了包装，旅游商品文化内涵和附加值不断增加。

4. 旅游路线方面。着重打造了三湾改编景区—龙源口大捷景区—贺子珍故里黄竹岭—坳南乡牛田旧址等红色精品旅游线路，游客红色旅游体验显著提升。

（三）打造文旅品牌，产业态势颇具特色

围绕打造“永新一桌菜”、用好“书法一支笔”、演好“非遗一台戏”重点开展。

1. 演好“非遗一台戏”方面。传承和保护非遗文化的根脉，推动永新小鼓、盾牌舞、采茶戏等项目精品创作、精彩演绎。截至 2022 年 10 月，永新有国家级非遗代表性项目 2 项，省级非遗代表性项目 8 项，市级非遗代表性项目 18 项，县级非遗代表性项目 59 项。建立了非遗传承基地 4 个，非遗传习所 3 个，省级生产性保护示范基地 1 个。

2. 打造“永新一桌菜”方面。从原材料种养、生产等源头把好关，通过制定标准、特色评选、技术培训，做强永新美食文化，带动消费升级。永新菜式投票、故事征集等前期工作已完成，精美菜谱正在制作中，制作完成后将通过对外交流、直播比赛等形式向周边县市开展宣传推介。

3. 用好“书法一支笔”方面。推动书法艺术走进生活、走向市场，让作品变商品、艺术变财富。结合二十大主题，举办全市性的书法交流展。

五、绿色发展驶入快车道

永新生态环境优美，拥有三湾国家森林公园、七溪岭省级自然保护区、双江口省级湿地公园，是江西省生态文明先行示范县、省级生态县、国家重点生态功能区。永新县始终把“绿水青山就是金山银山”理念贯穿生态文明建设全过程，扎实做好治山理水、显山露水文章，推动生产、生态、生活融合发展，不断促进生态优势转化为发展优势，努力在打造美丽中国“江西样板”上走前列。近年来，全县环境质量总体保持在优良水平，县境内河流水质长期保持在国家地表水水质Ⅲ类水标准以上，城区集中式饮用水源水质 100% 达标，县域空气质量 PM2.5 平均浓度为 23 微克 / 立方米，优良天数比例为 99%，空气质量达到国家环境空气质量二级标准。

（一）建设生态宜居“绿色家园”

1. 推进废弃物资源化。实施全面节约战略，加快构建废弃物循环利用体系，加强政策衔接和利益联结，创新“公司 + 专业组织 + 农民”模式，依托凯迪生物质发电厂等载体，推广新技术、新设备，将秸秆、桑枝等农林废弃物转化为生物质能源，实现循环化利用。推行绿色集约利用新模式，建设 6 个生态循环养殖小区，高效将畜禽排泄物转化为有机肥，实现畜禽养殖无污染、零排放。结合乡村建设，试点推广太阳能沤肥技术，对厨余垃圾等进行降解再利用，让垃圾“变废为宝”。

2. 推进生产绿色化。加快推动产业结构调整，严格项目准入与管理，坚决做到落后产能产品不引进、环保不过关项目不引进的“两个不引进”，加强对重点行业、重点区域的“三废”监管，依法关停一批污染企业。推进工业创新升级，引进新技术、新工艺，推进清洁化生产，加快推广运用，构建高效生态的绿色工业体系。

3. 推进生活洁净化。建立健全“户分类、村减量、乡转运、县处理”的垃圾一体化处理机制，全域实行垃圾处理市场化运作。截至 2022 年 10 月，城乡环卫一体化覆盖全县所有乡镇和行政村，环卫机械化率由 30% 提高到 80%，运行成本由每年 7000 万元降至 4200 万元。

（二）推动生态经济高效发展

1. 推进市场化生态修复。创新探索“生态修复 + 文旅融合”模式，市场化运作推进全域生态修复试点工作，引入江西省地产开发集团，治理全县 51 个废弃矿山和裸露山体，计划至 2024 年完成，经验做法入选全省生态修复十大典型案例。2022 年已完成 9 个治理点，新开工 5 个治理点。对全县全域矿山生态修复后的生态系统实物量和相应的价值量进行核算，初步估计矿山修复后，年生态系统生产总值可达到 6.5 亿元。

2. 打通产业化利用通道。大力发展绿色清洁能源产业，加快建设新型能源体系，积极推进光伏、水电、生物质、沼气等清洁能源项目，重点抓好投资超 120 亿元的华能光伏发电和抽水蓄能项目建设，争创清洁能源示范县和国家生态文明建设示范县。“十三五”末，全县已经建成水电站 44 座、总装机 40.65 兆瓦，集中式光伏电站 5 个、户用光伏电站 3200 个，总规模 132 兆瓦，在建光伏电站 2 个，纳入省级光伏认证库的项目 6 个。“十四五”期间，将新增光伏产业规模 1465 兆瓦、年发电量可达 20 亿千瓦时。华能抽水蓄能项目，总投资约 81 亿元，建成投产后年纳税 1.3 亿元左右，年发电量 12 亿千瓦时。

3. 完善绿色发展管控机制。完善国土空间开发管控制度，推进建设用地审批和城乡规划许可“多审合一”，严守生态红线、永久基本农田控制线、城镇开发边界，确定生态保护红线面积约 435 平方公里，占国土面积的 19.8%。编制《永新县国家重点生态功能区产业准入负面清单》，严格限制“两高一资”和不符合国家产业政策的建设项目入境。

（三）夯实生态文明体制机制

1. 构建生态环保体系。建立生态修复补偿机制，探索资源使用权、排污权交易等市场化补偿模式，加大对三湾国家森林公园、七溪岭省级自然保护区等生态涵养区的补偿力度，提升生态环保意识。创新“生态 + 检察”补偿机制，加强生态领域公益诉讼，将案件中的“补植复绿费”投入生态经济林种植，实现经济、社会和生态效益有机统一。近年来，全县办理生态案件 31 件，建立生态修复基地 8 个，累计投入“补植复绿费”168.5 万元，补植复绿面积 1100 余亩。

2. 构建生态文明法治体系。出台《永新县开展“生态文明建设纪委监委在行动”实施方案》，健全环保信用评价、信息强制披露等制度，设立环境资源审判巡回法庭，将生态文明建设纳入法治永新建设范畴，提高了全民生态环保自觉性。

3. 构建生态监管制度体系。推进“河湖长制”向基层延伸，开展饮用水源环境保护专项整治、“清河护河”等行动，抓好重点流域、库区水污染防治，修复禾水河两岸生态，保护好赣江源头。做好环保监测监察垂直管理改革工作，完善生态文明考评机制，推行领导干部生态环境保护和自然资源资产离任审计、生态环境损害责任追究制。

4. 构建生态文化体系。推进生态文化保护，选树一批生态文明建设典型。截至 2022 年 10 月，全县创建 2 个国家级生态乡镇、14 个省级生态乡镇、5 个省级生态村、103 个市级生态村。倡导生态文明理念，依托民生讲堂、道德讲堂等平台，推动生态文明领域重点课题研究，让生态文明意识深入人心。

六、社会治理呈现新局面

近年来，永新县统筹发展与安全，全力以赴做好防风险、保稳定、护安全、促和谐各项工作，加快建立完善现代化社会治理体系，推进市域社会治理项目化建设，探索具有永新特色的市域社会治理新模式。一站式多元解纷的“永新模式”得到全国最高法院肯定并在全国推广，连续四年获评全国信访工作“三无”县。2022 年上半年，公众安全感指数全省第 47 名，夜间出行安全感全省第 35 名，为近五年来最好成绩。

（一）平安永新建设水平提升

1. 完善国家安全工作责任。坚持党对国家安全工作的绝对领导，切实在方向上把关、在机制上支持、在投入上保障。建立了政治安全、意识形态安全等 10 个重点领域国家安全工作协调机制，促进了各重点领域国家安全工作规范有序运转。建立健全情报信息分析研判机制，以情报会商为载体，整合政法、经济、宣传、科技、民宗、教育等部门优势力量，认真做好情报收集、分析、研判和报送工作，及时有效管控危机。

2. 常态化推进扫黑除恶。聚焦“涉黑主犯追逃、重点案件攻坚、重点行业领域整治和提升公众安全感及扫黑除恶知晓率”等四大攻坚任务，近年来，共打掉黑社会性质组织 1 个，在办黑社会性质组织 1 个，铲除涉恶集团和团伙 9 个，审结涉黑涉恶案件 23 件 80 人，查封、冻结、扣押涉黑涉恶资产 3053 万元，对涉黑涉恶腐败和“保护伞”问题立案 35 起 35 人。严厉打击私屠滥宰、欺行霸市、价格联盟等行业乱象，取消 11 个乡镇定点屠宰和猪肉批发业务，清理村（社区）“两委”问题人员 33 名，群众满意度显著提升。

3. 推进重点整治工作。聚焦影响群众安全感和满意度的多发性犯罪，持续开展“道路交通秩序、反诈反盗、禁毒严打、养老诈骗、涉诈重点人员劝返等专项行动。近年来，累计破获盗窃、诈骗案件 1278 起，侦破涉黄毒刑事案件 113 起，侦办涉枪刑事案件 18 起，整治重点场所安全隐患 4303 处。在“猎狐行动”中连续六年成功将潜逃境外的经济犯罪目标对象追捕归案，获评全国“猎狐行动”先进集体并获公安部通报表彰。

（二）法治永新建设步伐加快

深入践行习近平法治思想，扎实推进依法行政，推进多层次多领域依法治理。

1. 推进法治政府建设。持续推进放管服改革，深化综合行政执法改革，推进行政执法权限力量下沉，市场监管、生态环境保护、农业、交通运输、文化市场等五个领域已整合职责，组建了乡镇综合执法队伍。

2. 加强法治宣传教育。每年开展法治宣传活动 600 余场，发放宣传资料 5 万余件，推动领导干部学法用法常态化。

3. 大力培育“法律明白人”。开展农村“法律明白人”培养工程，编印“法律明白人”知识读本 10 万册，县乡村三级举办农村“法律明白人”培训班 10 余期、400 余场，线上线下培训 8 万多人次。2022 年共培养一般“法律明白人”55244 人，其中骨干 10896 人。

4. 加大对社区矫正的监管。创新社区矫正工作方式，动员和支持社会力量参与社区矫正，以志愿者队伍为依托，组建了永新县社区矫正安置帮教协会，参与社区矫正工作，2022 年共举办 8 期社区矫正“红色教育 + 分类教育”活动。

（三）推进市域社会治理现代化试点

坚持和发展新时代“枫桥经验”，创新基层治理新路径，不断提升群众幸福感安全感。

1. 健全矛盾纠纷排查体系。健全社会矛盾排查预警化解防范综合机制，推行县乡村三级联动排查机制，建立人民调解组织 282 个，培育人民调解员 708 名，推进分类分级调解，每年调解矛盾纠纷 4000 余起。才丰乡人民调解委员会副主任谭回昌打造的“老谭工作室”，成为永新版“枫桥经验”，他本人也获评全国模范人民调解员。

2. 创新一站式多元解纷模式。整合多方资源和部门力量，创新诉前矛盾纠纷排查化解机制，成立全省首家“五心合一”县级综治中心（综治信息指挥中心、公共法律服务中心、矛盾纠纷联合化解中心、行政争议多元调处中心、法院诉讼执行中心），取得了良好的治理成效。化解复杂难解、长年未决的矛盾纠纷和信访积案 2000 余起。

3. 打造“红色治理”品牌。成立全市首家执前和解中心、案件回访中心，推行“红色 + 信访调解”，打造红色信访治理品牌。推行“红色物业”管理，在城市社区，成立县物业管理行业党总支部，下设两个物业党支部，推行业主按需点单、支部规范下单、党员响应接单的方式，让群众享受多元化、个性化、专业化服务。2022 年开展志愿活动 120 余场次，解决急难愁盼问题 1500 余个。

4. 推进综治中心实体化建设。完善基层治理平台，全面建成县级综治中心、23 个乡镇综治中心和 238 个村级综治中心，实现实体化运行。推动农村“雪亮工程”扩面达标，全面完成“5+2”建设任务（“雪亮工程”视频监控行政村不少 5 个、自然村不少于 2 个）。抓好“天网”工程建设，开展“数字法治、智慧司法”建设，推动村级远程在线立案、调解服务平台建设。

5. 实施网格管理。健全城乡社区治理和服务体系，把全县划分为 635 个网格，形成 1 名网格员 +9 名平安志愿者的模式，联结群众 30 余万，构建了横向到边、纵向到底的网格化管理模式，建设人人有责、人人尽责的社会治理共同体。

七、共同富裕构建新格局

始终坚持以人民为中心的发展思想，巩固拓展脱贫攻坚成果，牢牢守住不发生规模性返贫底线，全面推进乡村振兴，持续保障和改善民生，着力解决群众急难愁盼问题，推进共富共享。

（一）做好“巩固”“衔接”文章

1. 健全监测机制。严格落实五年过渡期和“四个不摘”（摘帽不摘责任、摘帽不摘政策、摘帽不摘帮扶、摘帽不摘监管）要求，落实“四化四早”（智慧化监测早发现、高效化认定早识别、精准化帮扶早干预、多元化保障早见效）防返贫监测帮扶模式，健全第三方评估、遇困即扶等防止返贫动态监测和帮扶机制，守住不发生规模性返贫的底线。截至 2022 年 10 月，全县共识别监测对象 331 户 1136 人。

2. 汇聚帮扶合力。坚持好中选优、优中派准，严格管理，发挥驻村第一书记和帮扶工作队“生力军”作用。全县 145 个第一书记、290 名工作队员开展驻村帮扶，实现“十三五”脱贫村、“十四五”省级定点帮扶村“第一书记”全覆盖，落实帮扶资金 548.5 万元。

3. 拓宽就业渠道。以增加劳务收入为导向，引导剩余劳动力有序输出，全方位为农民就业、劳务输出创造条件，帮扶脱贫户及三类监测人员实现稳定就业。截至 2022 年 6 月底，全县脱贫劳动力实现就业 21452

人，就业率 72.74%。

4. 深化利益联结。探索支部联建、产业联盟、服务联享、治理联动“四联共建”乡村振兴新模式，采取“党支部 + 合作社 + 农户”的方式，通过示范引领、股权分红、劳务务工等，完善利益联结机制，发展壮大村集体经济，带动更多群众参与产业发展，从带富到共富。全县所有行政村集体经济年收入均达到 15 万元以上。2022 年上半年，农村居民人均可支配收入增长 9.2%，增速位居全市第二。

5. 创建示范村点。坚持因地制宜，发挥自然生态、特色产业和文化优势，融合产业发展、基础设施、乡风文明等要素，投入资金达 1.1 亿元，推进 8 个市级乡村振兴示范村创建工作。

（二）提升就业质量

强化就业优先战略，完善重点群体就业支持政策，发挥创业带动就业的“倍增效应”，实现更加充分、更高质量就业。

1. 完善就业扶持政策。围绕“全覆盖、低失业”目标，推广“吉岗即聘”就业创业平台，强化招工与就业供求对接，及时为企业、求职者提供信息服务。2022 年，县工业园区企业务工 11300 人。

2. 加强劳动技能培训。突出对城乡劳动者的职业技能培训，构建职工终生教育培训体系。截至 2022 年 10 月，企业职工岗位技能培训 3420 人、就业培训 1590 人、创业培训 200 人。

3. 鼓励创业带动就业。扶持高校毕业生、返乡务工人员、退役军人、致富带头人等重点群体创新创业。2022 年上半年发放创业贷款 4700 万元，提供青年见习岗位 398 个，新增城镇就业 1300 人，转移农村劳动力 5017 人。

（三）建设教育强县

坚持教育发展优先，重塑湘赣边区域教育品牌，优化教育资源空间布局，实现义务教育均衡发展、学前教育普惠发展、高中教育优质发展、职业教育创新发展，打造教育强县。

1. 做优学前义务教育。加快城区公办幼儿园和乡镇幼儿园建设，形成公办幼儿园“一乡一所”、其他幼儿园“一村一所”学前教育体系。2022 年以来新建和改建幼儿园 6 所，新增公办幼儿园学位 1000 个。推进义务教育优质均衡发展，落实“双减”政策，规划新建义务教育学校 3 所，改扩建学校 24 所，新增学位 2000 余个。

2. 做强高中教育。推进永新中学优质发展，将其打造成为全县教育龙头、全市一流、全省以及湘赣边知名重点高中。实施永新二中、禾川中学提升工程，提升配套教育设施现代化水平。

3. 做大职业教育。实施职业技能提升行动，2022 年投入 9000 余万元，改造职校的办学条件，打造全市最美职业学校。坚持“工学交替、产教融合、校企联办”等合作办学模式，开创职业教育发展新格局。

（四）完善社会保障体系

加快构建统筹城乡的社会保障网，健全覆盖全县、公平统一、可持续的多层次社会保障体系。

1. 实施全民参保计划。社会保障持续加强，城乡居民养老保险、医疗保险覆盖面不断扩大，分别覆盖 11.3 万人、44.08 万人。

2. 健全社会救助体系。建立以城乡低保为基础、专项救助为支撑、临时救助为补充、村级医疗救助为辅助、深度救助为兜底的保障救助新体系。全面落实残疾人“两项补贴”（困难残疾人生活补贴、重度残疾人护理补贴）制度，为 10334 名残疾人发放“两项补贴”500 余万元。推进“一老一小”试点，加快建设覆盖县乡村三级的养老服务体系，建成“党建 + 农村互助之家”15 个、乡镇社会工作服务站 5 个，农村互助养老服务覆盖 80% 以上的行政村；打造“儿童之家”10 所，将 6248 名农村留守儿童、30 名孤儿、71 名无人抚养儿童全部纳入系统管理。

3. 完善住房保障体系。建设一批公共租赁房，改善中等偏下收入住房困难家庭、新进就业无房职工和城镇稳定就业人员的居住条件。

（五）推进健康永新建设

深入实施健康永新行动，着力补齐公共卫生服务短板，提升卫生健康服务供给水平，争创省级卫生县城。

1. 加强公共卫生机构建设。深化医疗、医保、医药“三医联动”改革，启动县域医共体建设，加快推进县人民医院、县中医院改造提升和县新区妇幼保健院建设，提升乡镇卫生院。

2. 提升疾病防治能力。建立重大疾病防控机制，推进慢性病和精神疾病防治融合发展。加强重大疫情防控救治体系和应急能力建设，加强传染病监测预警、预防控制能力建设，法定传染病报告率达到95%以上。

3. 全面开展爱国卫生运动。开展“文明健康、绿色环保”爱国卫生活动月和世界无烟日活动，无烟党政机关、无烟校园、无烟医院的创建率达96%。

第三节　永新高质量发展的未来展望

党的二十大报告指出，高质量发展是全面建设社会主义现代化国家的首要任务。永新县将坚持以党的二十大精神为指引，始终牢记五个“必由之路”，全面落实习近平总书记视察江西重要讲话精神，聚焦“作示范、勇争先”目标定位和“五个推进”重要要求，坚持创新升级、改革攻坚、开放提升、城乡统筹、共富共享，踔厉奋发、勇毅前行，奋力打造湘赣边高质量发展示范县。

一、强化政治引领，把牢正确方向

坚持以习近平新时代中国特色社会主义思想为指导，深入学习贯彻落实党的二十大精神，推动永新经济社会发展始终沿着正确方向前行。

（一）旗帜鲜明加强党的政治建设

坚持常委会议第一议题集中学习和常委领学制度，坚持不懈用习近平新时代中国特色社会主义思想凝心铸魂，深刻领悟“两个确立”的决定性意义，保持对党绝对忠诚的政治品格，增强“四个意识”，坚定“四个自信”，做到“两个维护”，努力把永新打造成最讲党性、最讲政治、最讲忠诚、最讲担当的地方。深刻领会新时代党的伟大成就、使命任务和本质要求，始终胸怀“两个大局”、心系“国之大者”，确保在政治立场、政治方向、政治道路上同以习近平同志为核心的党中央保持高度一致。

（二）深入学习贯彻党的二十大精神

把学习宣传贯彻党的二十大精神，作为当前和今后一个时期的首要政治任务，按照“五个牢牢把握”要求，精心开展党的二十大精神理论宣讲、专题研讨、培训教育，与党史学习教育相结合，深入实施党的创新理论学习教育计划，引导党员干部深刻学习领会，准确把握精神实质。把学习贯彻党的二十大精神，与贯彻落实习近平新时代中国特色社会主义思想结合起来，与贯彻落实总书记视察江西重要讲话精神结合起来，与全面建设“六个江西”和“三区”建设结合起来，持续深化坚持一个目标、主攻三大战场、推进五个走前列的“一三五”工作思路，推动党的二十大精神在永新深入落实。

二、开启新征程，谱写高质量发展新篇章

完整、准确、全面贯彻新发展理念，积极融入新发展格局，找准定位、发挥优势，跑出永新高质量发展的“加速度”，凝心聚力全面建设社会主义现代化永新。力争“十四五”末全县地区生产总值超 200 亿元、年均增长 9% 以上，财政总收入超 25 亿元，社会消费品零售总额超 100 亿元，固定资产投资实现翻番。

（一）推进县域经济高质量发展

坚持把经济发展着力点放在实体经济上，做强工业、做优服务业，强化创新引领，提升县域综合实力。

1. 坚持工业强县核心战略。主攻电子信息和超纤复合新材料两大主导产业，提档升级工业园区和产业集群，壮大工业经济实力。力争“十四五”末规模以上工业企业数量翻番，规模工业主营业务收入翻两番、达到 400 亿元。主攻电子信息首位产业，打造湘赣边智能制造示范基地、京九（江西）电子信息产业带关键基础材料供应基地，力争到 2025 年，实现主营业务收入 200 亿元。做强超纤复合新材料产业，打造生态超纤绿色新材料产业链，构建“一布两革多品”（基布，移膜革和 PU 革，各种箱包饰品）发展格局，力争到 2025 年实现主营业务收入 150 亿元。

2. 繁荣发展现代服务业。着眼 2027 年建军 100 周年，加快推进长征国家文化公园永新段项目，打通三湾对外快速通道，改造提升三湾改编景区，力争将其打造成重要的党性教育基地。高标准建设文旅“五个一”项目（每个县、市、区至少新建一个四星级以上宾馆、开发一条夜市经

济商业街、打造一批本地名人故居、有一个以上规模的商业综合体、新增一个以上4A级景区），创建三湾改编5A级景区、龙源口大捷4A级景区。挖掘永新美食文化，打造“永新一桌菜”品牌，采取连锁形式，力促永新美食走出去。

3. 提升科技创新能力。抓紧抓实数字经济，做优做强“一号发展工程”。深入实施传统产业转型升级工程、培育壮大“专精特新”企业，提升产业链供应链韧性和安全水平。加强与高等院校、科研院所合作，支持重点骨干企业创立省级以上创新平台，实施高新技术企业和科技型中小企业倍增计划，力争“十四五”期间新增高新技术企业50家、瞪羚企业5家。

4. 优化升级营商环境。坚持大改革引领大发展，推进营商环境优化升级“一号改革工程”，深化“放管服”改革，激发市场主体活力，提升政府服务效能，营商环境进入湘赣边区域一流。

（二）推进城市功能品质提升

深入实施城市功能与品质提升行动，不断提高城市规划、建设、治理水平。统筹“拓新区、改旧城”，提升功能品质，加速构建“一江两岸、一城四区”城市格局（“两岸”指禾水河两岸区域，“四区”指中心城区、县城新区、高铁新区、工业园区）。力争“十四五”末，县城建成区面积达到20平方公里，人口规模达17万人以上。

1. 拓新区。加快县城新区路网、综合医院、湿地公园、学校等重点项目建设，建设宜居宜业的现代新城区。规划建设高铁新区，做好沿线管控和规划布局，推进路网等基础设施项目，打造城市交通客厅。启动西峰山组团开发，建设生态宜居城市。

2. 改旧城。推进城市更新省级试点，推广“针灸式”微改造模式，加快老旧小区、棚户区改造和背街小巷综合整治，建设“重见永新”二期、“大美秀水”三期等项目，补齐地下管网、功能配套两个短板，提升城市功能品质。

3. 优交通。全面建成宜遂高速，积极配合推进长赣高铁建设，加快推进东西绕城道路、分茶铁路城区段改线等重大交通项目，提级改造6条出县主干道，打造大交通格局。

（三）推进乡村全面振兴

推进巩固拓展脱贫成果同乡村振兴有效衔接，扎实推进共同富裕。

1. 巩固拓展脱贫成果。严格落实五年过渡期和“四个不摘”要求，健全防止返贫动态监测和遇困即扶机制，坚决守住不发生规模性返贫的底线。

2. 加快发展现代农业。在稳定粮食生产的基础上，坚持市场、效益、可持续导向，大力发展果、蔬、茶、桑、油等特色产业，加快发展新型农村集体经济，实现一乡一业、一村一品，增强带富致富能力。力争到2025年，梯次培育以生猪养殖为主的一个20亿级产业集群，以优质粮、优质油、经济林为主的3个10亿级产业集群，以果业、蔬菜、中药材、水产、蚕桑为主的5个亿级产业集群。

3. 全面实施乡村建设。坚持建设与管理并重、保护与开发并举、设施与服务并进，深入实施农村人居环境整治提升五年行动，加快农村人居环境由村庄整治向功能品质提升迈进。

（四）推进生态价值转化

做好治山理水、显山露水文章，推动生态产品价值实现机制建设走在省市前列，努力走出一条经济社会发展绿色转型之路。

1. 加快发展清洁能源。抢抓“双碳”窗口期，加快推进总容量55.5万千瓦的光伏发电、120万千瓦的抽水蓄能等清洁能源项目建设，总投资120亿元，年发电量20亿千瓦时，争创清洁能源示范县和全国生态文明建设示范县。

2. 推进生态保护与修复。深入推进环境污染防治，坚决遏止“两高”项目。优化国土空间开发保护格局，健全山水林田湖草一体化保护和修复机制，生态安全屏障更加牢固，生态环境质量继续保持全省前列。

3. 完善生态产品价值实现机制。坚持以产业化利用、价值化补偿、市场化交易为重点，构建生态产品价值核算评估体系，健全自然资源统一确权登记制度、市场交易体制机制，推进生态产业化和产业生态化。

（五）推进民生福祉改善

坚持在发展中保障和改善民生，着力解决群众急难愁盼问题，更好满足人民对美好生活的向往。力争到2025年，城乡居民人均可支配收入分别超 4.5 万元和 2.5 万元。

1. 完善社会保障体系。全面落实就业优先战略和积极就业政策，健全慈善和社会救助体系，完善大病医保和医疗救助制度，建设多层次、多支柱的养老服务体系，不断提升养老服务水平。

2. 优化公共服务供给。加强城乡普惠性和公办幼儿园建设，新建一批九年一贯制学校，推进义务教育优质均衡发展。完善公共文化服务体系，加强红色资源保护和利用，全面提升文化软实力。推进妇幼保健院、传染病大楼等项目建设，提升农村医疗卫生水平，争创省级卫生健康城市。

3. 创新基层社会治理。推进市域社会治理现代化，健全县委统一领导的国家安全工作责任制，加强重点领域安全能力建设，推动“五心合一”模式向基层延伸，提升基层综治中心实体化建设水平，深化矛盾纠纷排查化解，建设更高水平的平安永新，社会治理效能争创湘赣边区域一流。

三、深化作风建设，提升党建水平

始终牢记“三个务必”，深入贯彻落实新时代党的建设总要求，健全全面从严治党体系，推进党的自我净化、自我完善、自我革新、自我提升，确保党始终成为中国特色社会主义事业的坚强领导核心。

（一）夯实基层基础

牢固树立大抓基层的鲜明导向，坚持一切工作到支部，推动基层党组织全面进步、全面过硬。

1. 深化机关基层党建标准化、规范化、信息化。争创“吉先锋”党建品牌、争做先进基层党组织、争当优秀共产党员，推进“双强双提双规范”主题活动，持续整顿软弱涣散党组织，增强组织凝聚力。

2. 强化“党建 +”理念。抓党建促乡村振兴，培育产业强村、经济强村，力争“十四五”末所有行政村集体经济经营性收入超 20 万元。

（二）建强干部队伍

坚持正确的选人用人导向，建设一支政治过硬、适应新时代要求、具备领导现代化建设能力的干部队伍。

1. 坚持德才兼备、以德为先。落实新时代好干部标准，完善干部选育管用机制，鲜明选用忠诚干净担当的高素质专业化干部，推动干部能上能下、能进能出，做到“德不配位就去位、才不适岗就调岗、状态不佳就换人”。

2. 健全教育培训锻炼机制。引导党员干部增强“八种本领”、提高“七种能力”，增强推动高质量发展本领、服务群众本领、防范化解风险本领，打造专业化高素质干部队伍。

3. 坚持严管和厚爱相结合。加强对干部全方位管理和经常性监督，落实“三个区分开来”，落实容错纠错机制，激励干部担当作为，让“事事马上办、人人钉钉子、个个敢担当”成为永新党员干部的鲜明标识。

（三）持续正风肃纪

扛牢管党治党政治责任，坚持自我革命，持之以恒推进全面从严治党，加快建设勤廉永新。

1. 明导向。坚持敢抓敢管、严抓严管、长抓长管，深化落实改作风、提效能、优环境的“1+9”规范性文件，打造清明有序、务实高效的干事创业氛围。

2. 正风气。坚持以严的基调强化正风肃纪，锲而不舍落实中央八项规定精神，持之以恒纠“四风”树新风，坚决破除特权思想和特权行为。深化“干部在状态、工作勇争先”作风大提升行动，推动创先争优、勇闯新路。

3. 严惩戒。加强对“一把手”和领导班子监督，着力解决群众身边的腐败问题和不正之风，一体推进不敢腐、不能腐、不想腐，推动全县政治生态更加风清气正、健康向上。

执笔人：马平，21 世纪马克思主义研究院经济社会文化发展战略研究中心副主任、特约研究员

永新县委办公室周家龙、县委研究室汤文清等

第六章 广东曲江乡村振兴高质量发展在深入实施区域协调发展战略中发挥示范作用

习近平总书记在党的二十大报告中强调，全面推进乡村振兴，坚持农业农村优先发展，巩固拓展脱贫攻坚成果，加快建设农业强国，扎实推动乡村产业、人才、文化、生态、组织振兴，全方位夯实粮食安全根基，牢牢守住18亿亩耕地红线，确保中国人的饭碗牢牢端在自己手中。为农村农业高质量发展指明了方向。

第一节 党中央和习近平总书记高度重视农业农村高质量发展

以习近平同志为核心的党中央坚持把解决好“三农”问题作为全党工作的重中之重，推动农业农村发展取得历史性成就、发生历史性变革。习近平总书记高度重视“三农”工作，发表了一系列重要论述，为推动农业农村高质量发展指明了方向、提供了根本遵循。

一、党中央擘画乡村振兴新蓝图

（一）从“实施乡村振兴战略”到“全面推进乡村振兴”

2017年10月，党的十九大报告首次提出实施乡村振兴战略。指出：农业农村农民问题是关系国计民生的根本性问题，必须始终把解决好

“三农”问题作为全党工作重中之重。要坚持农业农村优先发展，按照产业兴旺、生态宜居、乡风文明、治理有效、生活富裕的总要求，建立健全城乡融合发展体制机制和政策体系，加快推进农业农村现代化。

2017 年中央农村工作会议提出了实施乡村振兴战略的目标任务和基本原则。2018 年中央经济工作会议，将乡村振兴战略纳入 2019 年必须要抓好的重点任务；中央农村工作会议指出，深入实施乡村振兴战略，对标全面建成小康社会必须完成的硬任务。2019 年中央经济工作会议强调要毫不放松抓好农业生产，扎实推进乡村振兴。2020 年中央经济工作会议强调要全面推进乡村振兴，抓好农业生产，推进农村改革和乡村建设；中央农村工作会议要求，要举全党全社会之力推动乡村振兴，促进农业高质高效、乡村宜居宜业、农民富裕富足。2021 年中央经济工作会议要求，要全面推进乡村振兴，提升新型城镇化建设质量；中央农村工作会议指出，要推动全面推进乡村振兴取得新进展、农业农村现代化迈出新步伐。

2022 年 10 月，党的二十大报告提出全面推进乡村振兴。指出：全面建设社会主义现代化国家，最艰巨最繁重的任务仍然在农村。坚持农业农村优先发展，坚持城乡融合发展，畅通城乡要素流动。加快建设农业强国，扎实推动乡村产业、人才、文化、生态、组织振兴。全方位夯实粮食安全根基，全面落实粮食安全党政同责，牢牢守住 18 亿亩耕地红线，逐步把永久基本农田全部建成高标准农田，深入实施种业振兴行动，强化农业科技和装备支撑，健全种粮农民收益保障机制和主产区利益补偿机制，确保中国人的饭碗牢牢端在自己手中。树立大食物观，发展设施农业，构建多元化食物供给体系。发展乡村特色产业，拓宽农民增收致富渠道。巩固拓展脱贫攻坚成果，增强脱贫地区和脱贫群众内生发展动力。统筹乡村基础设施和公共服务布局，建设宜居宜业和美乡村。巩固和完善农村基本经营制度，发展新型农村集体经济，发展新型农业经营主体和社会化服务，发展农业适度规模经营。深化农村土地制度改革，赋予农民更加充分的财产权益。保障进城落户农民合法土地权益，鼓励依法自愿有偿转让。完善农业支持保护制度，健全农村金融服务体系。

（二）乡村振兴制度框架和政策体系初步构建

2018 年 1 月 2 日，中共中央、国务院发布《关于实施乡村振兴战略的意见》，对乡村振兴战略的目标、任务和路径进行了顶层设计，明确到 2020 年乡村振兴取得重要进展，制度框架和政策体系基本形成。6 月，中共中央、国务院正式印发《乡村振兴战略规划（2018—2022 年）》，进一步明确了实施乡村振兴战略的目标思路、重点任务和实施路径，提出了一系列重大工程、重大计划和重大行动。2019 年 1 月 3 日，中共中央、国务院发布《关于坚持农业农村优先发展做好“三农”工作的若干意见》，围绕坚持农业农村优先发展总方针和实施乡村振兴战略这一总抓手，对做好全国“三农”工作进行了总体安排和部署。4 月 15 日，中共中央、国务院又发布《关于建立健全城乡融合发展体制机制和政策体系的意见》，对实施乡村振兴战略的制度保障作出全面安排。6 月 24 日，中共中央政治局审议通过《中国共产党农村工作条例》，明确了党的农村工作的总体思路、基本原则、组织领导、主要任务、队伍建设、保障措施、考核监督等。2020 年 1 月 2 日，中共中央、国务院印发《关于抓好“三农”领域重点工作确保如期实现全面小康的意见》，从坚决打赢脱贫攻坚战、加快补上农村基础设施和公共服务短板、保障重要农产品有效供给和促进农民持续增收等五个方面提出明确要求、作出具体部署。2021 年 1 月 4 日，中共中央、国务院发布《关于全面推进乡村振兴加快农业农村现代化的意见》，围绕全面推进乡村振兴、加快农业农村现代化，对“三农”工作作出全面部署。3 月 12 日公布的《中华人民共和国国民经济和社会发展第十四个五年规划和 2035 年远景目标纲要》中提出了乡村振兴“十四五”远景目标纲要，其中包含“提高农业质量效益和竞争力”“实施乡村建设行动”“健全城乡融合发展体制机制”“实施巩固脱贫攻坚成果同乡村振兴有效衔接”四大方向建设规划，对于今后一个阶段的农业农村工作作出了进一步明确。4 月 29 日，十三届全国人大常委会第二十八次会议审议通过了《中华人民共和国乡村振兴促进法》，这是我国第一部直接以“乡村振兴”命名的法律，包括产业发展、人才支撑、文化繁荣、生态保护、组织建设、城乡融合等内容，将乡村振兴的任务、目标、要求和原则等转化为法律规范，填补了我国乡村振兴领域的立法空白，标志着乡村振兴战略迈入有法可依、依法实施的新阶段。2022 年 1 月 4 日，中共中央、国务院发布《关于做好 2022 年全面推进乡村振兴重点工作的意见》，对 2022 年全面推进乡村振兴重点工作进行了部署。期间，十三届全国人大常委会还对农村土地承包法、土地管理法、森林法等进行了修改。

2018 年以来的中央一号文件、《乡村振兴战略规划（2018—2022 年）》、《中国共产党农村工作条例》、《中华人民共和国国民经济和社会发展第十四个五年规划和 2035 年远景目标纲要》、《中华人民共和国乡村振兴促进法》共同构建了实施乡村振兴战略的“四梁八柱”，夯实了乡村振兴的制度体系，强化了走中国特色社会主义乡村振兴道路的顶层设计。

二、习近平总书记领航农业农村高质量发展

（一）产业兴旺是乡村振兴的重要基础

中国要强，农业必须强。产业兴旺是乡村振兴的重要基础。只有产业兴旺了，农民才能有好的就业、高的收入，农村才有生机和活力，乡村振兴才有强大的物质基础。习近平总书记深刻指出：“新形势下，农业主要矛盾已经由总量不足转变为结构性矛盾，主要表现为阶段性的供过于求和供给不足并存。”推进农业供给侧结构性改革，提高农业综合效益和竞争力，是当前和今后一个时期我国农业政策改革和完善的主要方向。“现代高效农业是农民致富的好路子。要沿着这个路子走下去，让农业经营有效益，让农业成为有奔头的产业。”

乡村振兴，关键是产业要振兴。习近平总书记一直高度重视发展乡村产业，强调产业兴旺，是解决农村一切问题的前提，要紧紧围绕发展现代农业，围绕农村一二三产业融合发展，构建乡村产业体系，实现产业兴旺。“发展扶贫产业，重在群众受益，难在持续稳定。要延伸产业链条，提高抗风险能力，建立更加稳定的利益联结机制，确保贫困群众持续稳定增收。”“乡亲们脱贫后，我最关心的是如何巩固脱贫、防止返贫，确保乡亲们持续增收致富。希望把黄花产业保护好、发展好，做成大产业，做成全国知名品牌，让黄花成为乡亲们的‘致富花’。”“要统筹做好茶文化、茶产业、茶科技这篇大文章，坚持绿色发展方向，强化品牌意

识，优化营销流通环境，打牢乡村振兴的产业基础。”“沙县人走南闯北，把沙县小吃打造成了富民特色产业。乡村要振兴，因地制宜选择富民产业是关键。要抓住机遇、开阔眼界，适应市场需求，继续探索创新，在创造美好生活新征程上再领风骚。”“全面推进乡村振兴，要立足特色资源，坚持科技兴农，因地制宜发展乡村旅游、休闲农业等新产业新业态，贯通产加销，融合农文旅，推动乡村产业发展壮大，让农民更多分享产业增值收益。”

针对乡村产业发展的特点、难点和痛点，习近平总书记提出：要适应城乡居民消费需求，顺应产业发展规律，立足当地特色资源，拓展乡村多种功能，向广度深度进军，推动乡村产业发展壮大。发展乡村产业，不像过去就是种几亩地、养几头猪，有条件的要通过全产业链拓展产业增值增效空间，创造更多就业增收机会。要积极发展农产品加工业，优化产业布局，推动农村由卖原字号向卖制成品转变，把增值收益更多留在县域。发展乡村旅游、休闲农业、文化体验、健康养老、电子商务等新产业新业态，既要有速度，更要高质量，实现健康可持续。发展乡村产业要让农民有活干、有钱赚，我们要把握好度，不能忘了农民这一头，要完善利益联结机制，通过“资源变资产、资金变股金、农民变股东”，尽可能让农民参与进来。要形成企业和农户产业链上优势互补、分工合作的格局，农户能干的尽量让农户干，企业干自己擅长的事，让农民更多分享产业增值收益。要把农业现代化示范区作为推进农业现代化的重要抓手，以县为单位开展创建，形成梯次推进农业现代化的格局。

针对发展乡村产业用地难、贷款难这一问题，习近平总书记指出：乡村建设用地需要给一些新增建设用地指标，更要靠内部挖潜。要深化农村信用社改革，多渠道补充中小银行资本金，推动农村金融机构回归本源。

（二）把广大农村建设成农民幸福生活的美好家园

中国要美，农村必须美。习近平总书记指出：实施乡村振兴战略，一个重要任务就是推行绿色发展方式和生活方式，让生态美起来、环境靓起来，再现山清水秀、天蓝地绿、村美人和的美丽画卷。要继续完善农村公共基础设施，改善农村人居环境，重点做好垃圾污水治理、厕所革命、村容村貌提升，把乡村建设得更加美丽。要保持战略定力，制定更具体、更有操作性的举措，以钉钉子精神推进农业面源污染防治，抓好化肥农药减量、白色污染治理、畜禽粪便和秸秆资源化利用，加强土壤污染、地下水超采、水土流失等治理和修复。

建设美丽宜居乡村，离不开机制保障。习近平总书记强调：要破除城乡二元结构，推进城乡发展一体化，把广大农村建设成农民幸福生活的美好家园。新农村建设一定要走符合农村实际的路子，遵循乡村自身发展规律，充分体现农村特点，注意乡土味道，保留乡村风貌，留得住青山绿水，记得住乡愁。新农村建设要坚持规划先行，注重乡土味道和民族风情，注重补农村的短板、扬农村的长处，努力建设美丽乡村和农民幸福家园。要健全草原森林河流湖泊休养生息制度，巩固退牧还草、退耕还林成果，开展大规模国土绿化行动，加强生物多样性保护。要有科学规划，荒山、沙漠、滩涂、森林、草原等治理要因地制宜、符合实际，不能都是一种套路。长江流域要抓好十年禁渔，加强执法监督和市场监管，妥善解决好渔民转产转业和社会保障问题。黄河流域要抓好农业深度节水控水，因水施种，发展节水农业、旱作农业，把农业用水效率提上去、总量省出来。2030 年前实现碳排放达峰、2060 年前实现碳中和，农业农村减排固碳，既是重要举措，也是潜力所在，要做好科学测算，制定可行方案，采取有力措施。

（三）增加农民收入是关键

中国要富，农民必须富。习近平总书记指出：农业农村工作，说一千、道一万，增加农民收入是关键。要加快构建促进农民持续较快增收的长效政策机制，让广大农民都尽快富裕起来。要把发展现代农业作为实施乡村振兴战略的重中之重，把生活富裕作为实施乡村振兴战略的中心任务，扎扎实实把乡村振兴战略实施好。

农民富裕富足，既要富口袋，也要富脑袋。习近平总书记强调：农村精神文明建设很重要，物质变精神、精神变物质是辩证法的观点，实施乡村振兴战略要物质文明和精神文明一起抓，特别要注重提升农民精神风貌。乡村不仅要塑形，更要铸魂。农村精神文明建设是滋润人心、德化人心、凝聚人心的工作，要绵绵用力，下足功夫。要加强农村思想道德建设，弘扬和践行社会主义核心价值观，推进农村思想政治工作，把农民群众精气神提振起来。要开展形式多样的群众文化活动，孕育农村社会好风尚。要普及科学知识，推进农村移风易俗，革除高价彩礼、人情攀比、厚葬薄养、铺张浪费等陈规陋习，反对迷信活动，推动形成文明乡风、良好家风、淳朴民风。要注重农村青少年教育问题和精神文化生活，完善工作举措，加大资源投入，促进他们健康成长。

（四）打造一支强大的乡村振兴人才队伍

乡村振兴，关键在人、关键在干。习近平总书记指出：农业现代化关键要靠科技现代化，要给农业插上科技的翅膀，让农民掌握先进农业技术，用最好的技术种出最好的粮食。他强调：要推动乡村人才振兴，把人力资本开发放在首要位置，强化乡村振兴人才支撑，加快培育新型农业经营主体，让愿意留在乡村、建设家乡的人留得安心，让愿意上山下乡、回报乡村的人更有信心，激励各类人才在农村广阔天地大施所能、大展才华、大显身手，打造一支强大的乡村振兴人才队伍，在乡村形成人才、土地、资金、产业汇聚的良性循环。要积极培养本土人才，鼓励外出能人返乡创业，鼓励大学生村官扎根基层，为乡村振兴提供人才保障。要深入推进科技特派员制度，让广大科技特派员把论文写在田野大地上。

乡村振兴各项政策，最终要靠农村基层党组织来落实。全面推进乡村振兴，必须健全党领导农村工作的组织体系、制度体系、工作机制，提高新时代党全面领导农村工作的能力和水平。习近平总书记指出：要以保障和改善农村民生为优先方向，围绕让农民得到更好的组织引领、社会服务、民主参与，加快构建党组织领导的乡村治理体系。要突出抓基层、强基础、固基本的工作导向，推动各类资源向基层下沉，为基层干事创业创造更好条件。他强调要培养造就一支懂农业、爱农村、爱农民的“三农”工作队伍。必须建设一支政治过硬、本领过硬、作风过硬的乡村振兴干部队伍。要选派一批优秀干部到乡村振兴一线岗位，把乡村振兴作为培养锻炼干部的广阔舞台，对在艰苦地区、关键岗位工作表现突出的干部要优先重用。要吸引各类人才在乡村振兴中建功立业。要广泛依靠农民、教育引导农民、组织带动农民，激发广大农民群众积极性、主动性、创造性，投身乡村振兴，建设美好家园。

第二节　广东省委省政府及韶关市委市政府积极推进乡村振兴战略

党的十八大以来，广东省各级以习近平新时代中国特色社会主义思想为指导，深入贯彻习近平总书记重要讲话精神，加强党对“三农”工作的领导，牢固树立新发展理念，落实高质量发展的要求，紧紧围绕统筹推进“五位一体”总体布局和协调推进“四个全面”战略布局，坚持农业农村优先发展，按照产业兴旺、生态宜居、乡风文明、治理有效、生活富裕的总要求，建立健全城乡融合发展体制机制和政策体系，统筹推进农村经济建设、政治建设、文化建设、社会建设、生态文明建设和党的建设，加快推进乡村治理体系和治理能力现代化、营造共建共治共享社会治理格局，加快推进农业农村现代化，努力在实施乡村振兴战略上走在全国前列，让农业更强，让农民更富，让农村更美，为全面建设社会主义现代化国家提供有力支撑。

一、广东省举全省之力全面推进乡村振兴

党的十八大以来，广东省委、省政府深入贯彻落实习近平总书记、党中央重大决策部署，坚持把解决“三农”问题作为全盘工作的重中之重，坚持农业农村优先发展，把实施乡村振兴战略纳入全省“1+1+9”工作部署（第一个“1”指以推进党的建设新的伟大工程为政治保证；第二个“1”指以全面深化改革开放为发展主动力；“9”指 9 个方面重点工作），围绕把短板变成潜力板持续用力，举全省之力全面推进乡村振兴，全面推动广东农业强起来、农村美起来、农民富起来。

（一）坚决守住粮食安全底线，确保重要农产品有效供给

坚持“藏粮于地、藏粮于技”，全面提高农业综合生产能力。牢牢守住耕地红线，加强高标准农田建设，推进灌区现代化改造，促进粮食稳产增产。深入实施“粤强种芯”工程，打造广州、深圳种业创新高地，把种子牢牢攥在自己手里。深入践行大食物观，向森林、江河湖海、设施农业要食物，向更丰富的生物资源拓展，更好满足人民群众日益多元化的食物消费需求。

（二）着力构建现代乡村产业体系，促进农业高质高效

做强特色农业产业，完善“跨县集群、一县一园、一镇一业、一村一品”产业体系，推进岭南蔬果、畜禽、水产、南药、茶叶等培优提质，打造更高水平的现代农业产业集群，支持河源灯塔盆地创建国家农业高新技术产业示范区、云浮建设国家中药种质资源库。推动农村一二三产业深度融合，大力发展预制菜等农产品精深加工，培育壮大乡村旅游、都市农业、数字农业等新业态。健全现代农业服务体系，强化科技、信息、金融等支撑，推进农产品“12221”市场体系建设（即建设“1”个农产品大数据，组建销区采购商和培养产区经纪人“2”支队伍，拓展销区和产区“2”大市场，策划采购商走进产区和农产品走进大市场“2”场活动，实现品牌打造、销量提升、市场引导、品种改良、农民致富等“1”揽子目标），提升农业综合效益和竞争力。

（三）深入实施乡村建设行动，促进乡村宜居宜业

扎实推进人居环境整治提升，连线成片建设乡村振兴示范带，保护乡村特色风貌，让乡村既保留乡愁韵味，又富有现代魅力。健全党组织领导的自治、法治、德治相结合的乡村治理体系，建设井然有序又生机勃勃的善治乡村。深入推进城乡融合发展，深化农村综合改革，高水平建设国家城乡融合发展试验区广清接合片区，加强基本公共服务县域统筹，让农村群众在家门口享受更高质量服务。

（四）大力培育现代农民，促进农民富裕富足

守住不发生规模性返贫底线，深入推进驻镇帮镇扶村，持续开展“千企帮千镇、万企兴万村”，推动巩固拓展脱贫攻坚成果同乡村振兴有效衔接。推进农民增收致富，强化“基地＋农户”“公司＋农户”等利益联结机制，让农民更多分享产业增值收益。繁荣发展乡村文化，促进移风易俗，形成文明乡风、良好家风、淳朴民风。

二、韶关市努力推动乡村振兴走在广东省第一方阵

韶关市以产业化思维、市场化机制、项目化举措，持续实施乡村振兴“3510”工程（指现代农业产业发展、美丽乡村建设、农村综合改革3项重点工作，农村集体产权制度、农村宅基地管理制度、美丽圩镇建

设、美丽乡村建设市场化、乡村振兴帮扶资产管理 5 大改革，土地流转、质量提升、冷链物流、品牌打造、主体创强、兰花发展、大湾区菜篮子基地、数字农业、农业发展平台、营销推广等现代农业产业发展 10 大行动)，推进传统农业、农村、农民向现代精细农业、精美农村、精勤农民转变，努力实现农业高质高效、乡村宜居宜业、农民富裕富足。

(一) 城乡融合，城镇发展和乡村振兴协同共进

着力打破城乡二元结构，推动城乡空间融合、要素配置、基本公共服务供给、基础设施建设等一体规划、同步实施，实现城镇发展与乡村振兴的协同共进。一是加快推进以人为核心的新型城镇化，坚持以山为骨、以水为脉、以绿为韵、以文为魂，统筹城市规划、建设、管理，优化城市空间布局，打造现代化交通网络，提升城市文化内涵，做好产城融合文章，深入开展重点乡镇整治提升行动，把乡镇建成农村的服务中心，逐步形成中心城区辐射、县城拉动、中心镇支撑的区域融合发展新格局。二是实施乡村建设行动，推进农房管控风貌提升，打造特色鲜明的美丽乡村风貌。规范村民建房管理，提升农房建设质量。促进乡村民宿建设，发展乡村美丽经济。推动全市村庄逐级打造“干净整洁村”“美丽宜居村”“特色精品村”。加快完善农村公路、通信广播、物流驿站等基础设施建设，持续抓好农村安全饮用水保障、生活垃圾处理和污水治理，全域推进农村“厕所革命”，补齐农村基础设施建设短板，切实改善农村生产生活条件。

(二) 党建引领，“四级书记”抓乡村振兴

一是“抓头雁”，建立健全基层党组织书记队伍“选育管用储”全链条建设机制，以基层党组织书记为重点，全面提升基层党员干部队伍素质，市、县、镇、村“四级书记”抓乡村振兴，推进乡村治理体系和治理能力现代化，全力促进乡村振兴各项工作。二是“强组织”，推行党组织优化设置在先、党组织领导决策在先、党员作用发挥在先的“三个在先”村级决策运行机制，实施农村党建“整镇推进、整县提升”示范县镇创建活动，健全村级组织体系，把组织优势转化为乡村发展优势。三是“广带动”，推进南粤党员先锋工程，发挥镇街党校、红色教育基地等的作用，加强农村党员培训，在农村开展党员联系农户、党员户挂牌、

设岗定责等活动，让农村党员干部争做政策的宣传员、乡风文明建设的倡议人、群众增收致富的领路人，激发农民群众参与乡村振兴的积极性、主动性、创造性。

（三）产业兴农，推动产业规模化集约化发展

坚持用产业化思维发展现代农业，优化农业产业结构和布局，构建以“国家现代农业产业园、省级现代农业产业园、市级现代农业产业园、一镇一业、一村一品”为基础的发展格局。一是大力发展特色高效精致农业，着力构建现代农业产业体系、生产体系、经营体系，促进农村一二三产业融合发展，推动农业由增产向提质转变。抓好粮食生产，严格落实耕地保护制度，推进撂荒地整治复垦，加大土地流转力度，大力发展兰花、有机蔬菜、特色水果、茶叶、食用菌等品牌精致农业产业，建设粤港澳大湾区“菜篮子”生产基地，打造一批有规模、效益好、可推广的精致农业示范带，以点带面推动全市精致农业发展，积极引进农产品精深加工项目，提高产业附加值。二是推进广东供销公共型农产品冷链物流骨干网节点城市建设，加快农村快递物流发展，构建“韶货出关”特色农产品专项快递物流通道。加快冷链物流骨干网、农产品产销对接网络、农资农技服务网络等项目建设，把天韶冷链物流园项目、粤港澳大湾区“菜篮子”韶关配送中心、华南农产品交易中心等建设成农产品骨干冷链物流基地，在韶关特色农产品优势区和生鲜农产品主产区建设农产品冷链物流产地网，构建覆盖市、县、镇、农业规模经营主体的农产品冷链物流体系，推动韶关优质农产品走进大湾区千家万户。三是培育壮大新型农业经营主体。积极培育新型农业经营主体，培育农业龙头企业，发展壮大家庭农场，提升农民合作社发展质量，丰富完善利益联结模式，发挥新型农业经营主体辐射带动作用，把小规模家庭经营融入规模化生产，促进农业提质增效。大力发展绿色低碳循环农业，形成节约资源和保护环境的农业农村产业结构。

（四）科技兴农，提高农业质量效益和竞争力

一是深入实施创新驱动发展战略，依托科研院所，整合市内科研资源，高标准建设农业生物科技园区、兰花生物科技园区、中药材生物科技园区，建设农业科研创新中心、博士后工作站等创新平台。二是大力

推进生物技术、信息技术、智慧农业技术、农业机械化技术推广应用，探索农业科技产业一体化发展模式。扶持发展农业科技产业孵化器，培育发展新型农业科技产业；加快搭建粤北地区特色农业科技成果孵化平台，重点针对研发成果的产业转化，建设集研发中心、培训中心、信息服务中心、中试基地、生产加工中心于一体的农业科技成果综合型孵化器。三是加强农业科技试验示范基地建设，促进农业科技成果示范推广，以配套促熟化、以熟化促简化、以简化促转化。重点强化农业科技试验示范基地、粮油高产创建基地、畜禽水产和园艺产品标准化生产示范基地等建设，进一步熟化核心技术，加强关键技术组装集成和配套，促进技术的轻简化，提高实用性、适用性，推进技术成果的试验示范和转化。健全基层农业技术推广机构，加快农业技术推广、动植物疫病防控、农产品质量安全监管“三位一体”基层农业公共服务中心建设。四是推进特色农业生产基地的智能化建设，推进“5G+ 智慧农业”体系建设，加快物联网、大数据、区块链、人工智能、智慧气象等现代信息技术和农业智能装备在特色农业生产领域的应用，充分发挥其在节水、节药、节肥、节劳动力等方面的作用，提高土地产出率、资源利用率和劳动生产率。以省级现代农业产业园为重点，推进数字农业产业聚集，提升农业产业园区数字化基础设施水平，开发利用新一代信息技术提升农业产业园区竞争力。以园区带动、科技支撑、质量优先、培育主体、打造品牌为思路，建成主导产业突出、现代要素集聚、设施装备先进、生产方式绿色、辐射带动有力的数字农业产业园区。

（五）善美韶农，打造地方特色农业品牌

一是做大“善美韶农”农业品牌体系，打响“韶关兰花”“韶关优果”“韶关茗茶”品牌，不断提升韶关兰花的知名度、美誉度、文化内涵和品牌价值，积极申报地理标志保护农产品，打造全国兰花优势产业区。二是大力创建特色农产品优势区，积极申报“国字号”“粤字号”农业品牌，构建以“善美韶农”全市区域公用品牌为引领、县（市、区）单品类区域公用品牌为支撑、企业经营品牌为主体，齐头并进、共同发展的农业品牌体系。三是做好品牌服务，构建“地方政府 + 行业协会 + 媒体智库 + 各类营销服务机构”新型农业品牌化服务体系，建立“善美韶农”

品牌标准体系，组织“善美韶农”农产品整体打包进入主流超市。加强品牌营销，提升影响力。

第三节　曲江奋力打造韶关高质量发展最大增长极

曲江区委、区政府深入贯彻习近平总书记对广东系列重要讲话和重要指示批示精神，贯彻落实党中央决策部署和广东省委、韶关市委工作要求，坚持质量兴农、科技兴农、品牌强农，以农业供给侧结构性改革为主线，促进农业高质高效发展，大力引进农业龙头企业，加快发展特色高效精致农业，着力构建现代农业产业体系、生产体系、经营体系，促进一二三产业融合发展，全面推动乡村振兴，促进农民富裕富足，奋力打造韶关高质量发展最大增长极。

一、全面推动乡村振兴

（一）*以新发展理念为引领，全力推动乡村振兴产业高质量发展*

将产业作为乡村振兴的重要基础，加快构建以现代农业为主体的多元产业体系。

1. 推进农业现代化。坚持高质化导向，持续推进高标准基本农田建设，扎实做好耕地保护工作，加大农技服务力度，强化粮食和重要农产品有效供给。坚持精细化导向，发展数字农业、设施农业、认养农业，规划建设规模化兰花种植基地，辐射带动全区兰花产业发展；以标准化、绿色化、循环化、规模化、数字化、基地化为引领，持续推进生猪产业转型升级；推动农村一二三产业融合发展，大力发展农产品精深加工、休闲观光农业和乡村旅游；发展林下种植业、养殖业、采集业和森林旅游业，推动林业经济发展；加快完成粤港澳大湾区“菜篮子”产品韶关配送中心建设，申报更多粤港澳大湾区“菜篮子”生产基地；推进冷链物流中心建设，畅通优质农产品供应链条，健全仓储保鲜、冷链物流等全产业链，提高农产品附加值和农业增加值。坚持规模化发展，深入推进“一村一品、一镇一业”建设，抓好马坝油粘米品牌振兴工作，做优做强优质果蔬、生态畜禽、食用菌、茶叶等特色产业，打造一批省市级专业村镇，引入新型农业经营主体进行集聚集约发展。坚持市场化运营，加强与“双区”（粤港澳大湾区、深圳建设中国特色社会主义先行示范区）市场对接，强化农产品品牌建设，打造“双区”的“米袋子”“菜篮子”“果盘子”“茶罐子”“花瓶子”。

2. 大力发展生态旅游。以打造“双区”的“后花园”“康养地”“体验场”为突破口，充分挖掘生态、文化、温泉等特色资源优势，大力发展乡村游、红色游、研学游等旅游业态，创新推出体验性、沉浸式旅游产品，做大“后备箱经济”，打响“曲江人家”乡村旅游品牌。完善重点旅游景区建设，推进曹溪文化小镇和曹溪博物院建设，推进马坝人—石峡遗址公园创建国家 4A 级旅游景区，擦亮“大南华”“大马坝”品牌。加快重点旅游项目建设，推进华家班赛车文旅小镇、罗坑特色小镇、小坑国际森林康养运动小镇建设，谋划推进“出水芙蓉·芦溪胜景”（樟市）康养小镇等项目建设。规划建设更多五星级标准酒店和星级民宿，开发若干条精品旅游线路，完善旅游公路、旅游厕所、停车场等配套设施建设，推进旅游交通智能化，建设智慧旅游平台。持续加强旅游宣传推介，打响罗坑茶文化节、小坑环湖森林马拉松赛等节庆品牌，提高曲江旅游的知名度和影响力。

3. 壮大园区经济。以创建国家现代农业产业园为目标，实施食用菌省级现代农业产业园提质升级行动，推动菌种研发、精深加工等高新技术开发集成，推进食用菌全产业链发展。继续申报创建丝苗米（马坝油粘）、茶叶省级现代农业产业园，引导资本、科技等要素“进园入农”。深入实施曲江经济开发区高质量发展三年行动计划，加快粤江发电向园区供热项目建设，完善道路、标准厂房等基础设施，推进常平曲江科技创新港、丹宁未来创新中心等产业项目建设，全力打造高端食品园中园、高端纺织服装园中园；加强企业监管和服务，做好土地管理、环境整治等工作，提高园区发展水平。做好华南先进装备产业园二期征地工作，为园区建设提供用地保障。推动港航新技术装备产业园规划建设，引导现有船舶修造企业入园发展，全产业链式引进船舶配件生产、航运服务等企业。全力推进“厂区变园区、产区变城区”试点，助力韶钢打造宝武（韶关）现代产业园、粤江发电打造新型能源产业集群园区、中核广东科技打造粤湘赣边界石化仓储物流园。

4. 发展镇域经济。强化政策配套和制度衔接，扩大镇街经济社会管理权限，推行镇街“组团式”发展，推动重点镇、中心镇、一般乡镇各展所长、协同发展。引导重点镇马坝镇发挥城区驻地优势，同步提升基础配套设施和产业发展水平，提高人口和产业集聚度；引导中心镇白土镇、大塘镇、乌石镇、沙溪镇和松山街道依托自身资源优势和产业基础，推进新型工业化和新型城镇化，着力打造特色城镇；引导一般乡镇樟市镇、枫湾镇、小坑镇和罗坑镇利用自身优质农产品和旅游资源，发展生态农业和生态旅游业，实现在发展中保护、在保护中发展。发挥统计指标“指挥棒”作用，开展镇级地方生产总值核算工作，促进镇域经济发展。

（二）实施创新驱动发展战略，培育壮大发展新动能

坚持创新在现代化建设全局中的核心作用，实施创新驱动发展战略，提升自主创新能力，以科技创新催生新发展动能，实现依靠创新驱动的内涵型增长。

1. 强化现代农业科技支撑。加强“智慧农业”建设，加快种植业、畜牧业、渔业生产经营数字化改造，推进农业生产标准化和农产品可溯化，加快物联网等现代信息技术和农业智能装备在特色农业生产领域的应用，促进农业产销向智能化、精准化、网络化方向转变。实施智慧农林水利气象工程，推进物联网、云计算、大数据、移动互联等技术在农业领域的应用，促进智慧气象和农业遥感技术应用，建立健全农业信息监测预警体系。加强与武汉理工大学韶关研究院的合作，同曲江经济开发区与韶关学院等科研院校共建产学研用基地，充分发挥其技术优势，打造创新资源集聚平台。

2. 加强人才队伍建设。建立专业技术人员、农民、企业家等广泛参与的多元化农业科技推广队伍，加大农技推广的力度，开展农村科技特派员行动，鼓励特派员深入镇村提供技术服务、技术咨询；加大柔性引才力度，实施“丹霞英才计划”等人才引进政策，围绕支柱产业和新兴产业等领域，引进培养一批“高精尖缺”创新创业人才。加快消费扶贫

（乡村振兴）“双创”基地建设，吸引更多返乡下乡人员到农村创新创业。实施“项目＋人才”模式，把招商引资与招才引智结合起来，引进创新型、应用型、技能型人才。完善曲江区人才驿站管理机制，提供优质高效的人才服务，激发人才创新创业活力。建立鼓励人才“到乡村去”的激励机制，引导各类人才向往农村、留在农村。培养造就新型农民队伍，加强乡村人力资本开发，推动农民全面发展。

3. 深化科技体制改革。实施最严格的知识产权保护制度，加快推进曲江经济开发区创建国家知识产权保护试点园区，全面提升知识产权创造、运用、保护、管理和服务能力。加大对科技型中小企业信贷支持力度，建成促进创新创业的科技金融服务体系。完善科技成果转化激励机制，鼓励企业与高校、科研院所合作开展重大成果转化。弘扬科学精神，普及科学知识和创新文化，营造崇尚创新的社会氛围。

（三）实施乡村振兴战略，提高农业农村现代化水平

坚持把解决好“三农”问题作为工作重中之重，全面实施乡村振兴战略，发展精细农业、建设精美农村、培养精勤农民，推动农业农村现代化。

1. 提高农业质量效益和竞争力。推动农业供给侧结构性改革，发展富民兴村产业。以保障粮食安全为底线，加强化肥农药安全使用与监管，健全动物防疫和农作物病虫害防治体系，落实农产品质量安全追溯管理制度。深入实施藏粮于地、藏粮于技战略，加大农业水利设施建设力度，持续推进高标准农田建设，扎实做好耕地保护工作；加强农技队伍建设，推广应用设施大棚等装备技术，发展航空植保生态防控等农业生产托管服务，提高农业综合生产能力。开展粮食节约行动。

2. 实施乡村建设行动。统筹城乡规划、建设、发展，全面提升农村面貌。加快补齐农村道路、安全饮水、信息网络等基础设施短板，健全运营管护长效机制，推动农村基础设施提档升级。以实施“千村示范、万村整治”工程为抓手，继续推进农村破旧泥砖房“拆清用”，全面推进农房管控和风貌提升，深入推进农村“厕所革命”，持续抓好生活垃圾处理和污水治理，切实改善农村人居环境。持续抓好美丽乡村示范片建设，推动全区村庄逐级打造“干净整洁村”“美丽宜居村”“特色精品村”，建

设富有岭南风韵的精美农村。弘扬农村优秀文化，推进农村移风易俗，推动形成文明乡风、良好家风、淳朴民风。

3. 深化农村改革。落实第二轮土地承包到期后再延长30年政策。探索农村土地所有权、承包权、经营权分置有效实现形式，推动农村土地承包经营权有序流转。深化宅基地、农村集体产权等制度改革，发展新型农村集体经济。构建新型助农服务体系，培育壮大农业龙头企业、农民合作社、家庭农场等新型农业经营主体。深化供销社综合改革，提升为农服务水平。健全农村金融服务体系，扩大农业保险覆盖面。

4. 实现巩固拓展脱贫攻坚成果同乡村振兴有效衔接。建立健全农村低收入人口帮扶机制，完善防止返贫致贫监测预警和动态帮扶机制，发挥防止返贫致贫专项帮扶资金库作用，全力防止返贫和新致贫，巩固拓展脱贫攻坚成果。健全农村社会保障和救助制度。全力落实省委、省政府关于实施新一轮对口帮扶和"万企帮万村"行动的部署。强化涉农资金统筹整合，加强扶贫资产管理运营，完善扶贫产业利益联结机制，实现巩固拓展脱贫攻坚成果同乡村振兴有效衔接。

二、高质量建设食用菌省级现代农业产业园，打造乡村振兴强劲引擎

曲江拥有丰富的森林资源，具有极大的开发利用潜力。曲江区认真贯彻落实韶关市委、市政府关于推进资源资产价值化的部署要求，结合实际谋划森林资源资产价值化项目，积极推进食用菌省级现代农业产业园建设，大力发展林下食用菌种植产业，推动林下经济发展，努力将资源资产优势转化为经济发展优势。

食用菌省级现代农业产业园是广东省内第一个定位为食用菌类型的农业产业园。近年来，曲江区坚持用产业化思维发展现代农业，依托食用菌省级现代农业产业园，引进食用菌行业农业龙头企业，囊括了菌种研发、菌棒生产、种植、检测、精深加工、冷链物流、品牌销售等功能板块。目前，曲江区食用菌产业园已成为广东省首个且产业链完整度最高的食用菌省级现代农业产业园，食用菌种植规模10.6万亩，年产食用菌5万吨以上，年产值达9亿元，实现了"小菌菇、大产业、专业园区"

式发展，成为广东省食用菌种植规模及产量最大的县区。

（一）坚持科技兴园

一是注重加强科技攻关，建立和完善技术服务体系，形成以农业技术推广机构为主导，农业科研院所、农业龙头企业、农民合作组织等多元运营主体广泛参与、分工协作的“一主多元”农业技术推广体系。二是把强化科技作为突破点，坚持“自主研发＋技术合作”，探索建立“政企联动、研发先行”的模式，每年投入科技研发资金 1200 万元，建成菌种研发实验室 2 个，配备专业技术人员近 50 名，加强食用菌精深加工的技术创新，开发新型产品，驯化改良真姬菇、白玉菇等食用菌 20 余种，获专利授权 30 项。三是推广院企合作模式，通过多种方式将研究项目、成果、技术、服务、人才、平台、品牌等科技要素与企业、产业发展深度融合，与企业形成发展合力，构建院企合作新格局，与省农科院、韩国拇熙隆等国内外科研机构开展深度合作，完成科技成果转化 13 项，成果鉴定 3 项，推动食用菌菌种实现优质培育。四是坚持“林下种植＋数字栽培”，加强替代性原料研发，提高智慧化水平，推动食用菌种植实现良好效益，产业园入选广东省第六批农业科技园区建设名单，获批国家农业农村部数字农业应用推广基地建设项目，近 10 个种植大棚完成数字化改造。

（二）坚持人才强园

集“群英之力”促进食用菌产业园协同发展。一是完善绿色食用菌品牌专业人才培养机制，优化人力资本配置，完善品牌人才评价激励机制和服务保障体系，组织开展品牌管理专业人才培训，积极推进相关企业、园区、高校和科研机构在品牌人才培育方面合作与联动，提高品牌管理人员的品牌认知，加强对品牌设计、品牌策划、品牌培育、品牌管理、品牌营销、品牌评价等领域人员的素质和能力教育。二是制定绿色食用菌品牌建设领军人才发展计划，引进国内外食用菌品牌管理高端人才，发挥高层次人才对绿色食用菌品牌建设的带动和牵动作用。三是建立品牌专家库，实现与社会组织、科研院校等品牌专业机构的专家精准对接，发挥品牌智囊作用，充分发挥互联网平台的资源整合能力，建设绿色农业品牌网络智库，吸引品牌创新团队、职业经理人和专业人才为曲江区绿色食用菌品牌建设建言献策。

（三）坚持创新活园

一是经营方式创新。通过执行统一生产计划、统一生产技术指导、统一收购销售，以标准化、集约化方式集中管理生产，解决了农户缺资金、少技术的问题，实现食用菌生产规模化与组织化程度逐步提升的同时，也实现了“兴一项产业，活一方经济，富一批农民”的目标。二是生产标准创新。通过生产标准化，打造食用菌产品品牌，为品牌经济发展提供保障。以品牌逻辑逆向推导，搭建集技术、管理与运营能力为一体的食用菌产业标准化推广与实施体系，提升新型农业经营主体品牌意识，通过品牌溢价激活农户的生产标准化意识，形成“政府推动—企业带动—农户能动”的良性循环。在此基础上，建立并完善食用菌产品质量追溯与监管体系，全程保障食用菌产品品质安全。三是产品加工创新。培育以食用菌食品加工为主营业务的农业产业化龙头企业，以区为单元建设食用菌产品加工基地，以乡（镇）为单元建设食用菌产品原料供应基地，形成生产与加工联动、企业与农户衔接的现代化食用菌产品加工格局。四是销售创新。构建食用菌产品销售网络，引进、培育一批拥有品牌运营经验的专业化电商运营主体，通过市场化运作，整合曲江区优质食用菌产品资源，通过品牌赋能，实现平台交易、仓储物流、终端配送的线上线下一体化运营体系。五是流通创新。在食用菌产品产区分类发展预冷设施和集配中心，鼓励配套建设冷藏保鲜和流通加工设施，实现采后快速预冷、商品化加工处理和上市旺季入库冷藏保鲜；积极引进、培育冷链物流龙头企业，支持建设集生鲜农产品交易、仓储、运输、加工、检测、集中配送等功能于一体，技术先进、管理规范的低温物流园区；在冷链运输方面，加大政府财政对铁路、公路等物流运输设施以及冷藏箱、冷藏车等冷链运输设备的投入，积极推广绿色包装、低碳配送、绿色采购等生态物流。六是机制创新。推行“园长＋管委会＋实施主体办公室”管理机制，区长为产业园“园长”，负责组织推动产业园建设，党政“一把手”亲自抓、分管领导具体抓，区委书记和区长多次主持召开专题工作会议，研究、布署、推动产业园建设有关工作，分管副区长张秀兰不定期深入产业园项目建设现场，研究工作情况，破解工作难题，确保各项任务落实落细；组建现代农业产业园管理委员会，负责园区规划、组织、协调、指导和建设等工作；在广东首创成立现代农业产业园实施主体办公室，指导牵头实施主体带领其他实施主体共同管理和参与产业园建设。在联农带农惠农机制上，实行“折股量化”模式、“股份合作”与就业创收模式、“订单农业”模式等利益联结机制，让农民共享产业园建设成果。

三、实现农业增效农民增收

作为粤北农业县区食用菌产业规模化发展典型区，曲江开创了产业化经营、企业化管理、现代化发展的新局面。曲江区涉及食用菌产业的经营主体包括 8 家省级重点农业龙头企业、17 家市级重点农业龙头企业；171 家农民专业合作社，其中 6 家省级示范社、13 家市级示范社；45 家市级示范家庭农场，66 家区级示范家庭农场，10 亩以上的食用菌种植专业户 20 户。坚持“取之于民 + 反哺于民”，通过土地入股、代种代销、稳定就业等，通过龙头企业、农民专业合作社等多种形式促进农业产业化经营，推行“龙头企业 + 基地 + 农户”“专业合作社 + 农户”经营模式，推动食用菌产业园实现带农益农。例如韶关市星河生物科技有限公司通过技术服务、原材料采购、生产辅料免费供应等方式有效带动 1910 户农户发展生产，不断提高农民的生产技术水平，带动农户增收致富，并吸收当地农民务工，为当地解决就业问题。九芝源农业科技有限公司通过韶关市“千菌万户”羊肚菌产业化建设项目，采用“公司 + 农民专业合作社 + 农户 + 扶贫”经营模式，为农户提供菌种和种植技术支持，并负责收购、包装与销售，充分调动了农户生产积极性，带动农户 685 户（其中帮扶贫困户 135 户），有效促进农业增效、农民增收。

第四节　广东亚北农副产品有限公司在推动农村农业高质量发展中的龙头带动作用

一、公司概况

广东亚北农副产品有限公司于 2013 年 1 月 23 日成立，是一家专注农产品冷链物流产业生态集群的综合类企业，为客户提供农产品储存、物流、金融、交易等全面交易平台。公司是广东省重点农业龙头企业，全国政府采购食材餐饮最具竞争力50强供应商，广东省政府采购食材餐饮最具竞争力10强企业。公司已通过ISO食品安全管理、ISO质量管理、ISO环境管理、ISO职业健康安全、危害分析与关键控制点（HACCP）、有机认证、农业良好规范（GAP）等体系认证，并连年获得广东省“守合同重信用企业”“诚信企业”等多项殊荣。公司2019年被广州市政府和韶关市政府认定为粤港澳大湾区“菜篮子”产品韶关配送中心实施主体；2020年被广东省科技厅定为广东省农村创新创业基地，被韶关市农业农村局和市委组织部定为韶关市乡村振兴“双创”基地；2021年被广东省农业农村厅定为广东省2021年高素质农民培育省级示范基地（创业孵化类），被广东省科技协会、广东省科技厅定为广东省科普教育基地（2021—2025），被广东省工业和信息化厅、广东省文化和旅游厅定为广东省工业旅游培育资源库（特色产业园区），被广东省扶贫开发办公室授予2020年广东省消费扶贫突出贡献单位名单称号，被韶关市曲江区人民政府定为韶关农村物流综合服务网络节点（县级），被韶关市科技局定为韶关市食用菌全产业链工程技术研究中心，被韶关市妇联定为女性创新创业孵化基地。作为广东省重点农业龙头企业、广东省现代农业韶关市曲江区食用菌产业园牵头实施主体、粤港澳大湾区“菜篮子”产品韶关配送中心实施主体，公司充分利用自身的资源优势，搭建与社会共享的农产品资源整合平台。

近年来，公司秉承效率为王，在企业文化、现代化管理能力、社会责任、数字品牌创新能力建设等方面取得了优异成果。公司总资产从创业初期的20万元跃升至目前的1.5亿元，营业收入和上缴税收每年都以30%以上的速度增长，直接带动社会就业200多人，带动农户2300多户，农户年均收入达9000元，间接拉动上下游产业经济发展5000多万元。

二、在华南农副产品集散中的重要地位和作用

（一）推进商贸物流迈向全国统一大市场

作为“南货北运”“北货南运”的枢纽和华南地区农副产品集散中心，亚北以服务粤北地区优质农产品冷链物流为基础，以粤赣湘桂云川六省

优质高值农产品为核心支撑，有效链接湖北及北方其他省份优质农产品（以畜禽肉制品、果蔬、粮油为主导），实现“买全国、卖全国，国际互联”的高质农产品流通销售消费新模式。

（二）承担粤港澳大湾区优质农产品配送

作为粤港澳大湾区“菜篮子”韶关配送中心实施主体之一，亚北充分发挥粤港澳大湾区巨大的消费市场空间优势，与广州共建集“菜篮子”产品种植、分拣、仓储、加工、配送、检验、检疫、通关为一体，面向粤港澳大湾区供应优质农产品的配送分中心，全面打造面向大湾区的品牌营销体系，引导各区县大湾区“菜篮子”生产基地以此为契机和突破口，主动承接大湾区猪肉、蔬果、食用菌、粮油、蛋禽等农副产品供应业务，带动韶关市农产品种养殖、加工业以及流通产业的蓬勃发展。

（三）全国农业农村信息化基地

亚北现已建成农产品交易中心、冷链仓储、冷链物流、生产加工、海关检测、中检认证、电子商务、金融服务、国际贸易、报关报检等多功能现代农产品、冷链物流园区，承担韶关市进口冷冻食品集中监管仓和全国农业农村信息化基地职能。

（四）提供农产品冷链物流服务行业标准

亚北承担“广东省农产品冷链物流服务标准化试点项目”后，建立的标准体系结构合理、运行有效，满足了企业的需要，标准化工作良好，符合有关国家标准和团体标准的要求，获广东省标准化协会颁发的标准化良好行为 5A 级企业证书。亚北参与制定了具有开创性的《进口冷链食品集中监管仓防疫管理规范》和具有行业领先性的《广东省中小学校团体供餐生产加工质量管理规范》《冷链服务规范》团体标准；制定服务提供标准 502 项、服务保障标准 336 项、工作标准 81 项、服务通用基础标准 136 项。科学的行业标准，能有效帮助生产基地和其他相关涉农主体实现标准化建设，向粤港澳大湾区输出标准化、品牌化、有高附加值的产品。

三、推动乡村振兴高质量发展的创新做法

公司结合行业和企业实际，将乡村振兴与大湾区建设紧密结合，以“112940”（第一个“1”指 1 个思路，即以大湾区发展建设需要，实现业

务板块多功能布局；第二个“1”指1个平台，即打造乡村振兴高质量发展大数据服务平台；“2”指2个系统，即做专粤港澳大湾区“菜篮子”产品溯源系统和亚北食品安全数智化综合平台；“940”即“9”个子系统和“40”个信息化工具，打造乡村振兴高质量发展大数据服务平台，全力打造预制菜的粤北样板工程和农文旅融合发展的“亚北新模式”，促进乡村振兴高质量发展。

（一）推动乡村振兴与粤港澳大湾区建设融合发展

作为粤港澳大湾区“菜篮子”产品韶关配送中心实施主体，亚北坚持“买全球、卖全球”的宗旨，以立足广州、服务湾区、联结泛珠、辐射内地为定位，以“一个标准供湾区”为原则，构建以广州为枢纽的粤港澳大湾区“菜篮子”生产及流通服务体系，主动承接大湾区猪肉、蔬果、食用菌、粮油、蛋禽等农副产品供应业务，围绕“菜篮子”产品稳产保供，持续为全市53家粤港澳大湾区“菜篮子”生产基地、1家生产加工企业提供农产品检测、资质申报、技术支撑等线上线下服务，打造标准化、现代化、便利化平台，让众多“小而美”“小而精”的韶关特色农产品拼船出海，为粤港澳大湾区市场提供可追溯的健康绿色农副产品，在融入珠三角、服务大湾区的过程中，助力韶关乡村全面振兴。

以供港活猪自营出口首发仪式为契机，实现供港活猪自营出口“零突破”；构建与大湾区对接的农产品产销体系，销往大湾区的农副产品主要包括瓜果蔬菜及肉禽蛋奶等，年产量达40万吨，产值20亿元以上。聚焦韶关冷冻食品集散地食品安全，培育粤北万吨冷链港做大做强，为上下游食品供应商打造安全、迅捷、智能化的多温度带供应链。聚焦联农帮农和农业品牌建设，发挥韶关市乡村振兴“双创”基地（曲江）职能，推动韶关农产品产销有保障，主要销往广东省、粤港澳大湾区及周边地区，带动周边百姓致富。聚焦食用菌产业振兴发展，助力曲江区食用菌省级现代农业产业园建设走在全省前列，产业园为29个贫困村建设29个生产大棚，每年增加收益119.54万元，有效带动29个省定贫困村1112户贫困户年均增加收入746元。聚焦韶关“菜篮子”保障工作，助力提升粤港澳大湾区“菜篮子”生产基地供应能力。聚焦亚北食品安全数智化综合平台，充分发挥大数据服务和智能管理，逐步推进供应链金融建设。

（二）打造乡村振兴高质量发展大数据服务平台

坚持对标对表大湾区建设发展需要，紧紧围绕大集采大配送业务核心，以粤港澳大湾区“菜篮子”产品溯源系统和亚北食品安全数智化综合平台两大系统打造乡村振兴高质量发展大数据公共服务平台。

粤港澳大湾区“菜篮子”产品溯源系统聚焦农产品全产业链，以农产品加工企业为切入、二期肉食品深加工项目为纽带，促进与农业生产基地、专业合作社、家庭农场、生产大户建立购销连接机制，实现一二三产有机联动，建成集品牌打造、批发、深加工、冷链物流、商品流通、展览展示、物业管理、农产品及科技馆、生产、产业金融、资本化运作等多元综合化生产经营为一体的农业产业生态链。通过粤港澳大湾区“菜篮子”农产品质量安全溯源管理平台，连接全国目前大湾区“菜篮子”相关地市 138 个、生产基地 1300 多家，建立包含选种、生产、加工、销售全链条数据信息共享。对粤北地区 2000 多家农业种养殖基地、农民专业合作社、家庭农场进行资源整合，通过订单农业的形式，为上游产业农户提供良好的市场销售和经营收益平台，帮助下游客户更便捷地找到更多优质、性价比高、合适的商品，让他们可以快速进行交易。通过实时监控模块，可以对种植、生产加工企业现场进行实时视频监控，确保农产品从种养殖源头到餐桌上的食品安全。

亚北食品安全数智化综合平台主要聚焦冻品全产业链，利用平台进一步延长产业链、提升价值链，做强上游、做大中游、做精下游，助推产品全产业链发展。例如，平台的“亚北冷链客户端”小程序，一方面为客户线上操作提供入口，解决线下沟通不及时、操作流程烦琐以及资料提交复杂等问题；另一方面提供线上预约出入库功能，用户可以随时随地线上预约，仅需填写出库商品信息、配送地址、预约时间以及数量等，仓库即可安排就绪，大大提高出入库作业效率，节省客户配送时间。同时，客户可以通过小程序查看当前在库商品信息以及历史出入库信息等数据，一站式解决客户管理商品问题。又如，平台利用“智能仓储管理”功能，通过数字化手段管理整个商品存储周期，从商品入库出库、库内商品管理到移库盘库等贯穿整个流程。将整个仓库的库位信息移植到系统中，将产品与货位一一对应，一方面可以做到精准管理，另一方面大大提升出货人员的工作效率。

两大系统通过 9 个子系统、40 个信息化工具，以及电脑端、手机 App 等多个渠道部署，极大丰富亚北原有的服务功能，全力为韶关当地提供标准统一、数据统一、监管统一的精准数据。

（三）全力打造预制菜的粤北样板工程

建成农产品深加工项目，充分解决鲜活农产品滞销问题，推动农村一二三产业融合，提升农业产业发展层次和水平，延长农业产业链，提高“菜篮子”生产基地产品附加值，提升价值链，加快农业产业高质量发展。

亚北依托粤港澳大湾区“菜篮子”产品韶关配送中心二期肉食品深加工项目，从数字化、品牌化、市场化、国际化、现代化、人才化等六个维度对打造预制菜的粤北样板工程进行整体布局，探索以中央厨房为载体的农产品食品化工程，带动粤港澳大湾区“菜篮子”生产基地、食品研究机构、中央厨房等食品生产营销企业，推进食品企业数字化转型。针对各区县优质农产品特点，聚力打造出韶关预制菜十大名品，通过强化产品品牌影响力提升韶关预制菜的附加值。持续打造好“集采集配一站式服务”综合平台，将预制菜销售纳入全年整体运营目标，将大宗食材采购及配送核心业务进行全面提档升级，特别是配送中心广州运营中心拓展新的业务版图，使韶关的预制菜卖得更好、卖得更远；全面运用韶关配送中心集“采购、检测、配送”为一体的全过程数据质量管控体系，通过信息化手段把好食品原料质量关，通过数据管理，深入分析食品价格波动幅度，助推集配项目降低竞标成本，提升预制菜在广东省内外市场的综合竞争力，为韶关经济社会发展贡献更多力量。

（四）打造农文旅融合发展的“亚北新模式”

以农文旅和产学研等项目为主，积极主动对接休闲体验果园集群区，以韶关市区为中心，以浈江、武江、曲江三区为主要基地，在距市中心 50 公里内，依托当地山水环境、人文景观，围绕柑橘、桃李、葡萄、黄皮、阳桃、百香果、火龙果、无花果、果桑等适宜采摘品种，打造采摘体验、休闲观光、研学、农旅相结合的新型果园集群区，实现文化旅游与乡村产业的跨界融合，将文旅产业的强大消费力变为乡村振兴战略的重要推手，促进乡村振兴高质量发展。

执笔人：张群，21 世纪马克思主义研究院经济社会文化发展战略研究中心特约研究员

马平，21 世纪马克思主义研究院经济社会文化发展战略研究中心副主任、研究员

广东亚北集团黄志航

第七章　吉林松原石化园区绿色高质量发展在推动东北全面振兴中发挥带动作用

党的十八大以来，习近平总书记多次到东北考察，下农田、进车间、到厂矿、访民居，足迹踏遍白山黑水；多次在全国“两会”期间专门到东北三省代表团参加审议，共商振兴大业；多次召开会议研究东北振兴之策，特别是在党的二十大报告中进一步提出“推进东北全面振兴取得新突破”要求，为东北全面振兴、全方位振兴指明方向，作出全面部署。

吉林松原石化园区牢记习近平总书记2018年9月到松原视察时的殷殷嘱托，坚持改革创新，大胆探索，走出了一条松原振兴吉林振兴东北振兴之路，在园区高质量发展方面实现了理论创新和实践创新。

第一节　习近平总书记深切关注东北振兴吉林振兴松原振兴

一、为东北振兴指明正确方向

东北振兴事关国家发展全局。党的十八大以来，习近平总书记多次到东北考察调研，为东北全面振兴、全方位振兴指明方向。

2015年7月17日，习近平总书记在长春召开部分省区党委主要负责同志座谈会时讲话指出：“党中央对东北地区发展历来高度重视。东北地区人口、资源、产业、人才、基础设施、区位等支撑能力很强，发展空间和潜力巨大。实施东北地区等老工业基地振兴战略十多年来，中央采取了一系列支持、帮助、推动东北地区发展的专门措施，各级各有关方面做了大量工作，促使东北老工业基地经济社会发展迈上新台阶。实践证明，党中央作出的实施东北地区等老工业基地振兴战略的重大决策是正确的，东北老工业基地振兴的前景是广阔的。”习近平总书记之所以作出这样的论断是因为东北地区资源丰富而且和国家安全息息相关。

2018 年 9 月 25 日至 28 日，习近平总书记在东北三省考察并主持召开深入推进东北振兴座谈会时强调：“东北地区是我国重要的工业和农业基地，维护国家国防安全、粮食安全、生态安全、能源安全、产业安全的战略地位十分重要，关乎国家发展大局。新时代东北振兴，是全面振兴、全方位振兴，要从统筹推进‘五位一体’总体布局、协调推进‘四个全面’战略布局的角度去把握，瞄准方向、保持定力，扬长避短、发挥优势，一以贯之、久久为功，撸起袖子加油干，重塑环境、重振雄风，形成对国家重大战略的坚强支撑。”

2022 年 8 月 16 日至 17 日，习近平总书记在辽宁考察时强调：“党的十八大以来，党中央实施深入推进东北振兴战略，我们对新时代东北全面振兴充满信心、也充满期待。”

从习近平总书记的讲话精神和中央的政策方针看，党中央高度重视东北振兴。总结习近平总书记关于东北振兴的重要论述以及视察东北（黑吉辽）提出的重要指示精神，可归纳为以下六点：一是以优化营商环境为基础，全面深化改革。二是以培育壮大新动能为重点，激发创新驱动内生动力。三是科学统筹精准施策，构建协调发展新格局。四是更好支持生态建设和粮食生产，巩固提升绿色发展优势。五是深度融入共建“一带一路”，建设开放合作高地。六是更加关注补齐民生领域短板，让人民群众共享东北振兴成果。

二、对吉林振兴提出具体要求

习近平总书记一直对吉林念兹在兹、寄予厚望，党的十八大以来，先后三次到吉林考察调研，每次都对吉林振兴提出具体要求。

（一）特别强调营商环境的重要性

习近平总书记每次到吉林都提到营商环境问题并作出指示，2015 年指出：“进一步简政放权，优化营商环境”；2018 年指出：“以优化营商环境为基础，全面深化改革”；2020 年指出：“要加快转变政府职能，培育市场化法治化国际化营商环境。”

2018 年 9 月 25 日至 28 日，习近平总书记在东北三省考察并主持召开深入推进东北振兴座谈会时重点强调：“以优化营商环境为基础，全面深化改革。要坚定改革信心，在谋划地区改革发展思路上下功夫，在解决突出矛盾问题上下功夫，在激发基层改革创新活力上下功夫。要重点从有利于深化供给侧结构性改革、有利于加快培育经济增长新动能、有利于激发各类市场主体活力、有利于增强人民群众获得感、有利于调动保护广大干部群众积极性等方面完善改革思路，做实改革举措，释放改革活力，提高改革效能。要多方面采取措施，创造拴心留人的条件，让各类人才安心、安身、安业。”

（二）把高质量发展作为重中之重

2020 年 7 月 22 日至 24 日，习近平总书记在吉林考察时强调：“推动经济高质量发展，要着力推动经济发展质量变革、效率变革、动力变革，增强经济竞争力、创新力、抗风险能力。要把实体经济特别是制造业做实做优做强，把提升全产业链水平作为主攻方向，加强新型基础设施建设，加快建设产学研一体化创新平台。要加快转变政府职能，培育市场化法治化国际化营商环境。要深化国有企业改革，支持民营企业发展，发扬企业家精神，激发各类市场主体活力。”

（三）时刻关注绿色发展

2018 年 9 月 26 日，习近平总书记从齐齐哈尔赶赴吉林松原，到查干湖了解生态保护情况。他乘船沿途察看水域保护和污染防治状况，同渔场职工们亲切交谈。他强调，绿水青山、冰天雪地都是金山银山。保护生态和发展生态旅游相得益彰，这条路要扎实走下去。

（四）把开放合作放到重要位置

习近平总书记非常关注吉林发展如何融入国家“一带一路”倡议。2015 年 7 月 16 日至 18 日，他在吉林调研时的强调：“设立长吉图开发开放先导区是中央一项重要部署，对于扩大沿边开放、加强面向东北亚的国际合作，对于振兴东北地区等老工业基地，具有重要意义。先导区要全域科学规划，实现资源要素集约高效利用，努力建成东北地区对外开放的示范区。”

（五）加强党的政治建设是根本保证

2018 年 9 月 25 日至 28 日，习近平总书记在东北三省考察并主持召开深入推进东北振兴座谈会时对东北各级干部提出了要求：“要加强东北地区党的政治建设，全面净化党内政治生态，营造风清气正、昂扬向上的社会氛围。要加快建设一支高素质干部队伍，提高领导能力专业化水平。领导干部要带头转变作风、真抓实干，出真招、办实事、求实效，防止和克服形式主义、官僚主义。政治生态同自然生态一样，污染容易，治理不易。要坚持无禁区、全覆盖、零容忍，坚决查处各类腐败案件，始终保持党同人民的血肉联系。”

习近平总书记的一系列重要讲话和重要指示，为推动新时代吉林全方位振兴指明了前进方向、注入了强大动力。

三、对松原振兴寄予殷殷嘱托

2018 年 9 月，习近平总书记把松原作为视察吉林的唯一一站，看生态、察民情、问发展，作出“保护生态和发展生态旅游相得益彰”的指示。同时指出，“松原发展很有潜力”。领袖之言，必有深意，这也与松原的历史定位不谋而合。松原是伟人关注的地方。1918 年，伟大民主革命先行者孙中山先生在《建国方略》中提出要在松嫩三江汇合处建立名为“东镇”的中枢城市，即现在的松原市。2018 年，历史恰隔百年，习近平总书记视察松原，指出“松原发展很有潜力”。总书记的经世眼光，穿越百年的殷切关注，从历史与现实不同时空给松原注入了转型崛起、振兴发展的强大动力！

松原是片神奇的土地。松原是 1992 年成立的地级市，地处吉林省中西部松嫩平原南端松花江畔，总人口 225 万，辖区面积 2.2 万平方公里。松原有查干湖冬捕冰雪渔猎文化奇观，有国家地质公园乾安泥林，有佛教圣地龙华寺，有大金得胜陀颂碑、塔虎城、孝庄祖陵等诸多历史遗迹。

松原有明显的区位优势。松原位于吉林中西部，有长西、长白乌、哈大等 6 条铁路干线和京哈、大广、珲乌等 6 条高速以及 14 条国省公路干线穿境而过，松原查干湖机场通达北京、上海、青岛、大连等 15 个大中城市。松原已形成东北地区重要的交通枢纽和物流集散地，联结 8 市 14 县（旗），辐射人口 3400 多万。

松原有“天矿”之说。松原是吉林省能源最为富集的地区，风力属于三类资源区，太阳能属于二类地区，全市风电可装机量约 2300 万千瓦，光伏可装机量约 1500 万千瓦，总体规模占全省的三分之一。到 2021 年末新能源装机总容量 322 万千瓦，占比 8.5%。

松原有“地矿”之名。已探明石油储量 15.9 亿吨、天然气储量 1377 亿立方米。油页岩探明储量 775 亿吨，约占全国、全省探明储量的 10.8% 和 75%，可提炼出近 30 亿吨页岩油。俄油俄气年过境规模分别达 3000 万吨和 380 亿立方米，其中俄气在松原预留开口。秸秆年产量达到 1000 万吨。境内“三江一河一湖”（“三江”为松花江、嫩江、第二松花江，“一河”为松林河，“一湖”系查干湖）年过境流量 377 亿立方米，水资源总量达 14 亿立方米。

作为成长型资源城市，松原的资源多为能源，特别是“双碳”目标下，松原风光资源特性更为突出。习近平总书记指出“松原发展很有潜力”，昭示着松原市、吉林省要在能源，特别是在绿色风光能源方面，担当重任，并以此为切入点，实现松原振兴，吉林振兴，东北振兴。

第二节　省市两级党委政府对东北振兴战略作出战略部署

一、吉林省通过实施“一主六双”战略推动高质量发展

习近平总书记三次视察吉林，都对吉林工作作出重要指示。2020 年 7 月，他在视察吉林时强调，要切实落实党中央决策部署，在服务党和国家工作全局中体现新担当，在走出一条质量更高、效益更好、结构更优、优势充分释放的发展新路上实现新突破，在加快推动新时代吉林全面振兴、全方位振兴的征程上展现新作为。

2021 年，吉林省委十一届九次全会审议通过了《中共吉林省委关于全面实施“一主六双”高质量发展战略的决定》，将“一主六双”产业空间布局调整提升为“一主六双”高质量发展战略，从形式到内涵等多方

面对“一主六双”进行了丰富和提升。从“产业空间布局”到“高质量发展战略”，是吉林经济发展演进的必然改变，是对与时俱进理念的突出彰显。

“一主六双”高质量发展战略中，“一主”即充分发挥长春辐射主导作用；“六双”包括“双廊”“双带”“双线”“双通道”“双基地”“双协同”。“双廊”，构筑环长春四辽吉松工业走廊和长辽梅通白延医药健康产业走廊；“双带”，构建大图们江开发开放经济带和中西部粮食安全产业带；“双线”，做精长通白延吉长避暑休闲冰雪旅游大环线和长松大白通长河湖草原湿地旅游大环线；“双通道”，畅通白松长通至辽宁（丹东港、营口港、大连港）大通道和长吉珲大通道“人字形”；“双基地”，打造长春国家级创新创业基地和西部国家级清洁能源基地；“双协同”，推动长春吉林一体化协同发展和长春四平一体化协同发展。

“一主六双”高质量发展战略是吉林全面振兴全方位振兴的新导向，是吉林省对接国内国际双循环新发展格局的有效途径，是新时代吉林振兴发展的根本要求。“一主六双”高质量发展战略，为吉林省培育了强劲新动能，激发了城市发展新活力，带动吉林省整体经济向着高质量发展纵深推进，通过对经济结构的持续优化，加速新型动能技术的成长，提升质量效益，成为全省产业发展路线图、施工表，是涵盖巨量经济规模、挖掘全省优势资源的宏伟蓝图。

二、松原市制定加快高质量发展的战略规划

为贯彻落实习近平总书记关于东北振兴重要论述和视察吉林、松原讲话精神，松原市委结合发展实际提出“四个一”战略定位和“五个新”奋斗目标，以推进松原高质量发展。

（一）“四个一”战略定位

“四个一”即“一市、一城、一地、一区”。一是坚持农业稳市，扛起粮食安全责任，构建中西部粮食安全产业带，打造农业高质量发展示范市；二是坚持生态立市，扛起生态安全责任，做精河湖草原湿地旅游大环线，打造北方生态旅游名城。三是坚持工业兴市，扛起产业安全责任，共筑环长春四辽吉松工业走廊，打造东北新型工业基地。四是坚持

能源强市，扛起能源安全责任，建设西部清洁能源生产基地，打造国家级绿色能源示范区。

这“四个一”是立足习近平总书记“东北地区是我国重要的工业和农业基地，维护国家国防安全、粮食安全、生态安全、能源安全、产业安全的战略地位十分重要”讲话精神的战略高度、紧扣吉林省“一主六双”战略部署、结合松原市情实际确定的发展定位，是加快建设社会主义现代化新松原的重要支撑，必须一张蓝图绘到底、一以贯之抓落实。

（二）“五个新”奋斗目标

1. 建设经济繁荣新松原。经济综合实力稳定在全省第一方阵，经济总量突破 1000 亿元（2020 年 752.88 亿元，2021 年 817.71 亿元）。这是经济建设方面的奋斗目标。

2. 建设城乡共进新松原。基本形成工农互促、城乡互补、协调发展的新型工农城乡关系。提高中心城区承载度。推动中心城区面积达到 120 平方公里。提高县级城市集聚度。加快县域突破。提高乡镇农村宜居度。持续开展美丽乡村建设。

3. 建设生态秀美新松原。生态环境状况综合指数位居全省前列，建成全国生态保护和生态旅游发展的标志地，实现人与自然和谐共生。让松原天更蓝、地更绿、水更清、环境更优美。

4. 建设活力开放新松原。对外开放向更高层次更高水平迈进，营商环境达到全国先进水平。

5. 建设生活富裕新松原。即城乡居民人均可支配收入年均分别增长 7% 和 8% 以上，以此为基础推动社会各项事业发展。保障人民生活更加幸福、更有尊严。

三、松原石化园区在东北全面振兴中的重要地位

松原石化园区 2011 年经吉林省政府批准设立，是吉林省仅有的两家省级综合化工园区之一，起步区 23.2 平方公里，毗邻市区，全面共享松原市历史文化、经济发展成果及各种比较优势，同时又具有独特优势。

松原石化园区是由应急管理部统一认定，确认为 C 类一般安全风险等级的化工园区，也是吉林省仅有的两家一般安全风险最高级别的省级

化工园区，可以新建、扩建、改建危险化学品项目。

松原石化园区还是吉林省政府批准的“松原绿电示范区”核心先导区及绿电核心消纳区，绿电供电区域面积为 7.71 平方公里，“化工 + 绿电 + 低电价”已形成其核心竞争优势。

松原石化园区有两条铁路专用线，年运力为 600 万吨，其中一条为危化品专用线。园区土地实现七通一平，基础设施配套齐备，是绿色化工、新型材料、大数据中心等高载能项目的最佳选择。

在碳达峰碳中和、吉林省实施“陆上风光三峡”及松原市建设“国家级绿色能源示范区”战略的大背景下，松原石化园区承担着“工业兴市、能源强市”的历史重任，围绕绿电消纳和“六新”产业，紧盯高质量发展目标，发挥绿电示范区“金基地”、低电价“金杠杆”及化工园区“金字招牌”优势，重点规划引进新能源、新材料和数字经济、循环经济产业项目，打造“1+2”（一主两附）产业体系，在“十五五”期末，整体形成 2000 亿级产业集群。

第三节　松原石化园区推动高质量发展的创新做法

一、牢记嘱托，寻找高质量发展的比较优势（金钥匙）

东北地区作为共和国的“长子”，在维护国家国防安全、粮食安全、生态安全、能源安全、产业安全方面发挥着重要作用，战略地位十分突出。长期以来，东北地区由于受自身思想及体制机制等因素制约，创新意识不够强、发展活力不足、人才流失较严重，经济发展滞后于全国其他地区。松原同样如此。2021 年，松原地区生产总值总量 817 亿元，人均 3.63 万元，低于全省平均水平。2020 年，松原石化园区新一届领导班子刚刚组建，面对园区底子薄、招商比较优势不突出、发展思路不明晰的局面，牢记嘱托、深挖潜力、主动作为、积极探索，立足东北振兴、吉林振兴、松原振兴，实现区域平衡，积极寻求破局之法、发展之路和突破之口。

（一）在高质量发展内涵中寻找发展潜力

2022 年 3 月 7 日，习近平总书记在参加十三届全国人大四次会议青海代表团审议时突出强调，高质量发展是“十四五”乃至更长时期我国经济社会发展的主题，关系我国社会主义现代化建设全局。这对高质量发展的地位和作用进行了明确定位，为我国未来发展指明了方向。习近平总书记明确指出，高质量发展不只是一个经济要求，而是对经济社会发展方方面面的总要求；不是只对经济发达地区的要求，而是所有地区发展都必须贯彻的要求；不是一时一事的要求，而是必须长期坚持的要求。党中央如此重视高质量发展，只有深刻领会其丰富内涵，准确把握其提出的新要求，才能真正贯彻落实好这个总要求。

高质量发展，就是要能够很好满足人民日益增长的美好生活需要的发展，是体现新发展理念的发展，是创新成为第一动力、协调成为内生特点、绿色成为普遍形态、开放成为必由之路、共享成为根本目的的发展。从这里可以看出，高质量发展之路，是一条贯彻新发展理念之路，也是一条增进民生福祉之路。按照高质量发展的要求，具体到松原石化园区，就是要贯彻新发展理念，就是要创新发展、绿色发展。

习近平总书记在党的二十大报告中指出：“教育、科技、人才是全面建设社会主义现代化国家的基础性、战略性支撑。必须坚持科技是第一生产力、人才是第一资源、创新是第一动力，深入实施科教兴国战略、人才强国战略、创新驱动发展战略，开辟发展新领域新赛道，不断塑造发展新动能新优势。”

石化园区新一届领导班子，在招商实践中深刻认识到：真正吸引和决定企业投资的是支撑企业生存发展的重点生产要素，特别是长期生产要素。做实业的企业关注的焦点在于成本和收益，即在企业的整个生命周期中，如何获得总收益和总成本之差的最大化。招商引资工作实践证明，企业家已不在乎一个地方能给予企业多少税收返还、多少土地利用政策和企业扶持政策等一次性要素保障。在确保企业发展能够符合当地安全、环保等政策前提下，他们更在乎劳动力、原材料、能源、物流等常态化长期生产要素保障价格，更加注重追求生产要素成本最低和利润空间最大化。而在新兴产业布局和传统产业转移的多数项目中，投资者更关注的要素成本是电。比如碳纤维、碳化硼、锂电池负极材料等新材料，生产成本中电的比重高达 60% 以上，材料的属性决定了项目的高载能特点，但高载能项目不等于高耗能项目，这些都是建链项目，也是国家产业布局中必须发展的项目。再比如大数据中心项目、电解水制绿氢项目等等，都有很高的电能需求。而松原有巨量的风光资源待开发，且技术先进发电成本已可进入市场化运行。风光电是增量电，新材料、大数据中心、电解水制绿氢等新兴绿色产业是增量产业，两端有机结合，必然会催生一系列新的产业、新的技术、新的经济增量。这就是新的发展潜力，就是习近平总书记殷殷嘱托的松原潜力。

（二）在"双碳"目标大背景下实锤松原发展潜力所在

2019 年末，习近平总书记提出"3060"的"双碳"目标，是对减少温室气体排放向世界作出的郑重承诺。2020 年，吉林省实施"陆上风光三峡"工程，将松原作为工程重要承载地，既契合党的十九届五中全会关于推动东北振兴实现"新突破"和中央"碳达峰""碳中和"的战略要求，又找到了破解吉林风光资源利用不充分、企业生产要素成本过高、招商引资效果不明显等历史难题的有效办法，更是吉林省委、省政府和松原市委、市政府落实习近平总书记东北振兴座谈会讲话精神和"松原发展很有潜力"殷切嘱托的"实锤"。对于吉林省在高质量发展中存在的化石能源储量不足、"贫煤缺油少气"的短板和一次能源短缺及二次能源过剩的矛盾，通过创新利用吉林西部丰富的土地和风能、光能，可有效补齐、化解，并可为整个吉林西部地区一二三产业转型发展和全省东北老工业基地全面振兴提供坚强的要素保障和能源支撑。特别是全省着眼打造长松白新能源一体化走廊发展战略，在松原白城地区开展"绿电"示范区先行先试，既可提高风电、光电新能源在电力供应中的比重，解决风电、光电的弃风弃光问题，还可提升非化石能源消费比重，确保非化石能源在一次能源消费中的比例达到国家标准。同时，还将对东北地区建立高比例和高效率新能源消纳体系、推进能源结构快速调整优化以及加快实现东北全面振兴、全方位振兴和区域平衡发展起到至关重要作用，形成政策及要素洼地，吸引全国相关企业和资本向东北西部地区聚集，在不增加国家财政负担和化石能源分配指标的情况下，为吉林在东北振兴中实现率先“突破”提供无限可能，实现东北西部地区快速发展，从而带动东北全面振兴、全方位振兴。松原石化园区一班人提出的大力发展风光新能源及相关产业的“基层首创”与国家及吉林省的“顶层设计”实现完美结合，实际确认了发展新能源是当前及今后一个时期实现松原振兴、吉林振兴及东北振兴的最大潜力所在。这个“潜力”之说已扩展至吉林西部，上升为吉林省发展战略乃至国家战略。

（三）在东北振兴大局中研究松原发展潜力的强大力量

松原全市风电全部利用可发电 828 亿千瓦时，光电全部利用可发电 210 亿千瓦时；风光电合计 1038 亿千瓦时。按照全国平均值，每度电可创造 14 元的国内生产总值计算（2021 年，我国全年国内生产总值 1143670 亿元，全社会用电量 83100 亿千瓦时，粗略折算每千瓦时电能够产生约 14 元的国内生产总值），1000 亿千瓦时 ×14 元＝ 1.4 万亿元（当然得到终端产品）。若全部有效开发利用，与 2021 年吉林省经济总量 1.32 万亿元相当。另外 1000 亿度绿电可减排二氧化碳 3267.8 万吨，按目前我国每吨 59.8 元碳交易价格，就是 19.5 亿元，这是每年的净收入，无论用于支持企业还是财政都是一笔不小的数字。这是松原市的大数，如果换算成吉林省的风光资源总量，风电可装机量约 6900 万千瓦，光伏可装机容量约 4600 万千瓦，年可发电量超 3000 亿千瓦时。按上述计算，那就是三个吉林省全年的经济总量，吉林如何不能够振兴。

吉林省丰富的风光资源，为我们实现“生态优先、绿色发展”前提下的东北振兴、加快区域平衡及高质量发展提供了强大动力，可以说松原的未来“风光无限”。松原石化园区一班人，顺应时代发展的大势，从战略高度深度思索，找到了风光资源这个松原率先突破振兴的潜力，这个潜力也是吉林振兴、东北振兴的潜力，这个潜力的挖掘和利用也一定是打开东北振兴这个“上帝之窗”的“金钥匙”，也从实践层面将习近平总书记的殷殷嘱托变成现实。

二、统筹谋划，打造高质量发展的特色载体（金基地）

党的二十大报告指出：“促进区域协调发展。深入实施区域协调发展战略、区域重大战略、主体功能区战略、新型城镇化战略，优化重大生产力布局，构建优势互补、高质量发展的区域经济布局和国土空间体系。”

巨量的风光资源只有转化为绿色电能并在本地大比例消纳，才能产生经济效益，助力松原振兴，同时实现高质量发展。绿电消纳的载体是项目，项目的载体是园区，松原石化园区从战略高度深刻认识绿电消纳的重要意义，大力推进绿电示范园区建设。

（一）深刻认识绿电消纳的重要意义

实现绿电大幅消纳，是践行习近平总书记“生态优先、绿色发展”新理念的必然之选，是实施省委“陆上风光三峡”工程的核心引擎，是领跑东北振兴的“金招牌”。

“绿电”指在生产电力的过程中，二氧化碳排放量为零或趋近于零；“消纳”更好理解其意义，完全可以叫“消费”。习近平总书记新能源安全“四个革命”之首即“推动能耗消费革命”，实施“能源消费 + 产业发展”新模式是吉林省在东北实现率先振兴的不二选择。2021 年初，吉林省政府工作报告明确提出吉林省将积极打造国家级消纳基地、外送基地、制氢基地；松原市新能源产业“十四五”规划布局中也明确提出要打造风电装备制造、光伏装备制造、氢能开发利用和大数据区块链四大产业集群。省、市将绿电开发与产业发展高度结合，统筹考虑，主要目的是以天赐风光资源带动吉林产业发展，壮大产业集群，达到产业建链、延链、补链、强链，进而解决电力消纳不足问题；通过招商引资和项目建设，大幅提升绿电消纳比例，引领带动风电光电装机容量提升，从而实现绿电价格进一步大幅下降，形成真正的绝对要素优势。

（二）大力引进绿电消纳项目

电力消纳不足一直是困扰吉林省风电光电产业发展的瓶颈。在“陆上风光三峡”工程实施和绿电示范区打造之初，松原石化园区就把电力消纳作为主攻方向之一，始终认为没有大电量的消纳，就没有吉林大工业的发展，“陆上风光三峡”工程和绿电示范区也将失去发展“引擎”。因此，省、市都把绿色低碳作为引入投资的前提条件，将开发风电光电与产业项目消纳绿电相协同，并构建起绿色汽车、绿色化工、绿色铸造、绿色装备等产业生态，同时打造北方氢谷、云谷、碳谷，建设国家级高载能高技术基地，以此充分释放新能源消纳优势。在项目招引上，高度重视电力消纳与产业的融合发展，注重产业链条的上下游衔接。以省政府重点推进的碳纤维项目和维斯塔斯风电装备制造项目为例，松原绿电示范区可为其提供清洁低价的电力，有利于碳纤维和风电装备企业快速发展，持续降本增效，并将随着生产企业的投产达效和相关上下游企业入驻，全面提升绿电消纳能力；松原广阔的风电开发空间又为碳纤维和风电装备制造提供了广阔的应用空间，随着维斯塔斯风电装备制造项目落地建设，碳纤维风力发电设备将在国内得到广泛应用，可加快形成"内循环"，并通过维斯塔斯的国际网络将碳纤维和相关风电装备出口全球，形成国内、国际"双循环"；通过维斯塔斯的全球影响力，还可带动风电产业链相关企业入驻松原、入驻吉林，快速形成500亿级风电产业集群，起到建链、延链、补链 、强链的积极作用，填补吉林省在碳纤维风电装备制造产业方面的空白。园区近年计划入驻碳纤维、碳化硼、高性能铁合金、己二腈、重汽齿轮、工业气体等十余个高载能高科技项目，年绿电消纳电量可达近100亿千瓦时。

（三）全力推进绿电示范区建设

绿电示范区建设是践行习近平总书记"生态优先、绿色发展"新理念的必由之路，是实施省委"陆上风光三峡"工程的本质要求。"生态优先、绿色发展"是习近平生态文明思想的重要内容，吉林省作为新能源富集地区，近年来牢固树立新发展理念，在转型发展中打好新能源牌，顺应能源产业发展大势，积极推进风能、太阳能、氢能等新能源发展，努力实现绿色发展。在深入学习习近平生态文明思想和东北振兴座谈会讲话精神以及国家四部委《东北西部生态经济带发展规划》，准确把握省市资源禀赋特征的基础上，松原石化园区以省、市"十四五"规划编制为契机，于2020年9月，向省、市提出了在松原市和石化园区建设东北西部生态经济带风电光电等新电能直供电国家级示范市和示范区的构想，并积极开展申报工作，争取政策支持。特别是2021年初以来，省委、省政府抢抓党中央确定的"碳达峰""碳中和"战略机遇，依托吉林西部富集的风光资源，创新提出并实施"陆上风光三峡"工程的重大战略部署，并全面开启松原、白城绿电示范区建设工作，大力发展绿色新能源，打开了“上帝之窗”，找到了东北振兴的“金钥匙”。2021 年 4 月 23 日，以松原石化园区为核心先导区的松原绿电示范区获批，绿电消纳的“金基地”建设扎实推进，全面开启了吉林省绿色发展、高质量发展的全新格局。可以说，通过创新建立高比例可再生能源体系，吉林省将在国家重要新能源综合利用基地、新能源生产基地和新能源体制机制创新基地建设等方面走在全国前列。

三、深度研究，变比较优势为有效动力（金杠杆）

“生态优先、绿色发展”的本质要求是可持续发展，习近平生态文明思想和“两山”理论的核心要义是在可持续发展基础上达到共同富裕，实现平衡发展。打造绿电示范区，发展清洁新能源对世界、对国家、对东北是趋势、是战略、是目标，但还不是实现东北振兴、吉林振兴，实现区域平衡发展的关键。在绿电本质要求基础上实现低电价才是撬动东北振兴的“金杠杆”，才是吉林省委实施“陆上风光三峡”工程的应有之意与力量所在，才能最终撬动产业转移，将能源优势转化为经济优势，实现共同富裕和平衡发展。

一直以来，东北地区都特别强调提营商环境的重要性，吉林省委、省政府也高度重视营商环境工作，2022 年初全省第一个大会就是营商环境大会。营商环境固然重要，但它还不是企业最关注的“硬核”，实业企业更关注支撑企业生存发展的常态化长期生产要素保障价格，更注重追求生产要素成本最低和利润空间最大化。2021 年 4 月 23 日，松原绿电示范区获批后，示范区内工业用电价约为 0.44 元 / 千瓦时，与南方发达省份和吉林省其他地区大工业用电价相比，已降出相对优势，但还没有形成更低优势，随着绿电消纳比重、装机容量增加和风光电技术的日益成熟，示范区电价将持续走低，降出吉林省电价的更低优势。目前看，相对优势的低电价已显示出强劲杠杆作用，尤其在招商引资方面，显著提高了松原地区招商引资的吸引力和竞争力。下一步，将推动绿电实现区域内更高比例直供消纳，在松原地区持续形成要素“洼地”，极大降低示范区内企业生产成本，增加企业经济效益，进一步加快示范区内企业集聚，达到撬动部分发达地区和高载能相关产业转移的目的，推动区域经济快速发展。

在“绿电＋低电价”这个杠杆系统中，低电价就是支点，只要这个支点更大程度向“重点”移动，也就是价格更低，那么“力点”之处就会更省力，也就是撬动产业转移就会更容易。在石化园区的积极建议下，吉林省政府、能源局、国网公司等相关部门正克服各种困难，从政策、技术等不同角度，研究降低绿电价格。特别是按照二十大提出的建设现代化产业体系，坚持把发展经济的着力点放在实体经济上的要求，通过绿电低电价的“金杠杆”作用，松原实现产业振兴，带动全面振兴指日可待。

同时绿电低电价的“金杠杆”作用，将大幅度降低东北西部地区企业长期依赖的总生产要素成本，有效破解“投资不过山海关”的梦魇，在全国产业转移上形成真正的转移“势能”，“投资争过山海关”的强劲势头，必将使吉林成为东北振兴的率先实践者和领跑者。

四、不忘初心，与时俱进，全力创建吉林第二个化工城

党的二十大报告指出：“加快构建新发展格局，着力推动高质量发展。高质量发展是全面建设社会主义现代化国家的首要任务。建设现代化产业体系。坚持把发展经济的着力点放在实体经济上，推进新型工业化，加快建设制造强国、质量强国、航天强国、交通强国、网络强国、数字中国。”

（一）强化实体经济建设

园区明确了“1+2”产业体系，即“1个首位产业、2个主攻产业”。1个首位产业，即绿色化工产业，包括并重点发展石油化工、精细化工、生物化工、绿电制氢及下游化工产业。2个主攻产业，一是新材料产业，包括并重点发展碳纤维及复材、碳化硼、锂电池、化工新材料相关产业；二是新能源产业，包括并重点发展制氢、储氢、运氢、用氢装备，储能装备，新能源耦合等产业。

在首位产业——绿色化工产业方面，“十四五”及未来重点发展以下三类化工产业。

1. 大力发展氢基化工。重点推进建设国能集团的30万吨/年合成氨

（50 万吨尿素）、180 万吨 / 年二氧化碳制甲醇（60 万吨烯烃）、60 万吨 / 年过氧化氢、11 万吨 / 年乙二胺项目，中车集团 10 万吨 / 年合成氨项目，北京京能集团 20 万吨绿电制氢项目，美国空气 120 万吨 / 年绿色合成氨项目。

2. 加快推进煤基化工项目建设。重点推进建设吉林康乃尔集团绿电耦合煤气化 200 万吨 / 年甲醇项目。

3. 强化石油化工项目建设。重点推进建设 1000 万吨 / 年石化新材料配套原料工程项目。

以上项目总投资 700 亿元。全部建成投产后，可实现年销售收入 1200 亿元，同时吸附服务可增加销售收入 300 亿元，上缴税金 100 亿元。增加就业 12000 人。消纳绿电 400 亿千瓦时，减排二氧化碳 1300 万吨，同时要捕集二利用二氧化碳 320 万吨，总计 1620 万吨，按目前我国 59.8 元每吨碳交易价格，每年碳交易收入可达 9.7 亿元。

（二）多措并举，推动石化产业高质量发展

1. 推动产业链招商。依托龙头企业，聚焦产业链做强做新，重点瞄准国内目标领域知名企业，绘制招商图谱，精准招商。力争实现签约项目、到位资金有新突破。

2. 推动科创产业发展。高标准建设精细化工产业园及新材料产业科创中心，制定准入标准，出台扶持政策，实施“项目 + 团队”的“带土移植”引才工程，整合产学研力量，组建产学研联盟，推动企业技术创新，加速园区创新能力建设。

3. 推动国家级“绿色园区”申报工作。紧盯“双高”要求，邀请能源专家编制“碳排放”台账，针对用能企业制定节能改造方案，开展转让项目能耗替代规则。对照中央环保督察反馈问题举一反三，深入推动危废整治行动，聘请专业“环保专家”，强化企业指导服务，落实主体责任，筑实绿色低碳发展保障。

4. 推动智慧化建设。抢抓国家级智慧化工园区示范单位创建契机，强化数字赋能，推动建设省内一流、市内领先智慧园区，力促智慧环保、智慧安全、智慧应急一体化监测监控系统试运行真正实现预警监测、风险管控和应急联动一体化管理，实现安全环保事后管理向事前预测预警和事中控制转变。

5. 推动标准化建设。按照规划设计、产业布局、管理运营、公用工程、环境保护、物流运输“六个一体化”理念推动园区建设。对照中国化工联合会制定的系列园区管理与建设标准，全方位推动园区标准化建设，力促早日成为国家级“绿色产业园区”“智慧化工园区示范单位”。

6. 推动高质量发展示范工程。对标对表先进园区，在“双碳”背景下，围绕绿色低碳环保发展要求，积极应对限制“两高”产业发展挑战，突出绿色发展、创新发展，力促化工园区成为国家级“化工园区高质量发展示范工程”试点。“十四五”末期，使园区成为发展质量高、管理水平优、产业协同好、创新能力强的“高质量发展示范化工园区”。

五、凿实作风，抓牢高质量发展的制胜法宝

（一）作风建设十分重要

习近平总书记强调，作风建设永远在路上，必须常抓不懈。风清则气正，气正则心齐，心齐则事成。好的作风，是干事创业的保障，是善作善成的法宝。实践证明，如果作风不实、不硬，所有的战略都将落空，如果不从作风上解决问题，再优的条件、再好的机遇，也会失之交臂。近年来，吉林省委、省政府一直高度重视作风建设，坚持“作风建设永远在路上”，每年都在新年上班第一天就召开“三抓三早”大会，以招商引资和项目建设新成效推动全省干部作风大转变。2022 年初以来，以景俊海同志为书记的新一届省委领导班子履职后，更加把全省干部作风建设摆上突出位置，年初就以视频形式召开了全省营商环境建设大会，全省上下坚持以营商环境建设为突破口，掀起了解放思想、深化改革、转变作风、狠抓落实热潮。之后，省委、省政府又先后召开了全省服务企业大会、全省作风建设年推进大会以及“我为群众办实事”实践活动推进会，通过作风建设系列“组合拳”，打出全省干部的精气神，激发了广大干部群众干事创业的热情，使敢担当、善作为内化于心，外化于行，在奋力开创新时代吉林全面振兴全方位振兴新局面中起到了极其重要的作用。

景俊海指出：“坏作风是吉林发展的拦路虎。”石化园区自 2011 年成

立以来，发展慢、底子薄、包袱重、基础差、问题多是不争的事实，特别是 2020 年以前，园区干部人事体制僵化，在编人员数量少，多数为聘用人员，学历、能力、素质全市垫底，领导没激情、干部没热情、职工没心情，“不愿为、不能为、不善为、不敢为、不实为”等不良的机关作风严重制约了园区发展。要想成功突围，早日把习近平总书记的殷切嘱托和省委“陆上风光三峡”战略落到实处，加快实现转型发展、高质量发展，就必须转变作风，真抓实干，特别是当前石化园区正处于逆境突破、追赶跨越的重要关口期，加快发展的任务比以往任何时候都繁重，加强作风建设比以往任何时候都重要，只有用“硬作风”才能完成“硬任务”。

（二）在作风建设方面提出“四个坚持”

1. 坚持以“一把手”带头引领作风转变。一是把“马上就办、真抓实干”作为园区全体干部职工工作准则。“党政军民学，东西南北中，党是领导一切的。”坚持“一把手”带头引领，自上而下，作风转变才能成效突显。通过开展以“忠诚肯干、担当奋斗、合作包容、学习提升”为方针的岗位大练兵活动，深入学习领会“一分部署、九分落实”和“崇尚实干、狠抓落实”的深刻内涵，让干部职工在活动中增强干好本职工作的使命感，提高工作执行力和落实力，做到名副其实的“马上就办、真抓实干”。二是提出“三个转变”要求。坚持“一把手”带头引领，以上率下，作风转变才能蔚然成风。推动引导园区、部门和广大干部职工由“蚊子”变“蜜蜂”、由“磨盘”变“陀螺”、由“竹笋”变“木桶”，切实统一思想、改变观念、破除定式、转变作风，不断增强园区干部职工创新意识和发展意识。三是深入开展“不忘初心、牢记使命”主题教育活动和党史学习教育活动。坚持“一把手”带头引领，上行下效，作风转变才能事半功倍。把学习教育与园区招商引资、项目建设、疫情防控、安全生产、难题破解、政治生态调研和巡察反馈问题整改等具体工作相结合，通过以学促转、以学促干、学干结合的方式，引领干部转变作风、提升效能。四是更加注重纪律作风建设。坚持“一把手”带头引领，修身律己，作风转变才能立竿见影。以案示警，防微杜渐，用严的规矩和铁的纪律要求，保证园区干部时刻保持“实”的作风。组织全区干部参观了市警示教育基地并观看了警示教育宣传片，召开了“以案促改”工作暨警示教育大会，让广大干部在参观感悟中吸取教训、凝聚力量，推动园区作风建设深入开展。

2. 坚持以“带刀护卫”强力督查督办推动作风转变。加强督查督办，狠抓工作落实，是提高领导执行力的必然要求，是促进作风转变的关键环节。一是“带刀护卫”开展专项任务督办。为确保园区重大决策、重点工作、重要事项得到有效执行落实，园区设立了“马上就办、真抓实干”专项工作办公室，制定完善了专项办工作制度，细化工作流程，通过“五项清单”跟踪问效，确保园区专项重点工作有序推进、按时完成、取得实效。对园区党工委会议研究确定或园区主要领导、分管领导交办的重点事项和工作，由园区专项办形成“马上就办、真抓实干”专项任务交办单，明确交办任务，确定承办领导、承办部门和完成时限，做到专人落实，限时“交卷”。同时，定期召开专项工作推进落实调度会议，强化指导、研究问题、督促落实，坚决做到问题不解决绝不放过、工作不完成绝不松手，实现发现问题、提出措施、解决问题的良好循环。自2020年3月园区专项办成立至2022年9月，共下发专项任务交办单191份，涉及党的建设、经济运行、招商引资、项目建设、安全生产、疫情防控、信访维稳、土地回收、人事管理、绩效考核以及国有公司运营管理等308项工作任务，办结完成199项，正在推进63项，长期坚持46项，一大批事关园区发展、决定园区生死的重点工作和重要事项得到有效办理解决，各承办领导、承办部门及具体责任人在工作推动中锤炼了作风、增长了能力、提升了本领，园区广大干部攻坚克难、化解矛盾的水平在专项工作推进中得到了极大提高。二是“亮剑”开展重点工作督查。发挥园区纪监工委和管委会办公室督查“利剑”“探头”作用，突出做好中央和省、市委重点部署决策的督查督办，确保各项方针政策在园区落地生根、开花结果。2021年以来，切实加大疫情防控、中央环保督察反馈问题整改以及市委政治生态调研和市委巡察反馈问题整改等工作任务落实督查，以作风建设推动园区中心工作落实落位。尤其是在疫情防控方面，紧盯全国疫情形势变化，全面开展园区各部门、各企业对上级疫情防控会议精神落实及各项防控措施落实的督查督办，督促各部门、各企业规范做好入区筛查、测温扫码、隔离观察、核酸检测等各项工作，取得了“无输入病例、无感染病例、无输出病例、核酸检测全部阴性”的阶段性胜利。园区广大干部也在疫情防控阻击战中展现了逆行担当、冲锋在前的良好精神风貌。同时，通过采取现场核查、实地暗访、随机抽查、专题调研等多种方式，按时间节点、任务进度、责任单位进度完成情况，深入开展了园区安全生产、交通整治、污水处理厂改造、“三早”项目开工、营商环境改善以及机关纪律作风等重点工作的督查，以重点督查推动问题落实解决，确保事事有着落、件件有回音。园区纪监工委和办公室督查科共开展重点工作督查 35 次，形成督查报告 35 份，发现问题 21 个，均督促相关部门进行了整改落实。仅在机关纪律作风方面，就开展督查 16 次，对迟到早退、不遵守工作纪律、服务态度差等问题一经发现立即通报，已下发督查通报 5 份，取得了立竿见影的效果。

3. 坚持以“拼命三郎”工作成效检验作风转变。工作成效是检验作风转变的“试金石”。2021 年以来，园区上下克服宏观经济形势和新冠肺炎疫情等诸多困难挑战，紧紧围绕高质量发展要求，攻坚克难、破冰破局，啃下了“硬骨头”，实现了“不可能”。经济运行方面，2021 年，园区生产总值完成 12.5 亿元，规模以上工业总产值、增加值分别完成 35.1 亿元、8.9 亿元。尤其难能可贵的是，全口径财政收入完成 1.5 亿元，同比增长 60%，增速远超全省全市平均水平。园区规划方面，委托北京石油和化学工业规划院编制了石化园区《总体发展规划》《产业发展规划》《“十四五”发展规划》，并与省、市“十四五”规划进行无缝对接，千万吨新材料项目等一批重大产业、重点项目、重要平台纳入上位规划，实现“多规合一”。同时，主动与各县区加强合作，扎实开展“一园三区”规划扩区，拓宽了发展空间，擦亮了“金招牌”，推动全市上下形成石化产业联动发展的新格局。招商引资方面，充分发挥“金钥匙”“金杠杆”“金基地”优势，集中财力、物力、人力和信息资源，组建 6 支招商队伍分赴江苏、浙江、上海、广东、山东、四川、重庆、湖南等地广泛驻点招商，先后拜访、洽谈、对接企业 300 余家，商会、协会、开发区 80 余家；70 余户各地企业来园区考察、对接、选址，30 余户企业与园区签订入区协议。园区充分发挥绿电示范区“金杠杆”和化工园区“金招牌”优势，主动加大对高耗能、高载能企业的引进力度，截至 2022 年，新引进 5000 万元以上重点项目 11 个，签约金额达 97.05 亿元；新洽谈项目 30 个，预计总投资 78.4 亿元。项目建设方面，园区牢固树立“以项目论英雄”的鲜明导向，成立项目管理办公室，落实区级领导、园区部门和项目秘书三级包保责任制及重点项目定期调度制，完善审批流程，实行精准服务。2020 年，园区共签约、续建项目 14 个，总投资 70.9 亿元。安全生产方面，开展“危险化学品三年整治”等专项整治行动 20 余次，主动防范化解重大安全风险隐患，获得 2020 年全市安全生产和消防工作考核优秀等次。攻坚克难方面，克服污水处理厂销号摘牌的难题，高质量完成全省化工园区认定和化工园区安全风险排查治理导则考核工作，在全省率先取得了有条件通过化工园区认定和化工园区安全风险排查治理导则考核 C 级等次。成绩的取得、工作的突破，无不体现出园区广大干部敢当敢为、善作善为的工作作风，为园区后续加快发展奠定了坚实基础。

4. 坚持以“长牙”制度建设促进作风转变。俗话说“没有规矩，不成方圆”，制度建设是促进机关作风转变的保证，更是关键环节。2021 年以来，园区党工委、管委会坚持以制度强化管理、以制度促进作风转变，先后制定出台了《党工委会议议事规则》《管委会主任办公会议议事规则》《“三重一大”制度实施细则》等 20 余项制度，为制度化管理奠定了基础。在不断建立和完善各项制度的同时，着力抓好监督检查，严格管理，认真抓好各项制度的落实，始终做到用制度管人、用制度管事。同时，严格执行考核制度，把干部职工执行制度情况纳入年度考核，制定了年度考核方案和细则，通过层次考核、目标考核、量化考核，检验各部门和干部职工个人制度执行情况，并按考核等次兑现奖惩，对违反制度的，依照有关规定给予严肃处理。通过抓好各项制度的落实，提高了干部职工遵守制度、执行制度的自觉性，促进了作风转变。

六、提升能力，抓住高质量发展的关键

党的二十大报告指出：“深入实施人才强国战略。坚持尊重劳动、尊重知识、尊重人才、尊重创造，完善人才战略布局，加快建设世界重要

人才中心和创新高地，着力形成人才国际竞争的比较优势。把各方面优秀人才集聚到党和人民事业中来。”

园区 2011 年成立后到 2020 年之前，没有明确的发展战略、规划、目标和方向，大家都成了“四坐干部”，坐以待商、坐以待工、坐吃山空、坐以待毙，无事可做，无事可为，既无发展愿望，又无发展需求，有人即可，无需人才，日常普通工作人人皆可为。但随着园区发展进入攻坚期和深水区，面对前所未有的发展要求、前所未有的新生事物以及巨量的工作任务和问题难题，一些领导干部职工思想上的束缚、视野上的局限，能力上的短板、知识上的弱项，经验上的不足、作风上的缺陷极大地显现出来，“本领恐慌”成了园区干部职工身上的通病。“不想当元帅的士兵不是好士兵”，说到底，不解决干部职工本领恐慌问题，发展就无从谈起。

在提升干部能力、解决本领恐慌问题上，园区重点做了以下几点：

1. 没有怀才不遇，只有怀才不够。培养人才就等于发展经济，等于创造地区经济快速发展的未来。园区始终坚持以能力建设为核心，多形式、多方式开展培训培养育才工作。2021 年，园区实施了“孵蛋成才计划”，针对园区普通干部学历低、能力弱、经验少的实际，制定了《园区干部职工职业素质能力提升培训计划》，明确了培训主题、对象、部门、形式、时间以及培训考核，先后组织开展了招商引资培训、财务报销与管理培训、安全生产监督管理培训、审计培训等培训活动，在培训学习中提升干部职工的管理意识、工作技能、业务能力与领导水平。坚持激励导向，支持园区干部职工参加公务员、事业编制考试，鼓励考取学历证、资格证，对取得上一级学历文凭和各类技术资格证书的，在给予报销学费的同时，还给予资金奖励。园区还注重以会代学，园区召开的党工委会、招商引资对接会、项目洽谈会等均要求中层干部参加，进行学习观摩，并将优秀干部职工送到招商一线、管理一线进行实岗锻炼，让干部职工在学习中提升，在岗位上提高，真正实现人岗相适。2021 年，园区在组建招商局过程中，从各部门选拔优秀干部 20 余人，充实到驻点招商队伍中外出招商引资，目前这些选调人员均已成为园区招商引资的骨干力量和行家里手。

2. 思路决定出路，出路决定归宿。“用一贤人则群贤毕至，见贤思齐就蔚然成风”。正确的用人导向，不仅是选准用好人才的“指南针”，而且是引领人才成长的“导航仪”。在选贤任能上，需要大视野、大智慧、大气魄，需要破旧立新的勇气，需要打破身份、地域、资历等条条框框，不拘资历起用人才，不拘一格引进人才，不拘形式借用人才。园区缺人才，就大胆引人才、借人才、用人才，2021 年以来，园区通过调入、借调、聘用、挂职等方式从税务、商务、政数、自然资源等市直部门以及宁江区、前郭县、吉林油田、查干湖旅游开发区、松发集团等各地、各部门引进各类管理型、业务型、技术型人才 20 余人，同时，调整、聘任、提拔中层干部 15 人，招博引硕 5 人，均安排到园区各关键岗位进行培养锻炼，让每一个有能力、有志向、有责任、有担当的干部都能人尽其才，才尽其用。在人员使用上，园区既做到“不看文凭看水平、不看资历看能力、不看亲疏看业绩”；又注意潜能作用的发挥，敢于用苗子，大胆压担子，让各类人才在一线释放潜能。工作是一级对一级负责，权力也应一级向一级下放，能独立完成的就放手，可独立决策的不干预，把权力放下去，把事业和工作搞上去，真正做到靠人才谋求新突破，靠人才推动新发展。

3. 国以才兴，政以才治。在招才引智、助力发展方面，园区不拘一格，坚持五湖四海，以域外人才带动本土人才，通过引才引智推动事业发展。在市委组织部“135 英才计划”搭建的驻北京、驻粤港澳大湾区人才工作站，松原籍人才回乡就业创业（深圳）工作站以及域外人才信息库帮助下，园区动员了一大批乡贤企业家参与家乡经济建设，使之成为松原市和石化园区对外宣传的新窗口、招商引资的生命线。2021 年以来，园区从一个点联系一个面，共联系对接松原籍域外人才 400 余人，通过域外人才的牵线搭桥，结识知名企业家和地方政府部门政要近千人，直接或间接洽谈项目 120 余个，有力助推了园区招商引资工作。同时，还广泛聘请域外人才为园区招商引智大使、咨询专家、高级顾问，为园区发展献计献策、给予指导。上海伍德公司的李晓光、李小伟，石油化工领域高级工程师白颐，无锡特钢副总经理杨权等一大批精英人士和专家学者成为石化园区“智力外脑”，为园区招商引资、规划编制、产业发展、项目谋划等作出了突出贡献。

第四节　松原石化园区迈向高质量发展更高目标

一、党的二十大报告对推动绿色发展提出新要求

党的二十大报告指出："推动绿色发展，促进人与自然和谐共生。大自然是人类赖以生存发展的基本条件。尊重自然、顺应自然、保护自然，是全面建设社会主义现代化国家的内在要求。必须牢固树立和践行绿水青山就是金山银山的理念，站在人与自然和谐共生的高度谋划发展。"习近平生态文明思想为松原市新能源产业发展指明了方向。"人与自然和谐共生"体现了科学的自然观，"绿水青山就是金山银山"体现了绿色的发展观。这是价值观，也是方法论。松原素有粮仓、林海、肉库、渔乡之美誉，历史上我们有"天苍苍、野茫茫，风吹草低见牛羊"的美好景象。但掠夺式的快速经济发展方式，促使土地过度开发，造成严重的生态破坏，长岭、乾安等地风沙干旱盐碱与日俱增。风大加速沙化，光照加重干旱，干旱扩大盐碱，盐碱助风成害。这是一个非良性循环，其中风、光是助力者，但风、光利用好又是绿色能源，是可再生的新能源。基于此，深入学习习近平生态文明思想，有效利用好风光资源既可以改善生态环境，又可推动新能源产业发展，将资源优势转化为产业优势和经济优势。

党的二十大报告指出："我们要推进美丽中国建设，坚持山水林田湖草沙一体化保护和系统治理，统筹产业结构调整、污染治理、生态保护、应对气候变化，协同推进降碳、减污、扩绿、增长，推进生态优先、节约集约、绿色低碳发展。"生态好了，我们才可持续发展，强市才有基础。保护生态，推进生态建设还是要靠发展来解决，也就是将生态恶化的助力者风和光科学地利用起来，使其产生更大的经济效益，使松原尽快成为经济强市，这样就能有足够的经济实力来修补生态，提升生态水平。在充分利用风光的同时，通过技术手段的综合利用，如渔光互补、光伏整县推进、实施风电场地种植养殖项目、旅游项目等等，也可以同步改善生态环境。

党的二十大报告指出："要加快发展方式绿色转型。实施全面节约战略，发展绿色低碳产业，倡导绿色消费，推动形成绿色低碳的生产方式

和生活方式。积极稳妥推进碳达峰碳中和。立足我国能源资源禀赋，坚持先立后破，有计划分步骤实施碳达峰行动。深入推进能源革命，加强煤炭清洁高效利用，加快规划建设新型能源体系，积极参与应对气候变化全球治理。”

二、松原石化园区推动高质量发展的愿景

松原市新能源产业在其实体经济中具有重要地位。2019 年末，习近平总书记提出“3060”“双碳”目标，是对减少温室气体排放向世界作出的郑重承诺。全国一盘棋，需要贡献松原力量。2021 年，吉林省实施“陆上风光三峡”战略，打造“长白松氢能走廊”，松原市是主要承载基地，必须积极担当。松原市委市政府高度重视新能源产业发展，把新能源产业作为“十四五”期间的主导产业。新一届松原市委更是把抓好新能源产业发展当作重点任务来推进，松原市第七次党代会报告明确提出，将坚持能源强市作为未来五年战略之一。狠抓资源转化、消纳应用、创新示范。已获批的绿电示范区将为产业带来爆发式增长，发展新能源产业已是必然。松原石化园区是绿电主要消纳基地，以绿电消纳为使命，引领新能源产业快速发展。

（一）建设高质量发展的绿电园区

按照吉林省绿电园区建设方案的总体思路，通过加强全网统一调度和园区内外协调，支撑园区能源电力清洁低碳发展，为园产品贴上绿色标签，提升市场竞争力，促进园区产业健康发展，助力打造具有吉林特色的绿电园区。松原石化园区为松原市绿电园区的先导区，在 7.7 平方公里的可用建设用地上，所用电能均为绿电，这为将来企业产品的碳溯源及碳交易提供了很好的平台，也为企业及园区绿色发展奠定了很好的基础。

（二）实现高质量发展的绿色化工园区

园区所规划建设项目均使用绿电，即所用电的发电端没有或几乎没有碳排放。在生产过程中，碳基化工项目生产中的碳排放全部被收回利用，吉林油田、大唐热电厂、华能热电联产等企业的二氧化碳也被捕集，用于电解水制氢的氢基化工生产，而在石油化工中所用氢为电解水制氢，

产品也主要为化工材料，没有碳排放。综合测算，园区整个化工产业项目为二氧化碳负排放，完全可称作零碳工业园区。

（三）打造高质量发展的零碳园区

园区十分重视零碳园区的打造。目前，天津工业生物所利用二氧化碳与氢气人工合成淀粉已在实验室获得成功，中科院二氧化碳加氢制汽油已在山东工厂进行小试，这是践行习近平总书记“中国人的饭碗任何时候都要牢牢端在自己手中”和“能源饭碗必须端在自己手里”重要思想的技术与实践突破。园区也时刻关注这两项技术的工业化应用，松原有绿电，有绿电解水所制绿氢，同时松原周边每年有近 4000 万吨的二氧化碳资源，且整个吉林省二氧化碳收集主干网在园区有应用出口，充分利用绿氢、二氧化碳及园区的优势，未来人工合成淀粉、人工合成汽油必将成为园区的重点产业，也将是吉林省及东北三省的重点产业。松原石化园区深耕绿色产业，全力打造零碳园区，迈向高质量发展更高目标。

执笔人：马永明，21 世纪马克思主义研究院经济社会文化发展战略研究中心特约研究员、吉林松原石化园区党委书记兼管委会主任

第八章　山东硅元科技创新高质量发展在我国陶瓷新材料产业中发挥引领作用

习近平总书记在党的二十大报告中指出："必须坚持科技是第一生产力、人才是第一资源、创新是第一动力，深入实施科教兴国战略、人才强国战略、创新驱动发展战略，开辟发展新领域新赛道，不断塑造发展新动能新优势"，强调要"强化目标导向，提高科技成果转化和产业化水平。强化企业科技创新主体地位，发挥科技型骨干企业引领支撑作用"。坐落于淄博高新区的山东硅元新型材料股份有限公司，是由成立于1958年的山东省硅酸盐研究设计院改制而来的高新技术企业，在我国陶瓷产业领域具有领军地位。本章着重介绍山东硅元发展所取得的成就、面临的挑战，以及在新时代与国家战略同频共振，瞄准高端化、智能化、绿色化发展方向，全力打造创新型陶瓷制造示范企业的决心和举措。

第一节　科技创新是习近平新时代中国特色社会主义思想的重要内容

一、科技是国家强盛之基，创新是民族进步之魂

党的十八大以来，党中央坚持创新在我国现代化建设全局中的核心地位，提出全面实施创新驱动发展战略，建设世界科技强国，全面谋划科技创新工作。党的十九大确立了到2035年跻身创新型国家前列的战略

目标，党的十九届五中全会提出了把科技自立自强作为国家发展的战略支撑，加快建设科技强国，实现高水平科技自立自强。党的二十大更是提出“三个第一”的重要论述，着重强调教育、科技、人才是全面建设社会主义现代化国家的基础性、战略性支撑。十年来，党和国家高度重视教育优先发展，财政性教育经费支出占国内生产总值比例连续十年保持在 4% 以上，注重建设新兴学科、发展交叉学科、加强基础学科、实施“强基计划”、推进“双一流”建设；十年来，我国基础性研究生态得到显著提升，兴建国家重大基础性研究设施，在前沿学科领域不断攻坚克难，取得了一批原创性重大科技成果，一些关键核心技术实现突破，进入创新型国家行列；十年来，人才工作与国家经济社会发展全局紧密结合，政府从人才供给和需求适配入手，建立创新创业导向的人才培养机制，推进人才链、产业链、创新链深度融合。这十年是挑战与机遇并存的十年，也是创新发展动力澎湃的十年，催生了无数惊人的科技创新及产业创新成果，由“创新型国家”迈向“创新型大国、强国”的步伐愈加坚定自信，为谱写新征程高质量发展的时代华章汇聚起磅礴力量。

二、科技创新开辟经济发展新赛道

习近平总书记指出：“全面建设社会主义现代化国家，实现第二个百年奋斗目标，创新是一个决定性因素。”我国将科技创新摆在国家发展全局的核心位置，尤其当今世界百年未有之大变局加速演进，国际环境错综复杂，全球产业链供应链面临重塑，新冠疫情和局部地区冲突影响广泛，逆全球化、单边主义、保护主义思潮蠢蠢欲动。在这种整体环境下，科技创新已然成为国际战略博弈的主要战场，围绕科技制高点的竞争空前激烈，科技创新的战略地位更加凸显，只有在国家确定的发展方向扎扎实实推进科技创新，我们才能够在新的征程上赢得先机、赢得主动、赢得未来。

三、科技创新塑造经济发展新动能

习近平总书记强调：“高质量发展要靠创新。”创新就是生产力，企业赖之以强，国家赖之以盛。高质量科技创新要与制度创新、管理创新、商业模式创新、业态创新和文化创新相结合，推动技术进步和劳动力素质提升转变，促进经济向形态更高级、分工更精细、结构更合理的阶段演进。党的二十大报告提出完善科技创新体系、加快实施创新驱动发展战略的具体举措，为新时代下科技创新工作进一步指明了方向和路径。高质量发展是创新驱动的发展，只有创新才能推动我国经济从外延式扩张上升为内涵式发展，高质量发展是由“中国制造”到“中国创造”的发展，要摒弃旧的发展模式，培育新的发展动能，推动产业发展路径从“量的积累”逐步向“质的飞跃”迈进，构建全过程创新生态链，为推进和实现新旧动能转换点燃新引擎。

四、科技创新锚定市场新需求

习近平总书记指出：“要坚持科技创新和制度创新‘双轮驱动’，以问题为导向，以需求为牵引，在实践载体、制度安排、政策保障、环境营造上下功夫，在创新主体、创新基础、创新资源、创新环境等方面持续用力，强化国家战略科技力量，提升国家创新体系整体效能。要优化和强化技术创新体系顶层设计，明确企业、高校、科研院所创新主体在创新链不同环节的功能定位，激发各类主体创新激情和活力。要加快转变政府科技管理职能，发挥好组织优势。”坚持科技创新与制度创新双轮驱动，必须坚持实事求是，完善科技创新激励机制和科技评价机制，破除科技创新的思想障碍和制度藩篱、树立科技创新的科学评价导向，建设一流创新生态环境，激发创新活力，创新成果才会源源不断涌流。

总之，在激烈的国际竞争中，唯创新者进，唯创新者强，唯创新者胜。身处于“两个一百年”奋斗目标历史交汇的关键节点，立足于中华民族伟大复兴战略全局，想要摆脱“卡脖子”之痛，关键在于改变核心技术受制于人的局面。关键核心技术要不来、买不来、讨不来，只有自力更生、自主创新这一条路，这是我们攀登世界科技高峰的唯一出路，是中华民族自立于世界民族之林的奋斗基点。

第二节 山东硅元的发展史就是一部科技创新史

一、山东硅元是淄博市陶瓷产业的杰出代表

淄博作为全国 120 个老工业基地城市之一，有着深厚的工业文明和工业资源，形成了陶瓷等传统优势产业和区域产业集群，素有“淄博陶瓷，当代国窑”的美誉。与其他传统产业一样，淄博陶瓷产业也面临着转型升级的压力与挑战，亟待实现新旧动能由“量”到“质”、由“形”到“势”的更新迭代。

山东硅元新型材料股份有限公司经过多年的奋进拼搏，树立了自己的品牌，现在主营高端日用陶瓷、高端艺术瓷、陶瓷新材料等产品的研发生产。作为国家级高新技术企业，以及陶瓷新材料研究、开发和生产的行业龙头企业，山东硅元在科技陶瓷领域有着突出贡献，在行业内享有很高声誉。

二、山东硅元的发展史就是一部科技创新史

山东硅元的发展史，是一部几代硅元人接力创业的奋进史，也是一部山东现当代陶瓷发展的浓缩史，更是一部硅元人不断求索的科技创新史。山东硅元的发展起步于新中国开始全面建设社会主义大潮的 1958 年，深度参与了中国改革开放以来一次次政策、体制、机制变革，64 年的发展历程总体分为三个历史阶段。

（一）第一阶段：坚持科技自立自强

山东硅元第一个阶段是 1958 年至 1977 年，为艰苦创业时期。硅元人筚路蓝缕、艰苦奋斗，积极创造条件，探索科研难题，立业于中国陶瓷行业之林。

1958 年，为解决陶瓷行业的实际生产和发展需求，淄博市陶瓷工业局筹建了淄博市陶瓷工业局昆仑硅酸盐研究所。1959 年，改名为淄博市硅酸盐研究所。这一时期，尽管经历了重重困难，但研究所仍然坚定不移坚持以科研创新为中心的方向，埋下了硅元创新的种子，烙下了坚持走科技自立自强之路的基因。当时基础科研条件严重不足，以沈惠基所长为代表的老一辈硅元人，深入钻研陶瓷材料基础理论，在信息渠道极

其有限的年代大量查阅国外技术一手资料，了解国际最前沿科技动向并将其应用于指导国内技术突破和改良，培育了多个领域的重要技术成果。1978 年陶瓷颜料和无苯陶瓷金水等技术获得全国科学大会重大贡献成果奖，实现研究成果的转化落地，这一阶段累计完成市级及以上科研项目 32 项。

（二）第二阶段：筑牢我国日用陶瓷产业的根基

山东硅元第二个阶段是 1978 年至 1998 年，为快速发展时期。硅元人坚韧不拔、匠心不辍，顺应中国改革开放的历史进程，成就并转化一系列重大科研成果，筑牢山东乃至中国日用陶瓷产业的根基。

基于第一时期的创新积淀，乘改革开放的东风，1989 年更名为山东省硅酸盐研究设计院的硅元进入快速发展阶段，涌现了极为丰富的科技创新成果。这一阶段的经营方针是，以科研为中心，多出成果，多出人才。1983 年，“滑石质日用细瓷”“高长石质精细瓷”获国家发明三等奖；1985 年，“高抗蚀性陶瓷釉上颜料”获国家科技进步二等奖；1987 年，“高石英质日用细瓷”获国家发明三等奖及第 15 届南斯拉夫萨格勒布新发明展览会金牌奖、“堇青石轻质骨料耐火材料”获国家发明四等奖……这一阶段累计获国际、国家级奖励 9 项，省部级奖励近 20 项，完成市级及以上科研项目 45 项。

硅研院的创新不仅打开了硅元发展的道路，更是引领了整个淄博产区的质量提升，很多技术成果在全国各大陶瓷产区实现成果转换和推广使用，为中国现代日用陶瓷产业工业化发展铺就了坚实的技术基础。依靠一系列日用瓷技术领域的发明和技术突破，山东硅元用科技创新的力量彻底改变了“自古北方无好土，名瓷名窑出江南”的行业规律，同时也奠定了淄博陶瓷在全国的地位。

让硅元人引以为豪的是，高石英瓷的发明引起了有关专家的关注。高石英瓷被认为是近代以来中国人独立发明的具有自主知识产权的唯一新瓷种，各项性能指标均大幅超越现有瓷种，且打破了国际上公认的石英含量过高不能成瓷的论断。硅元瓷器成为主要国家机关用瓷，见证了改革开放以来一个个重要的历史时刻。

除日用瓷材质创新外，获得国家科技进步二等奖的 A 型丝网颜料，各项性能指标远远超越德国、英国等国的国际巨头企业的产品，不仅解决了我国陶瓷产品出口出不去的大难题，也为当时的研究设计院带来了很好的经济社会效益，引起国外竞争者的高度关注。1995 年，在经过 12 轮谈判后，研究院拿出颜料和金水两个研究室及车间与德国 DEGUSSA 成立了合资企业——淄博赛德克陶瓷颜料有限公司，该公司后经多次整合变迁，如今成为亚太地区规模和影响力最大的陶瓷及玻璃装饰材料企业。

（三）第三阶段：强化当代国瓷品牌影响力

山东硅元第三个阶段是 1999 年至今，为转制强业时期。硅元人永立潮头、砥砺奋进，借助转制优势激发创新活力，强化当代国瓷品牌影响力，全面布局开创陶瓷新材料未来产业。

根据中央、省市政府对于科研院所改制的要求，硅研院 1999 年开始为改制做准备，2001 年改制为山东硅元新型材料股份有限公司，成为山东省第一家成功改制为企业的省属科研院所单位。体制创新激发硅元释放更多创新活力，改制后的山东硅元更加适应市场发展，凝聚力超前、创造性和积极性勃发。这一阶段的经营方针转变为以科研为基础，以市场为中心，科技成果产业化发展。

1999 年，“合成骨粉及其制瓷（骨质瓷）技术的研究”获国家发明二等奖；2003 年，“高速造纸机用氧化物增韧陶瓷耐磨部件”被授予国家重点新产品；2008 年，“高效节能型高速纸机微晶陶瓷脱水部件”获山东省重大节能成果奖……这一阶段累计获国家级奖励 3 项，获省部级奖励 10 余项，完成市级及以上科研项目 70 余项。

借助改制的契机和制度红利、创新活力，这一时期，硅元在日用陶瓷和先进陶瓷两大方向上齐头并进，确立了“弘扬中华传统文化、开创现代陶瓷未来”的历史使命，走出了一条属于自己的文化与科技融合发展之路。

在日用陶瓷领域，依然坚持材料、工艺、设计等方面的创新创意创造，专门为 1999 年国庆 50 周年设计开发的“中华龙”国宴用瓷系列被钓鱼台国宾馆选中并使用至今，成为宴请国外来宾彰显大国形象的创新代表。硅元瓷器成为中华文化交流的使者，前往法国、俄罗斯、日本等国家交流。从国庆 50 周年中华龙国宴用瓷，到国庆 60 周年庆典天安门观礼用瓷、反法西斯战争胜利 70 周年纪念用瓷、青岛上合峰会国礼用瓷、国庆 70 周年庆典天安门观礼用瓷、庆祝中国共产党成立 100 周年庆典用瓷等国家重要活动用瓷，硅元瓷器都凭借自身创新实力深度参与。

在先进陶瓷领域，硅元几十年来始终坚持科技创新，瞄准新材料产业前沿，开发的先进结构陶瓷系列产品、高精密陶瓷系列产品等广泛应用于造纸、冶金、石化、环保水处理、半导体装备、精密制造等领域，承担多项在研国家、省、市重大科技创新项目，技术水平均达到国内领先及先进。目前，在造纸机用耐磨部件领域，硅元已经成为国内第一品牌，成为进口替代的首选；在“卡脖子”的半导体产业领域，硅元与哈尔滨工业大学、中国科学院上海硅酸盐研究所共同研究开发的光刻机用超精密陶瓷导轨已达到国际先进水平并通过国产化应用测试。

第三节　山东硅元近年来高质量发展的创新做法

一、切实推动专精特新发展战略实施

党的二十大报告提出：“实施产业基础再造工程和重大技术装备攻关工程，支持专精特新企业发展，推动制造业高端化、智能化、绿色化发展”。过去几十年，硅元基于山东省硅酸盐研究设计院的创新资源优势，攻关研制了 99 亚微米氧化铝、氧化锆增韧氧化铝（ZTA）等一系列高性能新材料，形成的结构陶瓷新材料产品广泛应用于造纸、石化、冶金等传统制造业领域，创造了其他材料不可替代的价值，为传统制造业的节能减排、降本增效起到显著的推动作用，且持续高质量服务于各类关系国计民生的基础工业领域。在传统产业改造优化、转型升级和国家战略性新兴产业布局的大背景下，硅元积极调整方向，一是拓展并深耕陶瓷新材料在各类工业领域的应用，二是积极参与国家、省市重大技术装备攻关工程，三是加快推动传统制造业数字化系统构建，四是坚定推进产业高端化、绿色化转型。

（一）深耕与拓展并进，推动陶瓷新材料在各类工业领域的应用

在原有陶瓷新材料性能优势的基础上，进一步对材料体系进行升级

优化，将产品应用领域不断扩大至造纸、石油化工、冶金铸造、环保、新能源等领域，并在各自领域与应用客户共同成长，深耕工艺技术，为各类工业领域的客户提供更优质的产品，并不断向提供技术服务和全套解决方案转变。

1. 造纸机用耐磨陶瓷脱水元件及除砂器。根据需要可为客户提供具有硬度高、耐磨损、表面光洁度高、摩擦系数小等优点的氧化铝、氧化锆增韧氧化铝、氧化锆、氮化硅等全系列陶瓷材料。通过采用低磨耗设计技术，对陶瓷部件进行了造型设计，保证了高速造纸生产线的高度自动化、高效率和低能耗、低损耗优势，已能够完全替代国外同类产品，打破了国外同类产品的技术垄断，在高速造纸耐磨元件领域成为国内第一品牌。系统研究了氧化铝料浆工艺性能及对特大型陶瓷制品成型性能，突破了长期以来国内外工业陶瓷生产中特大器型陶瓷件成型困难、容易变形等难题，研制成功了一系列大型和特大型氧化铝陶瓷除砂器。

2. 石化领域用陶瓷缸套及球阀。通过自主研发在原有基础上制备出各种材质的陶瓷缸套、阀门、陶瓷柱塞等产品，成功克服了材质单一、成本高、性能差等技术难题，可用于各类酸碱流体、高温蒸汽、泥浆、原油输送储存系统，是强腐蚀条件下钛金属阀、蒙乃尔阀的理想替代品，已有数万台各型陶瓷阀门成熟应用，同样工况下使用寿命为普通阀门的5—10 倍以上。

3. 冶金铸造领域用泡沫陶瓷。通过对材料体系、造型结构设计、烧成工艺等不断改进，开发出氧化锆材质泡沫陶瓷，用于高端铸造领域以及新能源汽车制造领域。过往生产以氧化铝和碳化硅材质为主，能耗大、价格低，近几年硅元逐渐转向开发价值更高的氧化锆泡沫陶瓷，目前成为国内为数不多可以规模化生产大尺寸氧化锆泡沫陶瓷的企业之一。

4. 环保领域用陶瓷膜。陶瓷膜广泛应用于工业废水、市政污水、海水淡化、溶剂回收、工业废气过滤等。硅元在自身多年研究基础上，利用产学研优势进行技术攻关，并同丹麦奥尔堡大学进行国际合作改进性能，对陶瓷膜通道数量、外观结构及工程装备进行了专业设计，使得硅元陶瓷膜产品已经达到国际先进水平，并单独成立子公司山东硅元膜材料科技有限公司进行陶瓷膜产业的运营。近期子公司获得上海熊猫集团战略投资，发展进入了快车道。

（二）精准战略布局，参与重大技术装备攻关工程

山东硅元在原有陶瓷新材料应用基础上，进一步对材料体系进行升级优化，将产品应用转向对技术要求更高的电子信息、半导体加工、高端装备制造等领域，并不断参与国家、省、市的重大科技工程，着力解决目前战略产业中的“卡脖子”环节。

近几年，山东硅元初步形成超精密加工及超精密测量用陶瓷导轨、半导体加工用研磨盘和圆环等系列精密陶瓷产品，并获批淄博市电子信息产业用精密陶瓷新材料重点实验室。公司牵头与中科院上硅所、哈工大联合承担的山东省重大科技创新工程项目“超精密加工及超精密测量用陶瓷导轨的研究及产业化”已具备验收条件，已经交付使用国内首套商用光刻机陶瓷导轨组件任务，2021 年 12 月，公司与上海微电子、中科院上硅所等 9 家院所、企业单位获批承担 2022 年度国家重点研发计划“揭榜挂帅”项目“光刻机用高端装备用精密结构陶瓷部件的研制与应用”。同时，“半导体制造用高精密陶瓷器件的关键技术研究”入选 2021 年中央引导地方科技发展资金项目、淄博英才项目等，在大项目的引导下，精密陶瓷系列产品正逐步迈入大规模产业化的阶段。

（三）蓄势时代风口，推动传统制造业数字化系统构建

传统产业依然是国计民生的重要支撑，在新时代下的转型升级是其发展的关键，一是顺应产业的发展趋势，二是立足企业自身的竞争优势。

在已经成熟应用的传统产业领域，硅元正积极推进终端应用数据库建设，终端可视化、智能化和系统化应用平台建设，通过数字化系统的构建，提升整个产业链条的运行效率。2022 年 11 月 10 日，硅元与海尔卡奥斯签订生态战略合作协议，正推进智慧窑炉系统的建设，以实现能源的数字化管理，提升效率。

在造纸领域，硅元生产的造纸机械用陶瓷部件目前市场占有率国内第一，正在与战略客户进行深度合作，通过与电子行业龙头企业开展在线检测技术的合作开发，围绕大数据和云计算，实现整个系统设计方案能力的提升和上下游产业的融合。

（四）着眼未来协同，推进产业高端化、绿色化转型

党的二十大报告指出：“推动经济社会发展绿色化、低碳化是实现高质量发展的关键环节。”高质量发展是绿色成为普遍形态的发展。加快发展方式绿色转型，要改变过多依赖增加物质资源消耗、过多依赖规模粗放扩张、过多依赖高能耗高排放产业的发展模式，按照促进人与自然和谐共生的要求。近年来，硅元致力于促进相关产业的绿色转型发展，促进人与工业生态和谐共生。

随着国家对生态环境保护的重视，环保装备产业逐步成为朝阳产业，硅元的决策者清楚地看到了这一点。立足于陶瓷领域的核心技术优势，瞄准发达国家陶瓷在环保装备制造行业应用的先进技术，经过在陶瓷膜材质、膜元件、装备及工程化应用等方面的攻关，硅元成功攻克了陶瓷膜在工业污水中耐酸碱度差、通量低等关键难题。随着陶瓷膜多项技术成果的产业化，硅元创新研发的陶瓷膜产品在部分化工、纺织行业及城市污水、中水回用等领域初应用，取得良好的效果。此外，硅元发挥技术创新的优势，不断提升工业设计能力，淘汰低价值和高能耗的产品，将必需的能耗高的工序转移，保留部分高价值工序，倒逼整合产业链资源的能力，逐渐由提供产品转向提供解决方案。

在民用陶瓷方面，硅元改进材质和釉料，采用国际高标准色料，保证产品绿色环保，健康安全。同时决定不机械扩大产能，从多方整合资源，秉持“资源有限，创意无限”的理念，突出文化创意和营销设计的引领作用，在材料、工艺、装饰技法等方面不断创新，发挥品牌和设计的价值。

二、推动科技引领带动战略实施

党的二十大报告强调，必须坚持科技是第一生产力、人才是第一资源、创新是第一动力，深入实施科教兴国战略、人才强国战略、创新驱动发展战略，开辟发展新领域新赛道，不断塑造发展新动能新优势。硅元的 64 年就是在坚持科技创新体系建设、坚持尊贤尚功的用人理念、坚持创新与成果转化中一步步走到今天。

（一）坚持不断完善科技创新体系建设

硅元始终坚持不断充实自身的科技力量，并在此基础上夯实产业基础，利用自身优势，与国内外高校、院所、行业内龙头企业等合作，集聚创新资源，建设产学研平台。公司是工程陶瓷制备技术国家地方联合工程研究中心、山东陶瓷工程技术研究中心、山东省日用陶瓷工程技术研究中心、多孔陶瓷材料山东省工程研究中心等产学研平台依托单位，是国家工业陶瓷工程技术研究中心、山东省陶瓷基复合材料工程技术研究中心等平台共建单位，建有博士后工作站、省级企业技术中心、省级工业设计中心等。

硅元始终坚持国际科技交流合作，聘请欧洲科学院院士 1 名，建有院士工作站。与德国黑姆斯多夫工业陶瓷研究所、丹麦奥尔堡大学等国外知名陶瓷材料研究单位开展联合技术攻关，已累计承担国家级科技合作项目 1 项，省级国际科技合作项目 2 项。通过科技合作，不断汲取国外先进的研究理念、高效的创新方法，同时了解国外先进的材料制备工艺技术，甚至是国外科研工作的环境，以利于自身的科研环境符合国际化水平。

（二）坚持深入实施“人才强企”战略

硅元始终坚持尊贤尚功的用人理念，以人为本，将人才视为最宝贵的财富，用人之能，奖人之功。

不断完善人力资源管理制度，用人才保障科技创新。为适应当前产业发展的新环境、新趋势，硅元近两年持续推进人力资源优化调整，引进国内知名人力资源咨询机构，遵循“先人后事、尊贤尚功”的用人理念，通过组织架构调整、干部竞聘上岗、重建薪酬绩效制度，形成适应市场竞争的人才能力。

经过发展，现已形成技术专家、经管人才、工程师、设计师、技师等组成的多元丰富、老中青结合的创新人才队伍体系。通过不断完善创新激励制度，提供有竞争力的薪酬体系和职业晋升通道，积极引进各类高层次人才。截至 2022 年 10 月，硅元拥有国务院特殊津贴专家 8 人次，省市级专业技术拔尖人才近 20 人，全国技术能手 5 人，市级及以上技师 20 余人；拥有高级职称 30 余人，中级职称 50 余人。人才梯队合理、各类人才供给充沛，为公司持续创新发展奠定了基础。

积极引进高层次人才。硅元高度重视高端人才对企业甚至是行业发展的带动作用，通过多渠道积极同与产业相关的院士、“国家高层次人才特殊支持计划”专家等建立联系，利用在行业内的产业优势，依托创新平台，与高层次人才建立合作关系，为有实际项目合作的人才建立工作平台。截至 2022 年 10 月，柔性引进欧洲科学院院士 1 名，“国家高层次人才特殊支持计划”专家 2 名，省“泰山系列人才工程”专家 1 名。

积极推动人才交流合作。硅元与中科院、清华大学、天津大学、山东大学、齐鲁工业大学、山东理工大学等国内科研院所和高校签订合作协议，定期邀请专家、学者到公司进行学术交流。公司还是山东大学、齐鲁工业大学、山东理工大学研究生联合培养基地。公司依托博士后工作站，大力引进高校青年博士进站开展博士后研究工作，截至 2022 年 10 月，公司在站博士后 11 人。

（三）坚持构建技术创新和科技成果转化机制

创新是企业发展的第一动力，是公司始终坚持的核心价值观，成果转化的过程就是将创新与应用相连，创新是成果转化的前提，而成果转化为创新提供了价值。

硅元自创立之初，就面向陶瓷行业的产品和技术需求，集中优势资源，开展创新工作，相继取得了一系列成果，为建国初期推动陶瓷行业发展作出了重要贡献。改革开放以后，硅元的创新发展迈上新高度，发明了一批省级以上科研成果，比较有代表性的是日用陶瓷“五朵金花”（滑石瓷、高长石瓷、高石英瓷、鲁光瓷、人工合成骨质瓷），开启了国产日用细瓷的黄金时代；硅元研发的陶瓷颜料获国家科技进步奖，公司已发展成为亚洲最大的生产商；而在先进陶瓷材料领域，硅元始终致力于为产业升级和国家战略需求提供技术支持。

1. 高级日用细瓷。（1）高石英瓷，国家技术发明三等奖，第 15 届萨格勒布国际发明博览会金奖。高石英瓷透光度好，机械强度是欧洲硬质瓷的两倍以上，热稳定性优于日本、英国皇家用骨质瓷。该技术成果由公司进行成果转化，制备的高级日用细瓷产品服务于建党 100 周年、国庆 70 周年、国庆 60 周年、反法西斯抗战胜利 70 周年、亚太经济合作组织会议、北京冬奥会等重大庆典、活动用瓷，代表中国日用陶瓷的最高标准。（2）合成骨质瓷，国家技术发明二等奖。骨质瓷具有瓷质细腻、白度高、透光度好、釉面光润、制品规整等优良特性，但常规使用的优质牛骨灰资源匮乏且稳定性差。公司研发人员用自然界储量丰富的天然原料和普通工业原料，创造性地研制成功了适于骨质瓷生产的新型原料——合成骨粉，工艺性能和制瓷效果皆优于动物骨灰。该技术成果在全国各大瓷区进行转化，实现了广泛应用。（3）滑石质日用细瓷，国家技术发明三等奖。滑石质日用细瓷又称镁质强化瓷，具有质地细腻、透明度高、釉面光润柔和、机械强度高等特点。根据不同工艺，可生产出各具特色的乳白瓷、鲁青瓷和象牙黄瓷等，已实现广泛应用。（4）高长石制精细瓷，国家技术发明三等奖。高长石制精细瓷又称鲁玉瓷，胎色洁白、透明度高、机械强度高、化学稳定性好，适用制作餐具、茶具、艺术瓷等。（5）钠长石制精细瓷，山东省科技进步一等奖。钠长石制精细瓷又称鲁光瓷，相比鲁玉瓷，耐热性能进一步提高。

2. 鱼子蓝名贵釉。鱼子蓝釉是山东硅元在研究古代孔雀蓝、孔雀绿等鱼子纹釉的基础上，创造性开发出的具有球冠状纹理的新釉种。鱼子蓝为球状开片，在釉、坯之间整齐排列的球形鱼子状裂纹，相互有别，又互为融合，整体均匀密布，极富立体感，釉色湛蓝澄澈，鱼子状裂纹颗颗圆润灵秀，晶莹璀璨。这一用匠心打造、技术支撑的名贵艺术釉，与中华民族“尚和合、求大同”的梦想不期而遇。因其制作材料及工艺均需独一无二的技术水准，所以鱼子蓝釉具有极高的艺术价值、文化价值、收藏价值。鱼子蓝釉产品具有世界水准、中国气派、山东风格、青岛特色，充分展现了中华民族的伟大气魄和瑰丽多姿的民族文化，被选为 2018 年青岛上合峰会重大活动用瓷。

3. 陶瓷装饰材料。陶瓷颜料是陶瓷装饰工艺实现的基础，硅元在陶瓷颜料领域获国家奖两项，与行业国际领军企业成立淄博福禄新型材料有限责任公司，目前是亚洲最大的陶瓷颜料、色料研发和生产基地。

硅元开发的高温快烧釉中彩工艺，是当今世界领先的装饰技法，它不同于景德镇的釉下彩，也不同于传统的釉上彩，而是一种釉中彩，既有釉下彩耐久不失色的特点，又有色彩丰富的优势，避免了釉下彩色彩单一的问题。

硅元研发的在瓷器上使用的“陶瓷墨水”，避免了常规颜料由于时间因素导致的褪色问题，便于保存和收藏，给硬笔陶瓷彩绘技艺带来了更宽阔的创作空间。系列装饰工艺技术的开发，对于支撑日用陶瓷、艺术陶瓷等的文化水平提升和文化价值传播有重要意义。

4. 先进陶瓷材料。先进陶瓷，又称现代陶瓷、高技术陶瓷，是一类性能优异的陶瓷材料。在热性能和机械性能方面，有耐高温、隔热、高硬度、耐磨耗等特点；在电性能方面，有绝缘性、压电性、半导体性、磁性等；在化学方面，有催化、耐腐蚀、吸附等功能；在生物方面，具有一定生物相容性能，可作为生物结构材料等。先进陶瓷的应用范围极广，从高端机床轴承、发动机到航天飞机，从集成电路基板、传感器到5G 通讯，从人工牙齿、关节到生物反应器，从传统产业到新兴产业，遍布于现代科技的各个领域，又被称为万能材料。

硅元的先进陶瓷系列产品广泛应用于各基础工业和新兴产业领域，如造纸机械用陶瓷耐磨部件、石化行业用陶瓷内衬、冶金铸造用泡沫陶瓷、水处理用陶瓷膜、高端装备用大尺寸陶瓷导轨、半导体加工高精密陶瓷部件等，部分产品技术指标达到国际先进水平，对相关行业的产业升级具有重要支撑作用。

（1）高速纸机耐磨部件。硅元 1994 年完成“造纸机真空吸水箱全陶瓷面板的研制”项目，并获得山东省科技进步一等奖。自主研发的耐磨陶瓷产品成功装备数百条中高速纸机生产线，净纸幅最宽超过 6.6 米，工作车速最高达 1300 米 / 分钟，成功打破了国外脱水元件在我国高速纸机领域的市场垄断。在立足国内中、高端市场的同时，硅元加强与国际知名企业的合作，成为引领我国造纸装备国际化发展的标杆企业。

（2）高端合金铸造用泡沫陶瓷。近年来，汽车、电子信息、轨道交通、军工等产业轻量化使镁、铝合金及高端铸钢产品迎来了快速发展期，但合金铸造及回收利用生产中夹杂缺陷一直是一个比较突出的问题，硅元开发出能够应用于镁、铝合金以及铸钢等高温环境下使用的氧化镁、氧化锆材质泡沫陶瓷过滤器，解决了制备过程中的缺陷问题，填补了国内在这一领域的空白。

（3）高端装备制造用陶瓷导轨。陶瓷导轨是超精密加工及超精密测量等高端装备制造的关键运动部件，在芯片制造、超精密测量仪器、超精密光学部件、超精密机床等领域具有广泛的应用，但该技术长期被国外垄断。硅元与中科院上硅所、哈尔滨工业大学、大族激光、上海微电子等科研院所、高校、领军企业进行产学研合作，开发光刻机用大尺寸陶瓷导轨平台，目前已实现 1.6m × 0.8m × 0.4m 型号平台交付，打破了国际垄断，为光刻机等高端装备的国产化提供了有力支撑。

（4）半导体制造过程装备国产化替代。半导体制造设备持续向精密化、复杂化演变，其高精密陶瓷关键部件的技术要求也越来越高，全球市场几乎被美国、日本、韩国等国的企业所垄断。硅元针对半导体设备用高精密陶瓷部件产品进行关键技术研究，开发出用于刻蚀、减薄、研磨、抛光、热处理等半导体制造加工过程中所需的研磨盘、绝缘框、绝缘环系列高精密陶瓷部件，实现了产业化，替代了同类进口产品。

三、以环境、社会和公司治理评价体系引领创新发展模式

近年来，创新、协调、绿色、开放、共享的发展理念日益深入人心。企业作为市场经济的重要参与者和社会发展的主要推动者，是创新发展和新发展模式的践行者。环境、社会和公司治理（ESG）评价体系强调企业要注重生态环境保护、履行社会责任、提高治理水平，其目的就是引导企业在新发展理念下，创造价值和履行社会责任，关注可持续发展。自 2001 年改制成立公司以来，硅元始终坚持创新发展，可持续发展，坚持为员工创造平台、为客户创造价值、为股东创造收益、为社会担当责任始终是硅元的企业文化，其核心思想与环境、社会和公司治理评价体系的要求高度契合。

（一）以绿色创新把握先机，助推转型升级

在碳达峰碳中和大背景下，属于高污染、高能耗的陶瓷行业不仅需要做到符合国家的环保政策要求，更需要在社会责任的范畴内发挥更多积极力量。随着行业不断趋向“碳中和”，国内陶瓷行业经历了新一轮去产能和优胜劣汰。在“双碳”目标下，传统制造业既面临挑战，也有发展机遇，作为行业内的标杆企业，硅元坚持在发展中算好长远账，认清

形势，迎难而上，化危为机。

硅元始终坚守底线，保障在环境保护方面的投资力度，研发设计生产过程中的废物、废气、废水等的排放完全符合相关环境保护的法律、法规、规章的要求。在降低资源消耗方面，硅元通过研发设计创新、提升工艺性能等方式增加产品附加值，降低原材物料消耗；通过材料体系的设计降低稀有原料的消耗量；近净尺寸成型，减少加工余量，降低材料消耗；提升加工精度和效率，降低能源消耗；在保证产品性能的基础上降低烧成次数和温度，提升烧成效率，降低燃动消耗等。在废料控制方面，硅元首先通过研发和工艺技术的提升提高成品率，降低废料的产生；其次通过研发将混料、成型、坯体加工等烧成前各工艺环节产生的废料全部实现回收和循环利用；对于烧结后产生的陶瓷次品进行破碎处理，用于制作高端耐火材料。硅元坚持采用环保材料，在配套辅材、包装、物料等环节最大限度使用环保材料，降低不可再生资源的消耗。同时注重对周围环境的保护，积极响应属地政府和周边居民在环境方面的诉求，定期为员工进行环境保护方面的培训，为公司战略决策层提供创造可持续发展环境的学习机会。

（二）以创造社会价值为理念，绘制可持续发展蓝图

硅元坚持通过“以创新能力创造社会价值”的发展观，践行企业的社会责任。从企业内部来讲，硅元为雇员提供健康、安全的工作环境，与特定贫困户结对帮扶，坚持实施“慈善一日捐”活动。鼓励员工进行慈善帮扶工作。重视残疾员工的合法权益，对相应群体在工作环境等方面提供合理的保护措施，保障晋升体系、福利制度的公平性，组织帮扶活动等。对利益相关者来说，硅元重视保护所有股东的利益，严格根据法律和公司章程规定定期召开股东大会，充分尊重小股东在公司决策中的建议，硅元母公司已实现连续十年以上分红。在供应链方面，硅元实现统一和有效管理，建立了相对完善的采购管理制度、仓储物流管理制度和供应商管理制度，不断提升供应链信息化水平。

硅元人始终谨记所肩负的社会责任使命，通过文化创新与传承、人才扶持、公益等多个方面践行企业社会责任。近年来，针对新冠疫情和灾害进行了多次募捐。2021 年，硅元与山东特殊教育职业学院艺术设计

系签订校企战略合作协议和实习基地协议，帮助学院陶瓷设计专业进行人才培养、实习、就业等方面的工作。硅元注重对属地和社区的回馈工作，开展博山源泉镇西陂村助农行动，结对帮扶困难户；定期去当地敬老院打扫卫生，照顾长者。同时，硅元以客户为中心，坚持以为客户创造价值为己任，严格保障产品质量，努力提升全链条系统服务水平，建立了严格的市场反馈机制，及时解决客户遇到的问题，在所有的业务交易中展现诚实、守信、公平、尊重的硅元风范。

（三）推进公司治理体系建设，为创新提供内生动力

硅元始终坚信，强化及完善公司治理是环境、社会和公司治理模式的核心。硅元践行企业家精神和公司治理体系有机结合，不断完善公司治理体系，促进公司治理制度化、规范化、长效化，使公司不断成为创新发展的组织者、引领者。公司每年召开股东大会，由董事会向股东汇报公司整体运营及战略决策情况。公司建立了相对完善的管理制度，包括《人事管理制度》《薪酬管理制度》《绩效管理制度》《科技创新奖励办法》《采购管理制度》《销售管理制度》《研发人员（项目）管理制度》等20多个管理制度，保障公司的制度运行。公司每年召开职工代表大会，全体职工代表共同审议公司年度报告，并对公司的运营和决策提出意见建议。

四、“泱泱齐风”创意及齐文化产业战略引领

习近平总书记强调：“我们说要坚定中国特色社会主义道路自信、理论自信、制度自信，说到底是要坚定文化自信。”文化具有高渗透性，溢出效应强，如果能够与制造、农业、建筑、体育、大健康等产业深度融合，可以很大程度上赋能产业升级发展。

淄博钟灵毓秀，文脉浩荡，是齐国故都，齐文化的发祥地，也是“短篇小说之王”蒲松龄的故乡和世界足球运动起源地。与此同时，淄博地处鲁中地区，工业资源丰厚，拥有百年的现代工业文明和积淀，积累了大量的产业技术和知识智力；依托地处黄河三角洲高效生态经济区和山东半岛蓝色经济区重要交汇点的区位优势，淄博在全省经济和文化格局中占有重要地位。深厚的传统文化底蕴和工业文明积淀，也为繁荣发

展文化创新、建设文化强市营造了良好的社会氛围。面对国际国内文化产业迅猛发展的大潮，如何把淄博优秀传统文化的比较优势释放出来，转化为生产力，成为实现经济效益和社会效益至关重要的一环。

作为首批山东省文化和科技融合示范基地，山东硅元始终坚信陶瓷产业结构提升关键在于技术创新和产品文化创意，坚持用好产品传播故事，用故事塑造品牌，坚持“工业瓷做技术，日用瓷做文化”。实际上，从国庆 50 周年“中华龙”系列国宴用瓷，到 2022 年“泱泱齐风”系列新品的推出，硅元产品迭代升级的核心动力无疑都来源于创新。纵观硅元 64 年发展史，文化创新蔚然成风，文化赋能也让硅元始终站在陶瓷行业的前沿。

（一）以文化自信赋予陶瓷鲜明文化标识

齐文化根植千年，是包罗万象、博大精深的厚重地域文化。身为北方瓷都、当代国窑的淄博陶硫文脉更是源远流长。秉承硅元长期以来“瓷以载道”的创作理念，“泱泱齐风”系列创意产品将齐文化以陶瓷为载体进行创造性转化、创新性发展，通过陶瓷来呈现齐文化的人文精神。从 20 多年前的国风“中华龙”系列国宴瓷器，到 2018 年的“儒风”系列君子之器，再到 2022 年的“泱泱齐风”系列，从国宴到家宴再到文化盛宴，硅元人正在践行“荣登庙堂 惠适大众”的发展理念。

“泱泱齐风”系列创意产品分别从齐文化的地域属性、渊源肇始、集者大成、输出融合四个维度来对齐文化进行艺术性概括，建构了“海岱清风”“太公封齐”“稷下学宫”“孔子闻韶”四个连续的齐文化代表性主题画面，从而使受众对齐文化有一个直观的、感性的认识，这也是“泱泱齐风”系列作品的核心表述。

具体设计过程中，设计团队深入领会“双创”方针，践行山东手造，坚持齐文化创新理念，确立信、达、雅作为设计准则，同时也是“泱泱齐风”系列的设计方法论。

1.“信”，良器有信。一方面，“泱泱齐风”系列首先是实用陶瓷器皿，所以良好的使用功能是设计的前提，因此，设计团队通过大量的测算与实验，保证每个器物都最符合人体工学结构，给受众最佳的体验。另一方面，“泱泱齐风”系列无论是造型设计还是装饰设计，都来源于齐地的传统器物或者装饰纹饰，用齐地的传统文化艺术元素讲述齐文化的故事。例如，将盖钮设计为“双凤朝阳”造型，凤鸟为先齐（东夷）文化的图腾，寓意吉祥如意，将齐地玉器的凤纹设计成对称形式的双凤朝阳，既彰显端庄、挺拔、昂扬的艺术美感，又寓意齐地最早沐浴文明的曙光，充满朝气与活力。毛巾碟、筷子夹、耳饰等的造型设计也都借鉴了齐文化传统纹饰，创造性地将二维纹饰设计成三维立体造型。

这些都体现了“泱泱齐风”设计的地域特色和独特性，真正做到“让收藏在博物馆里的文物活起来”。设计团队用现代的设计理念将这些元素进行重新地创造设计，力求在当代设计语境下，对传统齐文化进行新的诠释。所以，“良器有信”是指“泱泱齐风”系列良好的使用功能与所传达的独具特色的齐文化的统一。

2.“达”，意境高拔。设计团队没有局限于现有器物造型和纹饰，而是营造了一种高拔的设计意境，“有境界则自成高格”。将青铜器的纹饰进行了重新地平面构成和色彩构成，线条组合更具有秩序感，方圆结合，疏密有致，改变了传统青铜器兽面纹威严与狞厉的审美属性，从而使纹饰更加和善、更加庄重、更加均衡、更加符合当下的审美情致。在色彩设计上增加了冷暖色的对比，结合硅元的“新斗彩”——釉中彩与釉上金呼应工艺，尽显华贵之姿，从而为受众营造出一种“钟鸣鼎食”的高贵气质。

“意境高拔”就是拓宽齐文化主题设计的表现意境，使产品与心灵产生共鸣。同样的纹饰用于不同的器皿，配以不同感情的色彩，结合垫盘的使用场景，在色彩上增加厚重感与稳定性。以来自西汉齐王墓的银盘纹饰为例，设计团队对其进行了色彩的渐变处理，使其更具有时尚性。对同样来自西汉齐王墓的铜方镜，设计团队创造性地将龙纹设计成海水的动势，展现了海天一色的优雅与纯净。

3.“雅”，温文尔雅。“雅”是中国传统文化艺术的一个重要审美属性，温文尔雅不仅是形容人的品性，有时更多的是对艺术形象内在精神表达的品评标准。“泱泱齐风”系列在整体的气质把握上，正是追求温文尔雅的中和之美。

闻韶茶具，也是拓宽了原有器物的内在气质，将韶乐的主要乐器编钟，设计成茶壶，使其有一种代入感，将实用功能与审美功能进行完美的统一，使受众在品茗之时，仿佛聆听韶乐，感受孔子闻《韶》三月不知肉味的悠远意境。

（二）以齐文化辐射带动陶瓷产业创新发展

近年来，淄博市大力实施“文化赋能”行动，深入开发齐文化的精神内涵与历史价值，着力推动齐文化传承创新实现大突破。在搭建新平台方面，在已有非遗传承品牌的基础上，创新实施“山东手造·齐品淄博”工程，打造本土手造文创产业集群；在建立新机制方面，创新人才引育机制，打造齐文化人才高地，为齐文化“两创”输送更多人才。在政府和社会各界的共同努力下，市场主体培育初见成效，涌现了一批齐文化产业代表品牌，齐文化引领产业融合发展的创新力与影响力明显增强。

进入新时代，扩大齐文化辐射范围，需要政产学研界做出更多的努力：一是要坚持守正创新，牢固树立以人民为中心的创作生产导向，对齐文化的内涵、形式、载体不断加以补充、拓展、完善；加大对齐文化经典文献、历史名人等资源的研究开发利用；推动齐文化文献资料数据库建设，实现齐文化文献资料共享共用，促进齐文化研究深度服务于社会各界。二是要坚持市场主导，聚焦传统优势业态，促进产品创新、技术创新；优化整合陶瓷、琉璃、丝绸、酿造等本地特色产业资源，布局一批具有齐文化特色和内涵的产业新业态，创新打造“山东手造·齐品淄博”品牌矩阵；鼓励以齐文化为主题的创意设计、影视制作、出版发行、演艺娱乐、动漫游戏、传媒信息等业态加速成长。三是要坚持跨界融合，推进“齐文化＋”战略，促进齐文化与文创、旅游、工业、农业等相关产业深度融合。四是要坚持全局谋划，将齐文化产业化发展融入国家、省、市各级发展战略，并通过青春表达、通俗表达、国际化表达模式，让齐文化融入城市建设和现代生活，塑造中华优秀传统文化“两创”样板；健全齐文化人才培育引进机制，支持高等院校、学术团体、民间组织与文化企事业单位联合创设齐文化人才培养基地。

实施齐文化引领战略，是优秀文化生生不息、薪火相传的内在规律，也是建设魅力新淄博、实现产业转型发展的必由之路。推行“齐文化＋”，以齐文化辐射引领带动产业文化创新，是淄博本土产业优化升级的战略选择，将文化传承、产业转型、组织变革和效益提升有机融合在一起，为提升实体产业经济注入源源不竭的创新力和生产力。

第四节　贯彻新发展理念推动高质量发展是山东硅元发展壮大的必由之路

一、把学习贯彻党的二十大精神落到实处

党的二十大报告指出，高质量发展是全面建设社会主义现代化国家的首要任务。发展是党执政兴国的第一要务。要坚持以推动高质量发展为主题，把实施扩大内需战略同深化供给侧结构性改革有机结合起来，增强国内大循环内生动力和可靠性，提升国际循环质量和水平，加快建设现代化经济体系，着力提高全要素生产率，着力提升产业链供应链韧性和安全水平，着力推进城乡融合和区域协调发展，推动经济实现质的有效提升和量的合理增长。

高质量发展是企业进一步发展壮大的必由之路。企业作为独立的创新主体，在不同的发展阶段也存在不同的主要矛盾和问题。而当企业成长到一定阶段，所面临的问题会随着时代、理念、规模等变化而产生质的变化。从战略层面，企业应首先把握国际、国内发展趋势特点，分析经济政策需求，结合自身特色，找准公司定位，确定发展方向。其次就要从行业角度出发，以市场为导向，了解技术、产品、应用需求，挖掘新的企业增长点。

科教兴国战略、人才强国战略、创新驱动发展战略是党中央提出的需要长期坚持的国家重大战略，也是事关现代化建设高质量发展的关键问题。延伸到企业层面，尤其是科技型制造业企业应如何做?

一是向创新要动力。当前，各行各业都在进行产业升级，换道超车，关键是核心技术突破与攻坚。坚持创新驱动，企业才能可持续发展。二是向人才要资源。人才是企业发展的第一资源。企业要从长远发展的角度看问题，拓宽视野，一方面重视人才引进和集聚，另一方面挖掘和培

养人才。三是向管理要成效。企业需要进一步解放思想，管理要管也要理，管理是各生产要素发挥作用的交通枢纽，要积极学习、规范现代化企业管理制度。

创新、人才、管理不是三个独立的个体，三者相辅相成，缺一不可。

二、继续强化科技创新，推动企业高质量发展

山东硅元紧抓产业转型机遇，力争在未来形成一批有国际竞争力的自主知识产权成果，打破国外相关技术的垄断，通过市场推广和研发设计的不断创新，使公司发展成为对行业有突出贡献的科技创新型企业，分阶段实施制造过程优化与数字化车间建设、企业资源协同管理系统建设，做世界一流的陶瓷企业。公司创新发展集中在三个方面：

（一）巩固先进结构陶瓷系列产品的市场地位

以新建成的先进陶瓷产业园为契机，将自主知识产权转化生产造纸用高速脱水元件、石油钻采用陶瓷柱塞和缸套、冶金铸造用泡沫陶瓷等系列产品进一步技术升级，巩固行业地位，保持现有产品与国际装备制造企业的战略合作关系，深挖应用领域，力争将系列产品的技术水平由国内领先提高到世界先进。

（二）积极布局攻关结构功能一体化陶瓷新材料

在公司主业基础上，不断拓展新的技术领域，重点攻关超精密加工及超精密测量陶瓷导轨、半导体加工用陶瓷研磨盘、陶瓷绝缘框等，研发精细陶瓷材料及精密制造工艺，全方位提升公司高端装备制造水平；推进节能环保领域水处理用管式陶瓷膜、平板陶瓷膜等新产品、新材料研发，实现未来潜力产业的应用和布局，不断积累创新力量，挖掘公司未来发展的新动能。

（三）在高级日用陶瓷方面实现发展新突破

强化品牌理念和个性化定制理念，创新营销模式，提升品牌宣传的力度；不断创新研究新技术、新工艺，利用科技赋能，促进文化和科技融合；以网络化、智能化为动力，推动工业化与信息化融合，实现智能制造；整合利用企业外部资源，充分借力，拓宽产品开发的视野和渠道；强化设计，在新造型、新装饰、新包装、新体验方面下功夫，充分挖掘

以陶瓷为载体的文化资源，智慧赋能，提高产品质量和品位，振兴中国陶瓷产业。

三、坚持“三品”做大做强，强化品牌、品种多元、提升品质

“三品战略”行动是为了对标国际水平，缩短国际国内差距。对硅元来说，强化品牌、品种多元、提升品质一直在坚持，未来仍将继续。

（一）着力强化品牌

我国虽是陶瓷的故乡，但对标国际知名陶瓷企业，无论是消费品还是工业品，品牌竞争力差距都很大。未来硅元将制定全面的品牌战略，通过多渠道、多角度、多方式不断提升品牌竞争力，大力培育自有品牌，完善品牌制度建设，打造国家知名品牌。

（二）坚持品种多元

公司将持续加大产品开发力度，在消费品领域，拓展设计理念，创新设计手段，优化设计资源，积极开展个性化定制服务；在工业品领域，在材料和加工方面加大创新投入，拓展应用领域，提升系统化服务水平。

（三）全力提升品质

公司将以市场为导向，不断提升产品品质，加强质量精准化管理。在消费品领域，坚持精益求精的工匠精神，突出产品绿色、健康、高端特点，讲好陶瓷文化故事；在工业品领域，稳定产品质量，瞄准行业共性难题，突破关键核心技术，提升产品性能。

四、大力发展数字经济，奋力实现数字产业化、产业数字化

数字经济是指以使用数字化的知识和信息作为关键生产要素、以现代信息网络作为重要载体、以信息通信技术的有效使用作为效率提升和经济结构优化的重要推动力的一系列经济活动。数字经济发展的核心就是“数字产业化”和“产业数字化”。

公司重视数字经济发展趋势，加快实施数字化转型，积极靠拢工业互联网、数字文旅、新电商与新零售三条新赛道，实施四轮驱动。以为顾客创造独特价值为根本目的，在做好工艺优化、装备升级、继续保持

并扩大差异化发展优势的基础上，积极赋予产品线“互联网 +AI”属性，开拓思路，换道超车，让劣势变优势，优势变强势。积极探索推进产业上下游和跨界融合，运用好 5G、大数据、云计算，加快推动终端的可视化、智能化和系统化应用平台建设。

执笔人：毕雪峰 ，21 世纪马克思主义研究院经济社会文化发展战略研究中心特约研究员、齐文化研究院院长 等

殷书建，山东硅元新型材料股份有限公司党委书记、董事长

第九章　山东宝恩高质量发展在增强国内国际两个市场两种资源联动效应方面开拓创新

党的二十大报告指出："要坚持以推动高质量发展为主题，把实施扩大内需战略同深化供给侧结构性改革有机结合起来，增强国内大循环内生动力和可靠性，提升国际循环质量和水平，加快建设现代化经济体系，着力提高全要素生产率，着力提升产业链供应链韧性和安全水平，着力推进城乡融合和区域协调发展，推动经济实现质的有效提升和量的合理增长。"集制革与皮革制品研发生产于一体的山东外贸龙头企业——淄博宝恩集团积极融入新发展格局，打通线上线下营销渠道壁垒，构建全新营销体系，同步推进国内外市场拓展，努力实现持续稳定的高质量发展。

第一节　改革开放贯穿山东宝恩 68 年的发展历程

淄博宝恩集团始建于 1954 年，迄今已有 68 年的历史。集团自创建以来，由一家十余人的手工皮革社，发展到下辖宝恩制革、宝恩家私、宝恩皮具、杰乐宝恩、齐家家俬、宝恩碧桥、深圳宝恩、香港宝恩、越南宝恩等 9 家子公司，产品涵盖高端皮革、沙发、包袋、明胶等完整皮革产业链，出口美国、俄罗斯、英国、德国、加拿大、韩国、日本、香港等国家和地区，横跨国内外两大市场，成为中国皮革行业的领导者。

一、宝恩集团 68 年的发展历程

宝恩集团 68 年的发展，可以划分为三个阶段。

（一）第一阶段：艰苦奋斗，自强不息（1954—1985 年）

1954 年 7 月，宝恩集团的前身——桓台县皮革手工业联合社在索镇北辛村成立，员工只有十余人，纯手工作业，从最简单的鞭梢、套头等车马挽具开始，致力于皮具的制作，开始皮革技艺的传承，日产值百余元，实行按劳分配的工资制度。人民公社化期间，个体手工业全部收归社、队经营，1963 年公私合营，更名为“桓台县皮革社”。1974 年更名为“桓台县制革厂”，并一直沿用到 80 年代末。党的十一届三中全会后，企业管理走上正确轨道，在生产管理上，恢复和建立起各项规章制度和以劳动定额为主的生产责任制，建立健全了原始记录、计量、统计制度，成立质量管理小组，推行全面质量管理体系，主要产品合格率达到 95% 以上。1981 年，制革厂形成年加工猪皮 20 万吨的生产能力。1982 年，制革厂利用混合贷款 92 万元，研制开发新产品，形成年加工羊皮 30 万张的生产能力。到 1985 年，制革厂有职工 292 人，实现工业总产值 400 万元，产品销售收入 90 万元，利润 27 万元。

从 1954 年到 1985 年的 30 多年，企业走过了一段漫长滞缓的岁月，却积淀了宝恩人艰苦奋斗、自强不息的厚重历史，对宝恩后来的发展产生了深远的影响。

（二）第二阶段：励精图治，奋发图强（1985—2004 年）

1984 年开始，桓台县推行经济责任制，实行厂长目标负责制，扩大企业经营自主权。1985 年，张善龙同志被任命为制革厂厂长，成为宝恩发展征程中的一座里程碑。

张善龙上任后，认真贯彻中央和上级有关政策，以国家政策为依据，以深化改革为动力，以提高经济效益为中心，扎扎实实加强企业管理基础工作，通过实行目标化管理，落实经济目标责任制，实行经营承包，逐层分解，执行工效挂勾，奖罚分明，深化了企业改革。在生产中坚持“质量第一、用户至上，质量是企业的生命”的指导思想，开展创优保质教育，增强职工的质量意识，常抓不懈，特别是通过“质量、品种、效益年”的活动，取得了优异成绩，数种产品分别获得部优、省优、市优称号，赢得用户的赞誉。由于质量提高，产品畅销不衰，不光在国内销售，还打入了国际市场，远销欧、亚、美国家，增加了出口创汇贸易额，提高了出口交货值。在分配制度上，从 1988 年起，先后实行了档案工资制、工资总额同经济效益挂钩制、岗位工资制、效益工资制，职工平均工资基本每年都有所增加，大大调动了职工生产的积极性。同时，积极推进企业文化建设，组织职工先后开展了“九赛九比创九杯”“学英模、看行动”“振兴经济、建功立业”等活动，开展社会主义教育运动，两个文明一齐抓，进一步促进了企业的发展。

1988 年，制革厂与淄博鞋服厂合并，成立桓台县制革总厂。1989 年，开始大规模技改，与日本最大的劳动安全保护用品公司建立合作关系，迈出拓展国际市场的第一步。随着规模的扩大，企业在加强管理的同时，以技术引进为重点，大抓产品的更新换代。1988 年，投资 340 万元，从法国、意大利引进具有国际先进水平的制革关键设备，有片皮机、挤水伸展机、削匀机、喷浆机等；1990 年，投资 168 万元，进行锅炉、配电技术改造；1991 年，从台湾引进变色革、沙发革、高档革加工技术和变色革、沙发革、高档软革加工技术，投资 491 万元，新上一条出口牛革生产线，所产厚牛软面鞋帮出口日本，牛修面革与牛软面、厚牛软面革等在省内同行业评比中名列前茅，软半皮修面革填补了国内空白，新研制的仿古牛皮服装革投放市场后深受用户欢迎。通过技术改造，企业的生产能力提高，年加工牛皮 25 万张，先后开发出口鞋帮及革制品 12 种，花色品种 120 个，国内外用户发展到 240 余家。1990 年实现出口交货值 250 万元，1991 年 640 万元。在技术引进的同时，注重人才引进，与大专院校挂勾，以各种形式培训专业科技人才，制定一些优惠政策，发挥科技人员的作用。企业通过走技术引进、人才引进与技术改造相结合的道路，迎来了自身的腾飞，被县政府命名为出口创汇骨干企业。

1993 年，企业改制，组建东方皮革集团，从此走上国内外技术合作、产品多元化发展的道路。借集团成立之机，企业推行全员劳动合同制，取消企业干部与职工界线以及固定职工与合同制职工之分，形成不唯资历、不唯文凭、不唯身份、能者上、平者让、庸者下、竞争上岗、优化组合、民主评议、末位淘汰和能进能出的用工制度，切实解决了“干与不干一个样，干好干坏一个样”的问题。1994 年，与韩国鹤山服装株式会社建立合作伙伴关系，成立淄博大桓九鹤山制衣有限公司，通过技术引进与技术改造，企业不断得到发展。1998 年，主导产品转型，由鞋面革全面转向高档家具革、服装革生产。

2000 年，淄博大桓九宝恩制革有限公司成立，开始了公司发展史上的新纪元。公司与美国皮革家具公司达成合作意向，正式开始北美及国际家具市场的开拓。2002 年，人民大会堂座椅改造全部采用宝恩家具革产品，宝恩家私、明胶公司、深圳宝恩家私相继成立，公司开启了产品多元化发展新纪元。2003 年，公司完成工业产值 5.1 亿元，实现销售收入 4.3 亿元，利润 4047 万元，销售税金 473 万元，出口创汇 3606 万美元。公司先后从意大利、法国、德国、韩国等国家引进近千台（套）先进设备，主要加工生产牛皮、皮衣、沙发、明胶等系列产品，全部出口美国、俄罗斯、韩国、日本等国家。同年，美国北卡罗来纳州希科里市市长赠送宝恩集团象征友谊和信任的“城市金钥匙”，并授予公司领导“最佳荣誉市民”称号。

从 1985 年到 2004 年初的近 20 年，宝恩走过了一段玉汝于成、艰苦创业的峥嵘岁月，以张善龙同志为代表的一代宝恩人励精图治、发奋图强，将一个名不见经传的集体小厂发展成了皮革行业的一代骄子。

（三）第三阶段：只争朝夕，加快发展（2004 年至今）

2004 年底，公司研制出三色皮，一改传统的单色皮和双色皮色调单一的缺陷，色泽绚丽，端庄大方，不仅为公司首创，在国际市场上也无任何一家公司可以“匹敌”，受到国际市场欢迎，每英尺皮革的价格比传统品种提高了 15% 左右。

2005 年，公司成功进行集团化运作，组建了宝恩集团，成立了山东省皮革工程技术研究中心，较好地增强了公司的国际竞争力和抗风险能力。公司加快上项目、拓市场，走出国门建厂，生产的高档真皮沙发成为美国白宫的特选产品。

2006 年 4 月 28 日，中国工程院段镇基院士在集团设立宝恩工作站，成为全国皮革行业唯一的一家院士工作站。当年集团申报国家专利 6 项，产品荣获“山东名牌”“产品质量国家免检”“全国皮革和制鞋行业科技示范企业”等荣誉称号。出口创汇 1.5 亿美元，比 2003 年增加 4.16 倍，成为全县出口创汇第一企业。

2007 年 5 月，公司总投资 900 万美元的越南制革蓝湿皮项目顺利建成投产。2008 年，山东齐家家俬有限公司成立，初步确立自主品牌道路。2009 年 8 月，与英国碧桥公司合资的山东宝恩碧桥汽车装具有限公司成立，主导产品为汽车坐垫革、汽车座椅，年生产能力为 800 万平方英尺及相应的汽车座椅，年实现销售收入 1.5 亿元，出口创汇 2100 万美元。2010 年 1 月，制革公司投资 7000 万元的年产 4000 万平方英尺高档沙发革项目开工建设，项目分为干整、艺术车间两部分，建设车间 2 栋，建筑面积 1.6 万平方米，购入设备 3000 万元，5 月 20 日建成投产。

2011 年 4 月 23 日，为表彰宝恩为皮革和皮革制品产业所作的贡献，美国北卡罗来纳州希科里市市长宣布当天为“宝恩—皮革奇迹日”。5 月 28 日，集团品牌事业委员会成立，发表“5·28 宣言”，昭示着公司向国际化、正规化、职业化的方向迈进。同年，公司建立了博士后科研工作站，被淄博市政府评为“百强工业企业”，先后当选为中国皮革协会会长单位和中国家具协会副理事长单位，被环保部列入第一批“符合环保要求的制革企业名单”。2012 年 3 月，宝恩 .BONLIVING 品牌正式启动，7 月，人民大会堂修建常委会会议厅，其座椅再次全部选用宝恩产品。

2013 年 2 月，制革公司与四川大学联合申报的“制革工业优控化学品的风险筛查与替代产品技术”由科技部定为国家高技术研究发展计划（“863 计划”）资源环境技术领域化学品风险评估与风险控制技术重大项目。6 月，公司“以科技创新为主导的企业风险预防管理”成果被省政府评为山东省企业管理创新成果奖。7 月，在上海市质量技术监督局的家具产品抽查中，宝恩 .BONLIVING 家具产品被评为全市唯一 A 级产品。同月，国家工信部主办的消费品工业皮革行业“两化”深度融合现场交流会在公司召开，集团被工信部授予“国家级工业化信息化深度融合示范企业”称号。12 月，宝恩皮具德莘尼品牌落户张店区彩世界商业广场，开业当天销售额突破万元。2014 年，制革公司完成包袋项目人员整合，引进韩国包袋团队，达成了从技术到销售的全面合作。当年，公司研发投入 3120 万元，开发新型包袋革以及 A34、B29 沙发系列及配套等 50 种产品。公司拥有国家授权专利 30 项，其中发明专利 2 项，实用新型专利 3 项。

2015 年，公司与韩国技术团队合作的包袋革项目正式展开，着手包袋革技术研发和市场开拓，与时代、永鸿等国内知名包袋制造商建立了稳定的业务合作关系，实现年销售收入近 2 亿元。6 月，公司与北京信宜明悦咨询有限公司开始合作开展大数据咨询管理工作，透过数据发现经营管理中存在的问题并给出解决方案，为领导决策提供依据。11 月，公司被选为齐鲁工业设计联盟理事单位。12 月，顺利通过国家工信部评审组在桓台县举行的公司“两化”融合管理体系贯标（全国首批试点单位）现场评定会评审。

2016 年，公司参与四川大学牵头的“功能型微乳丙烯酸树脂开发及高值化皮革涂饰技术”国家项目，承担皮革涂饰技术课题；与四川大学、陕西科技大学、华东理工大学、广州美术学院、西安美术学院、山东工艺美术学院、齐鲁大学等院校建立起紧密的产学研合作关系，提高企业的技术研发实力和科技成果转化水平。公司坚持创新，坚持让“设计”成为产品的“原动力”，提升家具产品有效供给能力和水平，促进家具行业健康发展，荣获中国“设计创新”先进单位、中国家具行业卓越贡献单位。截至年底，共拥有发明专利 2 项、外观设计专利 33 项、实用新型专利 3 项。

2017 年，公司被淄博市人民政府评为淄博市“工业企业 50 强”，后连年入选；被国家质检总局评为“2017 进出口质量诚信企业”；被中国皮革协会评为 3A 级企业信用。2018 年，公司被中国皮革协会评为“功勋单位”称号。2019 年 9 月 2 日，公司参与审查的《制革设备制造行业技术路线图》正式发布，公司荣获中国轻工业 200 强企业、全国轻工业管理现代化创新成果三等奖。

2020 年 6 月 18 日，为顺应互联网思维发展以及在新冠疫情防控常态化新形势下拓展销售模式，公司举办年中钜惠网络直播带货活动，总裁杨淑琴女士亲自直播带货，全力推荐本土品牌——德莘尼真皮包袋和真皮沙发，直播 2 个小时，吸引 17 万人同步观看，业绩突破 20 万元。

2021 年 6 月，公司与海尔卡奥斯正式达成工业互联网和智能制造的战略合作协议，标志着公司工作生产迈向智能化；因担保问题，大桓九宝恩制革、宝恩家私、齐家家俬、宝恩皮具等公司进入重整程序，合规减债减负，彻底解决历史问题，轻装上阵。7 月，国家重点研发计划"功能型微乳丙烯酸树脂开发及高值化皮革涂饰技术"研究成果——生态皮革、合成革关键涂层材料及高值化皮革涂饰技术生产示范线通过验收；面对疫情加剧，海外团队积极想办法、找对策，达到了抗疫情、稳生产的预期效果，最大限度地保护了员工安全，保障了公司生产和客户需求。10 月，家具公司智能家居项目立项，个性化、模块化、智能家具定制系统和平台的初步完善，开启了新的营销模式。11 月，在克服了跨国、跨网络等困难后，海外公司 SAP 系统上线，实现了数据的系统化、集团模式化，也为海外公司系统体现业务、系统服务业务、数据辅助决策提供了支撑。12 月，公司与韩国 KONA 共同投资智能皮革生产线，投资总额 3000 万美元，签约合同外资 2000 万美元，建设皮革制造智能化工厂，新上智能皮革生产线，主要产品为高档包袋革和功能性皮革。

2022 年，公司一手抓防疫一手抓生产，确保防疫严格到位，订单亦不耽误。同时，加大科研投入，开发皮革产品新产品。7 月，公司荣获 2022 年中国轻工业数字化转型先进单位，董事长张继国荣获 2022 年中国轻工业数字化转型领军人物。9 月，宝恩行业智能工厂入选中国轻工业企业管理协会 2022 年度轻工企业管理现代化创新成果。

从 2004 年初至今，宝恩继往开来，奋发进取，步入了只争朝夕、加快发展的快车道，铸就了宝恩的企业创新精神，进一步巩固和夯实了百年宝恩的基础。

二、宝恩集团 68 年发展的基本经验

伴随着国家的发展，宝恩从当年合作社的日产值百余元发展到现在年销售额 20 多亿元，产品涵盖高端皮革、沙发、包袋、明胶等完整皮革产业链，成为中国皮革行业的领导者。回顾宝恩 68 年的发展历程，可以总结出以下基本经验：

（一）把坚持改革、建立现代企业制度作为企业发展的基础

在 68 年尤其是改革开放 40 多年的发展中，宝恩集团实现了三个重要的转型升级：一是由一家名不见经传的县属制革小厂一跃成为全球最高品质的牛皮家具革集团公司；二是由一家专业皮革公司成为北美地区真皮沙发原始设备制造商（简称 OEM，俗称“代工”）第一制造品牌；三是从单一的真皮沙发贴牌生产开启了自主品牌建设之路。这主要得益于 1993 年企业改制，组建集团公司，建立现代企业制度。以市场经济为基础，以企业法人制度为主体，以公司制度为核心，以产权清晰、权责明确、政企分开、管理科学为条件的新型企业制度，为企业永续发展提供了坚强保障。

（二）把科技创新作为企业腾飞的准绳

求新图变是宝恩的灵魂。从最初的引进国外科技成果、先进设备和专家人才，到与国内科研院所建立紧密的产学研合作关系，从建立全国首家院士工作站，到国家高技术研究发展计划资源环境技术领域重大课题“制革工业优控化学品的风险筛查与替代产品技术”获得国家科技部审批通过，公司始终坚持走科技创新道路，专注于打造高品质的皮革制品，提高了企业的技术研发实力和科技成果转化水平。正是本着对皮革技术的专注、对皮革原料的高标准，以及对制皮工艺环节的严要求，当“中国制造”的标签几乎贴满全球时，宝恩依然能够保持“中国创造”的鲜活生命力，逐步实现从一个手工工厂到国际化品牌的华丽转变。

（三）把扩大对外开放作为企业发展的重中之重

从 1988 年引进法国、意大利当时国际先进水平的制革关键设备，到 1992 年与香港宝恩公司进行股份合作成立淄博大桓九宝恩制革有限公司，再到 2000 年与美国皮革奇迹公司展开合作，继而到在越南、香港建立分公司，一直到与韩国 KONA 共同投资智能皮革生产线，公司始终将扩大对外开放作为企业发展的重中之重，拉长产业链，提升价值链，推动公司成为山东外贸龙头企业。

（四）把提升企业品牌作为企业制胜的法宝

品质和品牌是一个企业成功的基本标准。品质是基础，品牌是保证，好品质与好品牌配合默契，在企业的长期宣传作用下，品牌会成为著名

品牌，产品会成为优质产品与消费者信得过的产品，企业会成为知名企业。生于理想年代的宝恩，立志做有理想的品牌。从诞生之日起，宝恩就专注于打造高品质的皮革制品。“惟真惟美”“用心造产品，用爱铸品牌”“皮革是文化，皮革是艺术”，誓做国际知名大品牌，是宝恩三代人打造的核心价值观。对皮革技术的专注，对皮革原料的高标准，对制皮工艺环节的严要求，宝恩成长的每一步都力求真实和品质。品质成就品牌，凭借60多年的皮文化、皮能力，宝恩全力打造“宝恩.BONLIVING”民族品牌、志在成为“皮艺沙发领导者”。

（五）把培养科技创新人才作为立厂之命

人才是设计的关键。企业的发展离不开人才的培养，一流的企业需要一流的人才。新产品的研发、国际一流设备的引进，都离不开高素质的专业技术人才。宝恩培养了具有超高力学、化学、美学素养的工程师团队，不仅有学生的思维还有工人的执着，外在是美学，内在是工程学，员工崇尚工匠精神，不论是皮的师傅、沙发的师傅，还是设计的师傅，都致力于将工程和美学结合起来，致力于科技创新。

（六）积极发挥职工首创精神维护职工各项权益

企业是人，文化是魂。企业文化是企业活力常在、青春永驻的不竭源泉。作为一家外向型企业，宝恩和欧美多家知名企业建立了较为密切的业务合作关系，而欧美企业在确定其合作企业时都会实行严格的“验厂”制度，即检验为其提供产品的工厂是否符合他们的企业道德标准，包括劳资关系、后勤服务、安全生产、环境保护、遵守法律法规等多个方面。每一次“验厂”，本质上都是对宝恩企业文化建设的检验和积淀。这些年来，宝恩在发展过程中逐步孕育了“厚德感恩、客户价值，诚信协作、追求卓越”的企业文化，这已经成为全体宝恩人共同遵守的企业精神和价值理念，是推动宝恩不断发展的内在动力。宝恩管理者把公司看作是一个大家庭，把员工同事当作兄弟姐妹，员工也把管理者当作知己朋友。员工个人生活遇到困难，无论是子女上学，还是老人生病住院，公司总是尽力帮助解决，从不敷衍推脱。近年来，公司又先后投入上千万元用于改善员工的生产条件，基本实现了车间一线员工冬有暖气夏有空调的目标。总裁杨淑琴曾在全体员工大会上提出让全体宝恩人都过上买得起车、养得起房、还会唱情歌的美好生活目标，现如今越来越多的员工已经实现甚至超越了这个目标，与此同时，企业的凝聚力、向心力和发展活力也有了新的提升。

第二节　山东宝恩高质量发展在我国皮革行业处于引领地位

进入新时代，面对新的市场环境，宝恩集团拓展国内国际两个市场，借助新营销、新产品、新动能，为企业转型发展蓄势积力，打开了新的市场空间，高质量引领我国皮革行业发展。

一、坚持企业科技创新，勇立皮革行业高质量发展潮头

科技是第一生产力、人才是第一资源、创新是第一动力，技术创新是企业发展的根本动力。对于制革企业来说，占领科技研发的制高点至关重要，只有多吸收先进的经验与技术才能避免走弯路。宝恩能够跻身于国内一流皮革生产企业行列，主要得益于培养吸纳人才、注重科技创新。多年来，公司始终坚持走科技创新道路，不断加大科技投入，靠高品质的产品在国际市场占据了一席之地。通过科技自主创新，大大提高了产品的科技含量和附加值，企业效益大为提高。

（一）重视引才育才用才

一直以来，公司都坚持引进高端制革专家，20 世纪 50 年代，宝恩集合了新中国第一批皮革科班人才。随着企业的发展壮大，人才队伍也在不断壮大。为迅速培养一支高水平的技术团队，公司通过充实新生力量，积极引进人才，建成山东科技大学实习基地。此外，公司建有山东省皮革工程技术研究中心、宝恩院士工作站、博士后工作站，以此作为自主品牌技术研发的桥头堡，广泛吸纳行业内优秀人才，而且常年有院士团队和博士后团队在集团服务，为自主品牌建设奠定了基础。同时，公司不断培养新人、提拔优秀人才。与四川大学、陕西科技大学、华东理工大学、广州美术学院、西安美术学院、山东工艺美术学院、齐鲁工业大学等院校合作，探索中国特色学徒制，大力培养技术技能型人才。积极

参与制定和完善皮革行业国家职业标准，加强职业技能鉴定考评人员队伍建设，推进职业技能水平评价工作，推动在职人员的继续教育和培训。赞助、支持行业设计大赛、职业技能竞赛、职业技能培训与鉴定等工作，提高从业人员整体素质。以人力资本素质提升作为行业转型升级的坚定支撑，培养和造就更多具有国际视野的科技领军人才和创新团队，培养具有国际竞争力的青年科技人才后备军，健全创新激励和保障机制。资助优秀青年科技工作者和设计人才参加国际交流和培训。

（二）注重科技创新

集团注重引进国外科技成果、先进设备和专家人才，是山东省引进国外智力优秀成果示范基地。重视加强国内外技术交流，每年参加英国、德国、美国等国家的家具展会，掌握家具流行趋势。为鼓励科技创新，集团采取了“项目工资制”，对创新、研制出新产品、新工艺或可以提高产品质量、降低成本的科技功臣，一律重奖，每年用于科研的投入高达3000万元。雄厚的技术力量和巨大的资金支持使集团先后成功开发了牛皮沙发革、汽车坐垫革等特色产品。新产品在美国高点家具展上深受追捧，被誉为皮革“NO.1”产品，订单纷至沓来。多年来，集团每年新产品开发保持在260多个，平均一天半就有一个新产品问世。

在继续坚持通过国际市场这一“风向标”及时开发新产品的同时，集团还积极与高等院校和科研院所“联姻”，走横向联合开发的路子。与陕西科技大学、四川大学、华东理工大学、成都科技大学、山东轻工学院、天津轻工学院、齐鲁工业大学和中国皮革工业研究院等建立长期的紧密的产学研合作关系，联合开发生态皮革、生物胶原蛋白等世界顶尖技术和前沿产品以及改进低污染、低能耗的生产工艺措施。与四川大学、陕西科技大学联合开发的汽车坐垫样品已通过厂家鉴定，进入批量生产。分别与中国皮革和制革研究所、四川大学轻纺与食品学院签订协议，合作开发院士项目和国家“863”高新技术项目，很好地提高了企业的技术研发实力和科技成果转化水平。

科技创新使企业发展后劲实足，集团先后被评为山东省高新技术企业、国家级高新技术企业，产品荣获山东名牌、山东省著名商标、国家级新产品和火炬计划项目等。

二、果断实施“走出去”战略，增强国内国际两个市场两种资源联动效应

国内市场和资源是国际市场和资源的重要组成部分，马克思主义的世界市场理论认为，世界市场由所有国家的国内市场综合组成，没有国内市场和资源，也就不存在所谓的国际市场和资源。国际市场和资源需要国内市场和资源，中国的发展离不开世界，同样，世界的发展也离不开中国，中国是世界经济增长引擎。构建国际国内一体化的市场和资源机制，使国际市场和国内市场充分交融、国际资源和国内资源充分流动，是构建新发展格局的要义。集团深刻认识到，依托我国超大规模市场优势，以国内大循环吸引全球资源要素，增强国内国际两个市场两种资源联动效应，才能提升贸易投资合作质量和水平。

（一）实施“走出去”战略，推动产业链、价值链走向高端

集团是中国皮革行业龙头企业、山东外贸龙头企业，集制革与皮革制品研发生产于一体。其基础材料原皮均从美国、澳洲进口，运用传统工艺和现代技术结合，经过组批、浸水、去肉、主浸水、浸灰、剖层（片灰皮工艺采用）、复灰、脱灰、软化、浸酸、预加脂、铬主鞣（蓝湿皮）、搭马、组批、挤水、剖层（片蓝皮工艺采用）、削匀、复鞣以及剖层、削匀、中和、染色、加脂、干燥、做软、平展、磨革、涂饰、压花等过程后，加工成A级高端皮革，再返销到美国、欧洲等地，因其质量上乘，倍受国外顾客的欢迎。集团生产的牛皮家具革柔软、舒适，具有丝绸质感，众多国际知名家具厂皆以使用宝恩牛皮家具革为招牌，美国排名前10位的家具公司中就有7家使用宝恩的皮革。进口初级产品，精深加工后支撑高端产品再出口，宝恩的行动彻底扭转我国初级产品出口、制成品进口的传统模式，实现了初级产品进口、制成品出口的国际分工领域里的巨大战略转变，推动我国皮革行业实现和走向了产业链、价值链的相对高端阶段。

制革公司是集团的母公司，主导产品为中高档牛皮家具革、汽车坐垫革、包袋革及高级真皮生活（工作）鞋（帮），拥有200多套由法国、意大利引进的国际先进设备，产品全部出口北美市场；明胶公司是集团

与日本、印度合资的企业，主导产品为食用、医用固态胶、粉状胶，广泛应用于食品添加、饮用添加、医学、高档美容化妆等行业，固态胶年产量超过 2000 吨，产品全部出口日本市场；家私公司主导产品为高中档家居用、办公用真皮及布艺系列沙发、座椅、休闲椅，全部产品远销中东、欧美、东南亚等国家和地区；皮具公司主导产品为中高档皮革服装，在莫斯科设有办事处，全部产品出口至俄罗斯、东欧等国外市场。深圳公司产品为中高档家用、办公用真皮、布艺座椅，产品全部出口欧美市场；香港公司是集团在香港的窗口企业，主营业务为进出口贸易。越南公司是集团应国家政策调整，与越南合作建立的新工厂，主要生产加工牛皮蓝湿革。碧桥汽车装具有限公司是集团与英国 BOW 公司合资成立的生产汽车坐垫革的专业化公司，主导产品有高档汽车坐垫革、汽车坐椅。集团还与韩国 KONA 共同投资智能皮革生产线。通过技术创新，优化工艺流程，宝恩用高端产品赢得国际市场话语权。

从 2000 年开始做外贸，20 多年来，宝恩紧紧抓住改革开放带来的历史机遇，积极融入全球市场，如今已发展成北美真皮沙发原始设计制造商（ODM）第一制造品牌，集团每年 17 亿元营业额中有 85% 来自出口。

（二）“外销”和“内需”并重，实现国内国际两个市场两种资源联动

宝恩是山东外贸龙头企业，其市场全部集中在北美地区，对客户依附度强，这使得其市场风险增大。为解决这一问题，宝恩积极调整，确立了发展多元化市场战略，转变业务模式，探索新的营销模式，“外销”和“内需”并重发展，积极探索国内市场需求，培育新兴市场，由原来以国际市场业务为主的发展模式，转变为国内外市场拓展同步推进、国内国际双循环的发展模式，努力降低对北美市场的依赖程度。组建新营销中心，通过全员营销、全网销售、直播带货、线上线下体验相融合等方式，以品牌营销代替传统营销，积极拓展国内市场，有效提升了品牌影响力和市场份额。

近年来，宝恩通过线上和线下两个渠道深耕本土聚力转战国内市场。线上主要是通过京东、阿里巴巴和自己的微信商城等平台，与消费者直接见面，让国内消费者能感受到宝恩产品的高性价比和特色，让用户根

据喜好，参与到皮具的设计中来；线下则通过参加国内行业和经贸展会，大力开展营销策划和宣传推广工作，不断增强企业和产品的品牌形象和市场影响力，着力打造自主品牌，皮革产品成为芝华士、顾家等国内高端品牌的“合伙人”。

出口转战内销，促进产业链实现国内国际双循环；打造自主品牌、做优做强产业，塑造企业独特的市场竞争力；线上线下相结合的营销新模式，为企业未来发展开辟了一番崭新的天地。尽管“出口转内销”存在着种种问题，但一种共识在宝恩正逐渐形成：单纯靠代工、出口的企业风险很大，应该由依靠外需为主向依靠内需为主转型，积极开拓国内市场，打造自身品牌，充分利用两个市场、两种资源，由过去的向生产环节要利润转向由研发和营销两端提供更高附加值。

三、环境、社会和公司治理创新及成就

党的二十大报告指出，高质量发展是全面建设社会主义现代化国家的首要任务。践行环境、社会和公司治理（ESG）理念，是企业追求高质量可持续发展的重要途径，企业在推进环境治理、履行社会责任、完善公司治理等方面的表现成为企业估值中的长期价值要素，构建完善的环境、社会和公司治理生态，推动企业高质量发展，已成为适应国家战略的重要趋势。近年来，宝恩在创新环境、社会和公司治理方面取得了明显进展。

（一）深入推进清洁化生产，引领皮革产业绿色发展

宝恩始终倡导和践行创新、生态、绿色、健康的发展理念，是山东省皮革清洁化技术创新联盟单位。近年来，公司每年都拿出 5000 万元用于环保治理，并与四川大学、陕西科技大学等高等院校合作，研发无铬鞣绿色制革工艺，全面推行制革清洁化生产技术，提高制革生产过程的清洁化水平，实现节水 30% 左右，减少污染物排放 40%—50%，提高产品附加值 10%—15%。取得了明显的环境效益和经济效益。

为破解制革企业的环保难题，宝恩从强化源头控制和应用循环利用技术入手，与四川大学合作研发保毛脱毛及浸灰、铬鞣液循环利用技术，成为国内皮革行业中少数掌握这项技术的企业，解决了传统皮革行业的

污染难题，成为全国首批符合环保规定的24家制革企业之一。使用该项技术后，不但可以回收毛，而且可以使石灰用量减少80%左右，制革废水中的化学需氧量、氨氮等指标下降40%左右，既显著降低了制革污染，也有利于实现中水回用。制革过程产生的废水中含有重金属铬，容易对环境造成污染，铬的回收利用一直是制约皮革行业发展的难题。通过铬鞣液循环利用关键技术可以对废水中的铬进行回收，制备成铬鞣剂，从而实现回收利用和节能减排的双重目的。新技术不但带来了明显的环境效益，还可以从废弃物中回收有用材料，变废为宝，创造明显的经济效益。应用铬鞣液循环利用技术后，企业年回收铬粉1157.4吨，全年节水150万立方米，节水达60%以上，年新增经济效益1194.2万元。

投资1800万元实施高效煤粉锅炉改造替代项目，较传统链条式锅炉每年可节约成本130万元，可减少烟尘排放量196.68吨、二氧化硫排放量12.48吨、氮氧化物排放量6.93吨、二氧化碳排放量3660.57吨。

与中国工程院院士及其团队联合开发制革工业污泥资源化利用技术，通过特殊技术手段对制革污泥及部分边角料进行深度无害化和资源化处理利用，真正实现节能和环保的双重效果，有效推动了整个行业的清洁化生产技术升级。

（二）落实企业社会责任，积极服务共同富裕

坚持以关心员工生产生活环境为突破口，倾力建设“亲情文化”。经营企业的最高境界就是经营人心，亲情文化体现的是一种人文关怀，主要内涵是营造拴心留人的公司氛围，这也是宝恩企业文化的灵魂。现如今，越来越多的员工已经实现甚至超越了“买得起车、养得起房、还会唱情歌”的美好生活目标，职工获得感、幸福感不断提高，企业凝聚力、向心力和发展活力不断增强，被山东省总工会命名为“山东省劳动关系和谐企业”。

作为皮革行业头部企业，宝恩始终不忘企业肩负的使命与责任，成立文明实践活动站，坚持社区公益行动和志愿者活动，加大慈善投入，更好地回馈社会。牵头成立桓台县慈善总会并担任常任理事单位，每年为慈善总会捐助资金几十万元，积极为周边村庄修路打井，帮扶周边村发展经济，坚持教师节期间走访学校，每年用于社会公益事业的资金都

在 100 万元以上。通过产业支持、定向援助、消费扶贫、吸纳就业等方式协同完成了扶贫政策的精准“滴灌”，与索镇政府合作建设产业扶贫项目 3 个，带动该镇贫困户、低保户共计 385 户 717 人实现增收，为共同富裕贡献了力量。

（三）完善治理机制，提升创新能力，推动高质量发展

企业治理质量提升在微观层面增强了企业经营稳健性，在宏观层面增强了国内国际双循环产业链的运作韧性，宏观价值链的高质量发展反过来为实体企业加注发展动能，为企业创新驱动发展保驾护航。

1. 推行“四员”管理法。皮革行业用人较多，管理起来比较繁杂。一名生产者身后最少有两名管理者，这不仅增加了劳动成本，也造成了人力资源的浪费。为解决这一问题，宝恩经过多年的创新实践，总结出了“四员”管理法，并运用到企业生产之中。“四员”管理法中的“四员”指的是生产过程中的管理者，即在生产中管理者要成为战斗员、裁判员、指导员和服务员。“战斗员”要求管理者要成为“全面手”，要对生产的每一个环节了如指掌，生产过程中发生任何问题，都能够随时顶上“战斗”；“裁判员”要求管理者要在生产过程中发现问题及时解决，并要对产品的质量进行严格把关；“指导员”则要求管理者要及时掌握新技术新标准，对生产者的生产进行指导培训，使其掌握新技术新标准；管理者还要做好生产者的“服务员”，在生产过程中，管理者要多走多看多问，做好生产者的后勤保障服务。“四员”管理者，就好像比赛场上的自由人，哪里需要就要出现在哪里，并及时发现问题解决问题。以前，是一名生产者身后站着两名管理者，“四员”管理法实施后变为一名管理者带领数十名甚至上百名生产者。企业的每一名员工既是生产者也是管理者，不仅要在生产过程中发现问题，还要及时去解决问题，成为解决问题的推动者。“四员”管理法实施以来，宝恩的治理质量显著提升，生产效率提高了 50% 以上，效益也随之增加。

2. 实施信息化与工业化深度融合。宝恩高度重视企业信息化建设，信息化发展水平走在了全国同行业前列。集团与瑞士博瑞夏公司、德国 SAP 公司、上海中科软件、浪潮集团开展合作，通过 SAP-MES 系统建立了规范化、标准化、统一化的企业管理平台，实现全面的精细化管理。

该平台能够灵活适应业务流程调整和变更的需求，并快速实施；是在多语言、多国家、多业务领域的复杂业务环境下的统一 IT 系统平台，能适应业务不断增长的需求；能够通过最佳业务实践标准，统一和规范各业务单元和各分、子公司的业务流程；能够通过与供应商和客户以及外围系统的无缝应用集成，实现流程数据处理自动化；能够通过财务和成本模块的集成控制功能，实现自上而下的流程处理透明化并保证未来系统的可持续发展，实现全业务流程的可追溯管理。全面信息化管理实现了资金流、业务流、信息流的全面整合和各部门数据共享及跨部门业务协同，做到了管理到人，管理到设备，管理到每张皮，每一张原皮都有一个“身份证”。宝恩被国家轻工业协会确定为皮革行业企业“两化”融合发展水平国家标准唯一的制定企业，被工信部确定为首批国家级信息化和工业化深度融合示范企业。“两化”融合在制革行业处于行业引导地位，并成为山东乃至全国范围内的信息化建设示范推广项目。

四、创新引领皮革行业标准制定

伴随着经济全球化深入发展，标准化在便利经贸往来、支撑产业发展、促进科技进步、规范社会治理中的作用日益凸显。习近平总书记一直高度重视标准化问题，强调积极实施标准化战略，以标准助力创新发展、协调发展、绿色发展、开放发展、共享发展。

做好标准化工作是轻工业高质量发展的重要内容。持续推动标准化工作，是建设轻工强国的重要技术基础支撑。作为轻工行业的重要组成部分，皮革皮具涉及的标准也非常多，产品类型、产品配件、生产工艺、检测方法都需要制定标准；而同一产品的标准也很多，并且比较杂乱，这使得标准的制定、推广、应用难度很大，但产业提升必须进行标准化。宝恩在皮革皮具行业的标准化制定、推广方面做了大量工作，包括国内标准和山东省标准技术规范的制定、宣传，以及国外标准的研究与国外技术性贸易壁垒的通报预警。因工业化信息化融合走在全国前列，宝恩被国家轻工业协会确定为皮革行业企业“两化”融合发展水平国家标准唯一的制定企业，参与了许多国家标准的讨论、修订、审核等工作。同时，集团内部也积极推行标准化工作，在许多方面走在了行业的前列。

（一）OA 系统流程优化与规范

2018 年成功上线泛微 OA 系统，对 300 余个流程实现系统化管理，从以往的人找事，转变成事找人，不再需要人员做单据流转工作，极大降低了流程流转过程中产生的人员往返成本和单据打印成本，单据更加安全效率也得到较大提升，流程效率最高可提升 90% 以上。系统会议管理、绩效管理、知识管理、计划管理、协同、人力资源管理、在线考试等模块的应用，使集团的其他管理效率也实现了极大的提升，管理更加高效、更加规范，工作协同更加顺畅，推动企业管理实现由粗放式到精细化再到简单化的演进。

（二）全流程智能化管理

1. 生产管理一体化。以 SAP 系统的 MES 系统模块下达工艺及计划并收集物流、成本、计划、质检、人力考核等信息传送到 SAP 系统进行数据集成。实现皮张在生产过程每个环节的流转、质量及成本等情况的全过程追溯和即时性管控，实现精细化生产高效管理。

2. 流程管理顺畅化。针对生产管理各个工序、车间、部门进行全流程梳理优化，明确各个节点衔接方案和标准，并进行操作培训和指导，打破部门之间的流程壁垒，保证全流程智能化管理顺畅运转。

3. 物料流转高效化。在部分工序设置自动搭码装置，对工序半成品进行自动接料，通过辅助装置或工具进行流转，缩短生产线在制品的滞留时间，提高物料流转速度和效率。

五、创新打造企业优质品牌

“用心造产品，用爱铸品牌”是宝恩三代人打造的核心价值观。作为一家典型的代工生产型企业，一段时间，企业最大的短板就是重制造、轻设计，缺乏原创性的产品设计，产品附加值较低。为扭转这一被动局面，企业坚持以品牌建设为龙头，狠抓产品研发工作，积极推动公司业务由代工向贴牌和代工厂经营自有品牌转型，较好地提升了企业的核心竞争力。先后与四川大学、山东轻工业学院、广州美术学院、西安美术学院等进行产学研合作，并坚持每年参加英国、德国、美国等国家的家具展会，掌握家具流行趋势，同时成立技术研发中心，作为自主品牌技术研发的桥头堡，广泛吸纳行业内优秀设计人员，为自主品牌建设奠定了重要基础。主导产品皮革和沙发双双荣获“山东名牌”“产品质量国家免检”称号。

宝恩皮质光滑弹性好，手感柔软舒适，皮幅完整，自然伤疤少，被称为“会呼吸的原生态真皮”，实现从源头上控制品质。所制作的一张张皮革手感滑爽、柔软、丰满而富有弹性。独特的纹理完美保留，让每一张成品皮革都臻为绝版，成为国际市场高档皮革代名词，在美国国际家具市场叫响“淄博皮”。宝恩秉承“向大众展现皮革所有的美好”的心愿与全球优秀设计师合作，让设计充满艺术与情感，通过设计师的创意，将宝恩高品质皮革以一种更加完美的姿态呈现，极致的视觉体验与感官享受，共同演绎“顶级皮艺家居生活”，成功推出自主品牌——宝恩 .BONLIVING。品牌以中高端的定位切入国内家具市场，旨在将艺术与皮革完美结合，创造令人身心愉悦的生活。利用优质皮革资源，建立自主品牌“德莘尼”，设计生产的真皮包袋均为纯手造制作，通过高端订制化业务，进一步凸显品牌调性。研发的宝恩皮革风格鲜明、手感优良、性能卓越。

持续不断的品牌建设推动着宝恩成为中国皮革行业头部企业，中国制革专业委员会主席单位，国内国际诸多高端家具品牌的指定供应商，COACH、MK、CK、TB 等世界知名奢侈品牌的主要皮革供应商。

六、创新打造数字经济新平台

党的二十大报告指出，要加快发展数字经济，打造具有国际竞争力的数字产业集群。作为一家以皮革生意为主的老牌传统企业，宝恩一直坚持向数据要效益。多年来连续投入 5000 万元做信息化管理，从 2011 年 3 月开始，与瑞士博瑞夏公司、德国 SAP 公司、上海中科软件、浪潮集团展开合作，成为皮革行业第一家实施 SAP 并成功上线 PP 生产模块的企业；2021 年又与海尔卡奥斯智造牵手，联合打造皮革数字大脑。宝恩不断培育壮大数字动能，推动工业互联网赋能经济高质量发展。

（一）设备设施智能化改造升级

1. 基础平台设施改造。依据智能化管理规划要求，对车间 13 台喷浆机进行数字化改造，作为第一批设备接入“宝恩皮革智能生产云平台”，并持续对现有划槽、鞣制、加脂等作业平台进行改造，满足智能化设备安装及运行所需基础配套条件。

2. 新型设备配置。先后投资 1000 多万元引入自动配料机、先进去肉机、削匀机、印花机等新型自动化、智能化设备，满足生产管理智能化的基础设备需求，极大提升了生产效率，稳定了产品质量，降低了生产成本。

（二）关键参数智能化控制

1. 技术工艺参数控制。通过 SAP 系统 BOM 功能和智能化自动配料装置，设计产品技术工艺参数，并在系统中进行优化和固化管理，保证技术工艺参数从生成到执行操作过程的一致性。

2. 生产过程参数控制。对预处理、鞣制、加脂、干整、涂饰等核心关键工序配备智能化监控和调节装置，对温湿度、速度等关键过程参数进行监控和智能化调节，保证生产过程一致性和质量稳定性。

数字化转型，使生产过程中的运行参数、物料消耗、产出信息等实现了实时监测和管控，资源综合利用率、生产效率、订单准时交付率、库存周转率有效提升，研发周期缩短、产品不良品率和运营成本下降，优化了人员比例，改变了工作习惯。

第三节　山东宝恩高质量发展的愿景

高质量发展是全面建设社会主义现代化国家的首要任务。皮革行业虽然是一个古老而传统的行业，但古老不代表过时，传统不代表落后，在高质量发展已经成为当前社会发展的主题大背景下，皮革行业只有加快高质量发展步伐，才能抓住当下市场发展的新机遇，在新的时代焕发新的生命力，走上可持续、高质量发展之路。

一、党中央和习近平总书记十分重视企业科技创新与高质量发展

（一）科技创新是习近平新时代中国特色社会主义思想的重要内容

党的十八大以来，以习近平同志为核心的党中央高度重视科技创新，

习近平总书记作出一系列重要论述，科学回答了事关我国科技事业发展的一系列重大问题。

1. 充分认识创新是第一动力，提供高质量科技供给，着力支撑现代化经济体系建设。要以提高发展质量和效益为中心，以支撑供给侧结构性改革为主线，把提高供给体系质量作为主攻方向，推动经济发展质量变革、效率变革，动力变革。通过补短板、挖潜力、增优势，促进资源要素高效流动和资源优化配置。把握数字化、网络化、和能化融合发展的契机要突出先导性和支柱性，优先培育和大力发展一批战略性新兴产业集群。推进互联网、大数据、人工智能同实体经济深度融合，以智能制造为主攻方向推动产业技术变革和优化升级。

2. 矢志不移自主创新，坚定创新信心，着力增强自主创新能力。广大科技工作者要有强烈的创新信心和决心，增强“四个自信”，以关键共性技术、前沿引领技术、现代工程技术、颠覆性技术创新为突破口，敢于走前人没走过的路，努力实现关键核心技术自主可控。强化战略导向和目标引导，强化科技创新体系能力，加快构筑支撑高端引领的先发优势，加强对关系根本和全局的科学问题的研究部署，把满足人民对美好生活的向往作为科技创新的落脚点，把惠民、利民、富民、改善民生作为科技创新的重要方向。瞄准世界科技前沿，抓住大趋势，下好“先手棋”，打好基础、储备长远，加大应用基础研究力度，广大工程科技工作者既要有工匠精神，又要有团结精神。

3. 全面深化科技体制改革，提升创新体系效能，着力激发创新活力。要敢于啃硬骨头，敢于涉险滩、闯难关，破除一切制约科技创新的思想障碍和制度藩篱。坚持科技创新和制度创新“双轮驱动”，要优化和强化技术创新体系顶层设计，加快转变政府科技管理职能，发挥好组织优势，推动企业成为技术创新决策、研发投入、科研组织和成果转化的主体。发挥市场对技术研发方向、路线选择、要素价格、各类创新要素配置的导向作用。完善政策支持、要素投入、激励保障、服务监管等长效机制，加快创新成果转化应用。高标准建设国家实验室，加快建立科技咨询支撑行政决策的科技决策机制，加快构建军民融合发展体系，加大知识产权保护执法力度，完善知识产权服务体系，把人的创造性活动从不合理的经费管理、人才评价等体制中解放出来。

4. 深度参与全球科技治理，贡献中国智慧，着力推动构建人类命运共同体。深化国际科技交流合作，在更高起点上推进自主创新，坚持以全球视野谋划和推动科技创新。要把“一带一路”建成创新之路，最大限度用好全球创新资源，全面提升我国在全球创新格局中的位势。

5. 人才是第一资源，牢固确立人才引领发展的战略地位，全面聚集人才，着力夯实创新发展人才基础。创新人才评价机制，注重个人评价和团队评价相结合。要完善科技奖励制度，改变以静态评价结果给人才贴上“永久牌”标签的做法，改变片面将论文、专利、资金数量作为人才评价标准的做法，营造良好创新环境，尊重人才成长规律，解决人才队伍结构性矛盾，构建完备的人才梯次结构，加强人才投入，优化人才政策。

（二）党的二十大报告关于科技创新的基本精神

科技是第一生产力、人才是第一资源、创新是第一动力，深入实施科教兴国战略、人才强国战略、创新驱动发展战略。

1. 完善科技创新体系。坚持创新在我国现代化建设全局中的核心地位。完善党中央对科技工作统一领导的体制，健全新型举国体制，强化国家战略科技力量，优化配置创新资源，优化国家科研机构、高水平研究型大学、科技领军企业定位和布局，形成国家实验室体系，统筹推进国际科技创新中心、区域科技创新中心建设，加强科技基础能力建设，强化科技战略咨询，提升国家创新体系整体效能。深化科技体制改革，深化科技评价改革，加大多元化科技投入，加强知识产权法治保障，形成支持全面创新的基础制度。培育创新文化，弘扬科学家精神，涵养优良学风，营造创新氛围。扩大国际科技交流合作，加强国际化科研环境建设，形成具有全球竞争力的开放创新生态。

2. 加快实施创新驱动发展战略。坚持面向世界科技前沿、面向经济主战场、面向国家重大需求、面向人民生命健康，加快实现高水平科技自立自强。以国家战略需求为导向，集聚力量进行原创性引领性科技攻关，坚决打赢关键核心技术攻坚战。加快实施一批具有战略性全局性前瞻性的国家重大科技项目，增强自主创新能力。加强基础研究，突出原创，鼓励自由探索。提升科技投入效能，深化财政科技经费分配使用机制改革，激发创新活力。加强企业主导的产学研深度融合，强化目标导向，提高科技成果转化和产业化水平。强化企业科技创新主体地位，发挥科技型骨干企业引领支撑作用，营造有利于科技型中小微企业成长的良好环境，推动创新链产业链资金链人才链深度融合。

二、山东宝恩高质量发展未来可期

2022 年 12 月 15 日至 16 日召开的中央经济工作会议深入阐述了 2023 年我国经济工作的总体要求和政策取向，为做好 2023 年经济工作定向领航。以政策引导、以改革破壁、以协同为要，山东宝恩高质量发展未来可期。

（一）广大干部职工认真学习贯彻党的二十大精神

党的二十大召开后，宝恩广大职工通过电视、网络等渠道，集中收看收听大会盛况，通过报告会、座谈会、专题辅导、主题党日、班组会等形式，学习领会大会精神。大家一致认为，习近平总书记所作的报告是党团结和带领全国各族人民在新时代继续踔厉奋发、勇毅前行的宣言书和指南针。以中国式现代化全面推进中华民族伟大复兴，为全面建设社会主义现代化国家、向第二个百年奋斗目标进军的新征程指明了前进方向。大家纷纷表示，将认真学习贯彻落实好党的二十大精神，继续按照绿色、循环、低碳、环保发展的理念，加大改革力度，立足本职工作岗位，内强素质，外拓市场，优化资源利用，助力企业自动化、智能化转型升级，在激烈的市场竞争中站稳脚跟，实现高质量发展，为新时代中国特色社会主义建设贡献自己的力量。

（二）咬定科技创新不放松，认真制定企业高质量发展规划

面对新冠疫情和国际贸易双重考验，宝恩积极融入新发展格局，推进生产关键工序的智能化、自动化，打通线上线下营销渠道壁垒，构建全新营销体系，国内外市场拓展同步推进。一是秉承企业创新精神，通过产品创新、营销创新、管理创新和产业创新，持续发力，不断打造创新宝恩；二是持续推进新产品研发，提高产品科技附加值，在 SAP 大数据系统应用基础上，以“工业互联网 + 智能制造”项目为切入点，推动

企业从劳动密集型向科技型现代产业转变，打造科技宝恩；三是通过技术工艺革新，大力提升制革清洁化生产技术水平，提高资源利用率，打造绿色宝恩。通过以上发展举措，推动宝恩积极践行新发展理念，切实推进新旧动能转换，努力实现持续稳定的高质量发展。

（三）“敢”字当头，把“四敢”精神落地实处

2022 年 12 月 6 日，中共中央政治局会议指出：“要坚持真抓实干，激发全社会干事创业活力，让干部敢为、地方敢闯、企业敢干、群众敢首创。”四个“敢”字体现了在关键时期必须真抓实干、激发活力、提振信心的政策导向，有利于统一思想，更好统筹疫情防控和经济社会发展，更好统筹发展和安全，有效应对困难挑战，赢得发展主动权。

新征程上有机遇就会有挑战，少不了暗流也难免遇到险滩，作为中国皮革行业的领军企业，宝恩全体干部职工将继续拿出“勇挑大梁”的使命感，保持“时时放心不下”的责任感，增强敢为善为、真干实干的能力本领，营造担当作为、干事创业的良好氛围，敢字当头，真抓实干，以逢山开路、遇河架桥的勇气，以滴水穿石、绳锯木断的韧劲，把企业敢干、群众敢首创落地实处，充分激活皮革行业“一池春水”。

执笔人：王子义，21 世纪马克思主义研究院经济社会文化发展战略研究中心副主任、特约研究员

张群，21 世纪马克思主义研究院经济社会文化发展战略研究中心特约研究员

张继国，宝恩集团董事长

第十章　江西景德镇政法工作高质量发展在加快建设法治社会方面的创新做法

近年来，景德镇市坚持以习近平新时代中国特色社会主义思想为指导，深入学习贯彻习近平法治思想，全面落实《中国共产党政法工作条例》，循着“党政走在前、群众在中间、社会组织在后头”的基本思路，创新举措和机制，奋力推进全市政法工作高质量发展，为经济社会发展保驾护航，为人民群众遮风挡雨，忠实履行维护国家安全、社会安定、人民安宁的重大责任，全市政治社会大局持续安全稳定，连续 11 年被评为江西省平安建设（综治工作）优秀城市，扫黑除恶专项斗争的成果连续 3 年位居江西省前列。2020 年，景德镇市成为第一批全国市域社会治理现代化试点城市，2021 年，又荣获“全国禁毒示范城市”荣誉称号，还被评为“2017—2020 年度平安中国建设示范市”。本章重点对景德镇市政法工作高质量发展在加快建设法治社会的创新做法进行分析。

第一节　全面提升党委政法委统筹政法工作能力

一、景德镇市政法工作情况复杂

景德镇市是享誉世界的千年瓷都，位于江西省东北部，辖乐平市、浮梁县、昌江区、珠山区和国家级景德镇高新技术开发区、昌南新区，辖区面积 5256 平方公里，常住人口 162 万，是全国文明城市、国家卫生城市、国家生态文明建设示范城市。在我们国家的历史发展中，景德镇有着特殊的位置。从宋代开始，这里生产的瓷器便一直代表着中国手工业的世界形象——精美、神秘，甚至“中国”的英文单词都与景德镇瓷器息息相关。“China”一词，如果首字母C大写，是为“中国”，如果小写，则为“瓷器”，而这里的瓷器就是景德镇的瓷器。到了近现代，景德镇瓷器又与中国制造工业、产业升级紧密融合。今天，景德镇市正在由单一产业向多元化发展的现代化经济体系跨越、由以资源生产开发为主的工业城市向现代化创新型生态城市跨越。除此之外，景德镇又是一个国际旅游胜地，“千年瓷都”吸引着众多国内外游客。再加上处于皖赣浙三省交界的区域中心位置，使得景德镇市政法委工作更加艰巨。下面就从三个方面简要说明景德镇市政法工作背景的复杂性：

（一）产业升级情况较复杂

景德镇市是我国中部地区典型的资源型城市和老工业基地，城市化程度高，三线企业和陶瓷产业正经历由单一产业向多元化发展的现代化经济体系跨越、由以资源生产开发为主的工业城市向现代化创新型生态城市跨越的重大改革。发展过程中，手工业、传统工业和现代新型工业同时存在，这三种状态的矛盾交织在一起，给政法工作带来诸多难题。再加之景德镇市是我国军工制造前沿，有军工企业、研究所和火箭军部队，处在对敌斗争一线，对敌斗争形势比较复杂，以至政法工作更是难上加难。

（二）流动人口数量较多

景德镇市是世界陶瓷旅游圣地，国际影响广泛，对外开放程度较高，与世界72个国家180多个城市建立了友好交流关系，人口结构复杂、流动频繁。目前景德镇市常住“景漂”3万多人，其中“洋景漂”5000多人。作为世界级的旅游城市，即使在全球疫情肆虐，旅游业受到沉重打击的2021年，景德镇市接待中外游客还达到5331万人次。如此数量的流动人口增加了政法工作的难度。

（三）属区域中心城市

景德镇市属于三省交界的区域中心城市，为周边300多万人口提供就医、就学、就业等公共服务，人流、物流、信息流、资金流聚集加强，易产生矛盾冲突。

面对产业、人口、经济等复杂社会状况，景德镇市委政法委迎难而上，不断创新，引领政法工作高质量发展。在市委市政府的重视和支持下，坚决贯彻《中国共产党政法工作条例》，将严格落实条例作为各项工作的总抓手，创造性提出“制度上统建、政治上统领、平台上统合、监督上统促”的工作方法，全面提升党委政法委统筹政法工作能力。

二、把认真贯彻党的政法工作条例作为各项工作的总抓手

（一）制度上统建

景德镇市委及时研究出台《中共景德镇市委关于贯彻〈中国共产党政法工作条例〉的实施办法》，对政法工作的领导责任、制度机制、内容要求等进行规范。重点要求各级党委政法委书记必须聚焦主责主业，规范乡镇（街道）政法委员的任免和考核工作，明确享受政法津贴；规范市县两级综治中心的领导配备，细化党委政法委“协管”“协查”要求，明确县级以上开发区、园区可设立政法委员会（工作委员会），形成完善有效的党领导政法工作体系。

（二）政治上统领

健全政治督察机制，制定政治督察工作制度，围绕谁来督、督什么、如何督等明确措施，对县（市、区）政法委开展督察 3 次，督促整改问题 59 个。健全协管协查机制，细化政法委参与政法干部推荐、考察、交流程序，严把人员提名、考察推荐、任前备案等环节，2021 年以来景德镇市政法系统科级干部任免备案共 203 名。建立政法委与市纪委市监委线索双向移送、联合审查等工作机制。健全纪律作风督查巡查机制，开展经常性明察暗访、问题通报和责任追究。强化政治轮训工作，建立专门的全市政法领导干部政治轮训基地，常态化全覆盖开展政治轮训。

（三）平台上统合

探索平台载体，创建平台信息采集、处理、传播模式，实现工作联动、问题联治、平安联创。利用江西综治信息平台，统一建设了覆盖市县乡村、联通景德镇市各直属部门的平安景德镇信息管理平台，每月定期发布平安报告指数，为社会治理信息实时感知、研判预警、联动处置打下扎实基础。建立联动实战平台，在全省率先开展综治中心等级评定，

出台运行管理、民生民安事项办理等暂行办法，综治中心实体化综合运行考核连续两年位列江西省第一。在市、县、乡三级打造信息资源汇集、风险预警处置“指挥部”。乡镇（街道）综治中心统一设立服务窗口。建立“只进一个门、只跑一趟路”工作模式，公安派出所、司法所等职能部门和人民调解委员会派员入驻集中办公、集成服务，形成“中心吹哨、部门报到”的解决群众诉求新机制。

（四）监督上统促

探索创新党委政法委执法监督方式，促进严格执法、公正司法。实施集中评查。景德镇市委政法委每年组织工作专班，评查一批重点涉法涉诉信访案件，评查评选结果与评先评优、业绩考核、晋级晋职挂钩。2021 年开展涉法涉诉信访集中评查化解，评查 59 件，化解 26 件。实施提级办理，在扫黑除恶斗争中对重大疑难案件，由上级政法单位成立专班直接办理。开展专项整治行动。针对执法司法顽疾，先后开展重复信访治理、执法司法突出问题整治、涉法涉诉信访案件攻坚化解等行动。2021 年开展涉法涉诉信访攻坚，积案全部评查，整治执法司法等方面顽疾问题 331 条。

第二节　景德镇市政法工作高质量发展的创新做法

近年来，景德镇市政法机关牢牢把握推进国家治理体系和治理能力现代化的总要求，坚持系统观念、法治思维、强基导向，以提升公众安全感、人民群众满意度为目标，以健全完善平安建设责任制为抓手，全面推进系统治理、依法治理、综合治理、源头治理，奋力谱写政法工作高质量发展新篇章，在服务保障经济社会发展中彰显了新时代景德镇市政法铁军本色。群众对政法部门工作满意度位于江西省前列。

一、构建全时全域防控体系，全力维护安全稳定

景德镇市政法工作贯彻落实国家安全观，树牢底线思维，织密防控网；建强防控链，构建全时全域防控体系，坚决守住风险底线，全力打

好“防风险、保安全、护稳定”的总体战。

（一）全方位发动群众参与

开展平安志愿行动，市、县两级成立平安志愿者协会，平安志愿者注册人数超7万。建立党员到社区“双报到”机制，组建“帮帮团”、“快递小哥”、“瓷都义警”、“浮红飘乡”巾帼平安志愿者协会等社会组织参与查隐患、化矛盾、防风险等工作。乐平市洎阳街道“快递小哥”党支部常态化开展平安创建活动，300余名快递小哥成为风险治理的“流动探头”。洎阳街道帮帮总团1700余人，每天开展排查隐患、调解纠纷等志愿活动，被评为“平安中国建设先进集体”。珠山区“妈妈防火团”成立70年，走街串巷消除火灾隐患40多万处，获“中国百个优秀志愿服务集体”称号。珠山区里村街道马鞍山社区“580我帮你”调解团，组织“五老”、律师等常年深入群众化解纠纷，使该社区10年无进京、进省访。

（二）全周期化解矛盾纠纷

强化源头预防。全面落实社会稳定风险评估机制，2021年141个重大项目开展了稳评，防止了“决策一出台、矛盾跟着来”。设立行政复议代办点27个，全市行政复议办结率达到95.3%。做优多元调处。广泛开展“百姓说事”活动，全市53个乡镇（街道）设立说事中心，557个村（社区）设立说事室，提升基层一线源头防范、综合调处能力；在全省首创出台《景德镇市职能部门行政调解平台等级评定暂行办法》，打造住建、生态等40个市级专业调处中心，实现分级分类调处有效落实、多种调解手段平滑对接，高效调解涉及群众切身利益、政策性强的诉求；推进人民调解员进驻社区、派出所、法院，打造“余梅工作室”等一系列品牌调解室，建立律师接访制度，把矛盾纠纷和信访问题化解及时导入法治轨道。医患纠纷调处经验向全国推广，圆满完成中央政法委“矛盾纠纷多元化解规范化建设”课题项目。狠抓应急处置。坚持发现在早，防范在先，处置在小，建立和完善涉稳突出问题归口处理机制，常态化组织开展涉稳突出问题排查化解工作，圆满完成党的二十大、庆祝建党100周年、全省旅发大会等重要时期、重大活动的维稳安保任务。

（三）全链条开展打击整治

坚决捍卫国家政治安全，完善维护国家安全工作协作机制，深化反邪教斗争，全市没有发生有影响的危害政治安全案事件。常态化整治治安突出问题，严厉打击“盗抢骗”、电信诈骗、养老诈骗等违法犯罪。2021 年破获的电信网络诈骗案件同比上升 301.2%，打击战果列全省同等规模地市前列。出台《全市涉黄涉赌重点整治地区挂牌摘牌办法》，对全市派出所实行排名、挂牌督办、约谈制度，全市涉黄涉赌警情数持续下降。建立打击犯罪合成作战新机制，连续 10 年实现命案全破。

二、推进扫黑除恶斗争，全面净化社会治安环境

景德镇市政法工作始终把扫黑除恶作为强化“四个意识”，坚定“四个自信”，坚决做到“两个维护”的重大政治工程；作为社会形象重塑、社会生态再造和社会环境清正的基础工程，与政治巡视、环保督查同等对待，推动扫黑除恶斗争深入开展。2018 年以来，全市打掉黑社会性质犯罪组织 7 个、恶势力犯罪集团团伙 53 个，查封、冻结、扣押涉黑恶资产，“打财断血”合计 5.52 亿元，连续 3 年以小地市第一名的成绩获得全省先进。

（一）注重为民靠民，拓宽线索收集渠道

从事关老百姓切身利益的事情抓起、从群众反映最强烈的问题入手，创新开展侵占国有、集体资产资源专项清查活动，重点清查非法侵占、无偿占用、非法利用国有、集体所有自然资源等 9 种情形。制定群众举报涉黑涉恶违法犯罪线索奖励办法，调动群众举报侵占国有、集体资产资源问题线索的积极性，依法严厉打击“行业霸”“资源霸”等黑恶势力。通过专项行动，打掉相关黑恶势力 7 个，收回水库 72 座 3464 亩、山地山林 11477 亩、房屋 112 套 23432 平方米，增强群众对专项斗争的信心。

（二）注重整体联动，全面提升办案质效

推行线索集中统一管理，建立证人、扫黑除恶工作人员及其近亲属保护机制和“扫黑除恶线索摸排承诺制”，对所有线索和案件由办案民警负责彻查，实行三级签字背书，线索核查公安局长、分管刑侦副局长、刑警队长“三长负责制”，依规高效移送和处置线索。实行重大涉黑恶案件和疑难案件市、县两级政法委书记、公安局长、检察院院长、法院院长“一书记三长”包案制度，健全重大案件检察院、法院提前介入机制，

纪委监委和公检法三家分别成立专业办案团队，建立领导责任制、部门工作制度、“9+X”（行政许可、行政处罚、行政强制、行政检查、行政确认、行政征收、行政给付、行政奖励、行政裁决和其他类别）清单管理制度等机制，全面提升案件攻坚能力、提升办案质效。用好监督执纪“四种形态”，严肃查处政法干警参与涉黑涉恶、充当“保护伞”行为，深挖案件背后“保护伞”“关系网”和失职失责问题。

（三）注重综合施策，坚持深化源头治理

严把“两委”干部入口关，严格对党组织候选人进行资格审查，取消候选人资格 392 人。通过党员领导干部挂点联系、市县部门帮扶、选优配强第一书记、开展专题培训等措施，共整顿软弱涣散基层党组织 62 个。2021 年以来，扫黑除恶斗争常态化开展，始终做到思想不松、机构不撤、队伍不散、力度不减、标准不降、保障不缺，坚持以打击为先、以防控为基、以监管为重、以立制为本、以明责为要，紧抓关键点，打好“组合拳”，构建打击防范黑恶违法犯罪长效常治机制，建立健全相关制度规范 105 项。全市共整治 295 个行业乱点乱象问题，抓获涉黑恶网上逃犯 4 名，打掉涉黑犯罪组织 1 个。

三、做实市域社会治理，全面提升平安景德镇建设水平

景德镇市政法工作聚焦实现一流的社会治理目标，以市域社会治理现代化试点为牵引，坚持科学化、精细化、智能化方向，像绣花一样下足功夫，创新办法，奋力攻坚，全力推动社会治理现代化，建设更高水平的平安景德镇。

（一）高点布局顶格推

市、县、乡三级成立党政一把手任组长的试点工作领导小组，组建推进市域社会治理现代化试点工作协调专班，下设综合协调办公室和 5 个专项组，为推进试点工作提供了坚强的组织保障。制定试点工作实施意见和评价指标体系，把试点工作的 51 项任务、124 个具体举措，逐一明确责任单位、时间表和路线图，形成齐抓共管、全域推进的工作格局。紧抓综治中心等级评定、社会心理服务体系建设等 24 个关键性、基础性项目，突出打造 71 个特色品牌，实行每季度一调度，以项目带动、示范

引领试点工作整体上水平。把试点工作纳入平安建设考评，对推动工作不力的乡镇（街道），实行为期 2 个月的综治挂牌督办。

（二）夯实基础合力推

做精"一网统揽"。全市划分为 1697 个网格，全部成立党支部或党小组。扎实推进"多网合一"，把"千条线"整合成"一张网"，出台网格服务管理办法，建立网格工作事项清单，从规范事项准入、加强力量配备、促进资源整合，明确责任、保障措施、监督考核、结果运用等方面予以规范。依托全省社会治理大数据平台，构建网格事项办理闭环机制，有力推进保障民安与服务民生"双轮驱动"，全市基层参与网格服务管理的人员已达 1 万余人。2021 年以来，通过基层治理网格解决社区群众平安事件 45 万余件。做优"一员统管"。配优配强 53 名乡镇（街道）政法委员，建立乡镇（街道）政法委员"职责清单、权力清单"，依托综治中心这个平台，形成乡镇（街道）政法工作"一个领导主管、一个机构统抓、一竿子插到底"的工作模式。连续 3 年举办政法委员培训班，让乡镇（街道）政法委员明白"干什么、怎么干"。强化正向激励，将敢于负责、勇于担当、实绩突出的乡镇（街道）政法委员选出来委以重任。2021 年乡镇领导班子换届，有 13 个乡镇（街道）政法委员被提拔为乡镇党政或部门正职，占全市总量的 24.1%。

（三）融合"五治"整体推

构建政治引领、法治保障、德治教化、自治强基、智治支撑的"五治"治理方式，打造共建共治社会治理格局。强化政治引领，全市 109 个城市社区推行"大党委制"。吸收辖区内单位党组织负责人、社区民警和物业委员会、非公经济和社会组织党员负责人为兼职党委委员，建立在职党员、社区"双报到"机制，推行干部提拔使用、评优评先征求社区意见做法，用党建"穿针引线"织就社区治理"连心网"，形成"一核多元、共建共享"的社区治理共同体。不断夯实法治保障，组织修订完善 80 多个村规民约，出台《景德镇文明行为促进条例》等地方法规，培养"法律明白人"16 万余人，创建 8 个全国、20 个省级民主法治示范村（社区）。加强德治教化，大力弘扬社会主义核心价值观，加强思想教育和道德教化，进一步丰富群众精神文化生活，培育文明家风，引导形成正确价值取向，让全社会充满正气正义。2022 年前三季度，发动广大干部群众推荐身边好人线索 5000 余条，成功推出 30 余名“瓷都好人”。做响自治强基，创建“五社（社区、社会工作者、社会组织、社区志愿者、社会慈善资源）联动”新机制，开展培育社区社会组织 3 年行动，建立市县乡三级社会服务中心（站），培育志愿服务类、矛盾纠纷调处类、平安巡防类等社会组织 132 家，发展志愿者 20 余万名，在 2022 年 5 月 19 日召开的第七次全国市域社会治理现代化试点工作交流会上，向全国介绍主要做法。积极夯实智治支撑，建成纵向贯通市县乡村网格、横向辐射 114 个市直单位的社会治理信息平台，建立公安机关刑侦合成作战中心、反电诈中心、情报中心等“三合一”的大数据作战平台，实施“雪亮工程”和“智能安防”建设，开展 24 小时“天网”视频巡查巡控，形成立体化信息化治安防控体系。

四、深化政法改革创新，全力提升执法司法质效

景德镇市政法工作认真贯彻中央、省委、市委各项改革部署，坚持体制改革和科技创新“双轮驱动”，一仗接着一仗打，一个难题接着一个难题攻克，执法司法质效和公信力显著提升。群众对市政法部门满意度位居江西省设区市前列。

（一）持续优化政法机构职能体系

推进市县两级人民法院内设机构改革，成立景德镇市知识产权法庭，设立金融法庭。全面完成公证体制改革、律师制度改革。加快检察机关内设机构改革，构建刑事、民事、行政、公益诉讼“四大检察”工作格局。创新警务机制改革，健全“情指勤舆”一体化警务运行机制，提升公安核心战斗力和实战效能。

（二）完善执法司法监督机制

全面深化以司法责任制为核心的司法体制改革，深入推进以审判为中心的刑事诉讼制度改革，在江西省，第一个将改革非法证据排除试点经验制定成规范性文件下发。率先建立“市委领导、政法委协调、法院主导、各单位联动”工作执行新机制，2022 年景德镇市法院工作执行质效名列前茅，进入江西省第一方阵。充分发挥检察机关法律监督职能作

用，市县两级检察机关分别在同级公安机关设立派驻检察室，建立党委政法委政治督察、纪律作风督查巡查、执法监督与检察机关法律监督衔接配合工作机制。

（三）强化数字科技应用

统筹推进政法智能化建设，市县两级跨政法部门大数据办案平台同步上线运行，实现案件全过程网上流转、数据全系统共享应用、执法全链条监督管理。景德镇市中级人民法院打造了智慧法院“e 系列”品牌，建成远程视频提讯系统、移动微法院和“法官即时通”、“诉讼文书自动生成系统”等。在江西省，景德镇市平台使用率名列前茅。在平台中，结合景德镇市国外人员交流频繁的特点，还率先建成出入境动态管理数据库。

五、打造一流法治环境，全力服务保障发展大局

景德镇市政法工作立足新发展阶段、贯彻新发展理念、构建新发展格局，坚持稳中求进工作总基调，围绕服务景德镇市国家陶瓷文化传承创新试验区建设，充分发挥政法职能作用，精准完善司法执法政策措施，筑法治之基、行法治之力、积法治之势，打造一流法治化营商环境，以高质量法治保障高质量发展。

（一）用法治之力架起服务企业“连心桥”

树立全周期服务企业的观念，建立干警联系企业跟踪服务制度，为企业（特别是重大项目）提供专业化、个性化、精细化的法治服务。从维护治安秩序、防范化解矛盾、提供法律咨询多方入手，帮助项目早落地、早投产、早见效。同时，市公安局对全市重点项目逐一落实安保服务专班，为新开办企业免费刻制公章。市检察院开展“百名检察官进企业”活动，常态化开展涉民企刑事诉讼“挂案”清理工作，全国首例适应《民法典》惩罚性赔偿环境污染公益诉讼案被评为全国优秀案件。在执法中，景德镇市司法局还推动“轻微违法行为免予处罚清单”制度，369 种轻微违法行为首违不罚、轻微免罚。

（二）以法治之手为市场主体撑起“防护网”

景德镇市中级人民法院将平等保护各类市场主体产权和合法权益作

为基本原则，在全省率先自主研发可视化平台系统，把执行合同、办理破产等营商环境监测指标纳入系统管理，做到实时监测，动态督导；成立知识产权法庭，组建技术咨询专家委员会和全省首个知识产权律师调解中心；设立破产审判法庭，出台破产案件管理人援助资金管理和使用办法，设立破产管理人基金专户；成立金融法庭，金融案件审理时长同比缩减 34%，结案率同比提高 27%。市检察院健全侵犯知识产权犯罪案件行刑衔接机制，对涉案企业开展合规管理。

（三）筑法治之基提升政法公共服务水平

景德镇市法学会成立企业法律问题研究会，定期开展企业法律问题研讨。市中级人民法院建成“一站式”多元解纷和诉讼服务体系，推出“一次办好”8 项承诺。在一站式建设的 83 项指标评比中，常年位居全国前列、经常位列全省第一。市检察院建成具有未成年人法治教育和“一站式”救助功能的关爱中心。市公安局在全省创造性推出“出生一件事、免费一链办”服务。市司法局建成融实体平台、热线平台、网络平台于一体的公共法律服务中心。检察机关设立生态检察室、法院设立环境资源合议庭，加大办理破坏生态环境和自然资源案件的力度。

六、打造过硬政法铁军，全力提升政法工作水平

景德镇市政法机关坚持以加强党的政治建设为统领，坚持治心、治人、治事、治制“四治”同抓，秉持补短板、固底板、锻长板并举，全市政法队伍面貌蓬勃向上、焕然一新。

（一）全面加强政治建设

建立全市政法领导干部政治轮训基地，分层分级开展政治轮训，通过举办培训班、研讨班、专题讲座等形式，持续强化党的创新理论学习，组织干警学深悟透习近平新时代中国特色社会主义思想、习近平法治思想和习近平总书记视察江西重要讲话精神等，坚决把党的绝对领导贯彻到全市政法机关政治、思想、组织等各个方面。健全完善政法干警政治素质项目化考核评价机制，建立干警政治素质档案，采取全覆盖“一人一册”规范建档，强化考核评价及结果运用，作为干部提拔使用的重要参考。严格执行重大事项请示报告制度，坚持落实政法委领导班子成员

列席指导同级政法单位党组（党委）民主生活会制度。打造“老方说党史”理论学习宣讲品牌，被江西省委宣传部推荐报送至中宣部参评全国基层理论宣讲先进集体。

（二）全面加强能力建设

树立实战、实用、实效鲜明导向，坚持练中干、干中练，探索“互联网＋培训”机制，打造网络课堂，组织政法机关开展岗位技能、实战演练、专项业务等培训，推动全警培训、终身培训。2021 年全市政法机关开展政法综治等专业业务培训共 56 场次，增强了全市政法干部能力素质。全面加强政法机关文化建设，市检察院微动漫文化品牌“你好，检检和察察”获评 2021 年全国检察机关十佳文化品牌。市公安局创建了思想文化宣传教育中心。

（三）全面加强从严治警

始终坚持从严治警方针，把纪律和规矩挺在前面。建立政法口纪检监察组党风廉政建设联席会议机制，深入开展政法队伍教育整顿，坚持“查改治建”一体推进，切实解决群众在政法领域的急难愁盼问题，制定和完善相关制度 268 件，把执法司法权力关进制度的笼子，3000 余名政法干警接受了一次思想洗礼和革命性锻造，政法干警纪律作风持续好转。2021 年教育整顿期间，景德镇市严格落实组织查处措施，运用监督执纪“四种形态”处理 387 人，精准整治顽疾问题 331 条。经常性开展警示教育，筑牢防腐拒变的思想防线，增强政法干警的自我约束能力，坚决反对和纠正“四风”。

（四）全面加强从优待警

采取从优待警政策，加大基层保障力度，落实干警休假、体检等措施，关注干警心理健康，丰富文体生活。健全执法司法人员履行法定职责保护机制，依法严惩暴力袭警抗法等妨害执法司法的违法犯罪行为。坚持“做事是最好的作风”的鲜明用人导向，推动各项激励和待遇保障制度落实落地，举办政法英模事迹学习会、报告会，选树“新时代政法先锋”“新时代政法标兵”“新时代模范基层政法单位”，营造比学赶超氛围，增强职业荣誉感、责任感，激励干警奋发图强、担当作为。近年来，景德镇市政法机关涌现出全国岗位学雷锋标兵黄莺、全国脱贫攻坚先进个人罗晓敏、全国优秀人民警察王建月等一批先进典型和标兵模范。

第三节　景德镇市政法系统高质量发展的特色做法

一、市中级人民法院在江西省法院系统高质量发展中名列前茅

近年来，景德镇市中级人民法院以习近平法治思想为武装，紧紧围绕江西省法院高质量发展指标体系，向技术和机制要公正、向平台和规范要效率，构建了党建引领、兼顾公正与效率的全流程、可视化监管审判权运行体系，在江西省法院系统高质量发展工作中作出了优异成绩。

（一）新思想促新思路：党建引领从严治院

强化理论武装。学深悟透习近平法治思想，切实用党的创新理论指导实践、解决问题、提升工作水平。严格落实党组会第一议题制度，推动《中国共产党政法工作条例》落实，创建“红色天平”党建品牌打造模范机关活动，执行支部书记评优晋升“背书”制。党组书记带头讲专题党课，党组成员带领开展实地主题党课，持续开展“红色天平影院”活动，不断增强思想政治工作的针对性和实效性。强化监管主责。研究制定《关于重大敏感案件向党组报告的规定》，充分发挥党组织把方向、管大局、保落实的领导作用，引导法官从政治上看待和把握法律问题。严格落实党组成员“一岗双责”，增强对分管领域的政治监督和业务指导。截至 2022 年 11 月，院党组专题研究司法改革、法治化营商环境、审判质效等工作 15 次，以审判委员会形式听取案件汇报 105 件。强化权责界分。制定院长、副院长、庭长、副庭长、法官、合议庭、专委会 7 个层面 100 余项权责清单，进一步厘清了法官、院庭长的权责边界，使各个责任主体的权责进一步明晰化、具体化。明确院庭长审判监督管理职责权限，厘清依法监督管理与不当干预过问案件的界限，形成审判权运行全流程、全节点、全方位的管理模式。

（二）新目标创新机制：精准施策全程监管

提升审执质效，确定“规矩方圆”。自主编研《“走稳前列 争做标

杆”活动工作手册》，对案件质量和效果等41项指标进行了分解，明确责任领导、责任部门和具体责任人，压紧压实庭长、法官责任。紧紧围绕案件质效提升，研究出台《案件合议监督管理规则》《案件评查委员会工作规程》等，全方位构建规范管理体系，让审判权没有“任性”的空间。聚焦重点案件，加强监管力度。将“四类案件”（涉及群体性纠纷，可能影响社会稳定的案件；疑难、复杂且在社会上有重大影响的案件；与本院或者上级法院的类案判决可能发生冲突的案件；有关单位或者个人反映法官有违法审判行为的案件）作为控权的关键抓手，作为司法公正的重中之重。研究制定《进一步加强“四类案件”中监督管理的实施细则（试行）》等，建立“智能 + 人工”识别机制，实现“四类案件”精准识别。严格限定院庭长对“四类案件”监督管理的职责权限、在案件合议室听取“四类案件”的评议情况，明确规定如果院庭长对案件审理过程或者评议结果有异议，不得直接改变合议庭的意见，应在可视化监管平台按程序将案件提交专业法官会议研究或提请审判委员会讨论，不断扎紧权力的制度笼子。截至2022年10月，全市法院“四类案件”监管2551件，本院专业法官会议研判案件222件。合议可视留痕，增强他律约束。积极探索审判权运行新机制，对案件合议、讨论等全程录音录像，实现全过程的可视化、透明化、规范化。通过视频，让一审承办人与二审合议庭“面对面”讨论裁判思路、案件背景及主要考量，进一步畅通上下级审判权运行机制。充分发挥集体研判疑难复杂案件的作用，实现事中监督与事后监督有效结合，达到程序正义的目的。依托可视化监管平台，确保监管全程留痕，既依法有效监督法官办案，又促进院庭长规范监管形成。

（三）新技术搭新平台：系统集成奖优惩劣

加强贯通融合集成，打造案管中心。全市两级法院加强协同联动，强化资源整合，建立起以审判管理可视化平台、优化营商环境指挥平台、庭审巡查系统、裁判文书质量检测系统为内容，以视频会议系统和电子大屏为载体的案件管理调度中心，实现所有可视化监管平台全部集成于案件管理中心，做到集成高效运行。以执行指挥中心为依托，建立执行办案管理平台、网络司法拍卖平台、“一人一案一账户”系统和执行信访管理系统。打破“一人包案到底”的传统执行方法，推行执行流程集约化工作模式，通过在执行立案、财产查控、财产处置、案款发放、终本核查等环节设置提示预警，实现对执行案件系统性、规范化管控，避免执行乱象。坚持执行工作“三统一”，充分整合执行资源、集中执行力量、完善执行制度、加强监督指导，推动辖区法院执行工作整体发展，确保全市法院执行工作“一盘棋”格局。增强繁简分流力度，优化资源配置。出台刑事、民事、行政案件繁简分流制度，实现繁出精品，简出效率。积极争取政府有关职能部门支持，激发基层调解组织活力，切实将非诉讼纠纷解决机制挺在前面。以推进“一站式”建设为抓手，全力建设“集约高效、多元解纷、便民利民、智慧精准、开放互动、交融共享”的现代化诉讼服务体系。通过网上立案、电子送达、远程开庭等方式实现当事人“零跑腿”，与百姓“零距离”。设立专项调解基金，运用诉前调解、特邀调解、委托调解等形式将矛盾纠纷止于诉前，辖区每年近 5000 件案件进入诉前调解程序，其中超过 60% 的案件在诉前得到化解。2021 年以来，全市法院民事案件简易程序适用率、审理时长、调撤率、精品案例、学术调研等指标均位列第一方阵。加大平台业绩权重，革新队伍面貌。根据省高院高质量发展指标体系，结合工作实际，自主编研《“走稳前列 争做标杆”活动工作手册 2.0 版》，对审判质量和效率等 41 项指标进行分解，建立权责清单，并嵌入审判管理可视化平台，实现办案流程全程可视。制定《法官、审判辅助人员、司法行政人员绩效考核及奖金分配办法》，将覆盖全市法院、法庭、部门及法官的审执数据作为业绩考评、评优选优、职级晋升等方面的量化依据，大大增强了评先推优和惩弱罚劣的说服力和公信力，进一步激励广大干警勇于担当，积极作为。

二、市检察院以“检察蓝”守护“瓷都绿”助推高质量发展

近年来，景德镇市检察机关坚持以习近平新时代中国特色社会主义思想为指导，以高度的政治自觉、法治自觉、检察自觉，忠实履行宪法和法律赋予的职责，各项工作在落实中稳进、在稳进中提升，全市两级检察院自 2019 年以来获省级以上荣誉 87 项，其中国家级 29 项。市检察

院被评为全国文明单位、全国节约型公共机构示范单位、全国绿化模范单位、全国维护妇女儿童权益先进单位、全省扫黑除恶专项斗争先进集体，两名同志分别获“全国脱贫攻坚先进个人”和“全国扫黑除恶专项斗争表现突出厅局级干部嘉奖”荣誉。2021 年，综合质效排名位居全省设区市检察院第一，群众满意度多次位列全省检察机关第一名。特别是认真践行“绿水青山就是金山银山”的生态检察理念，建立全省生态检察实训基地，探索出具有瓷都特色的“专业化法律监督 + 一体化联动 + 社会化综合治理 + 恢复性司法实践”的生态检察新模式。

（一）高位推动，打造绿色生态检察品牌

推陈出新，探索生态检察监督新格局。整合职能，聚合资源，推动案件集中管辖，构建以专业化、一体化为引领的生态检察监督新格局。全市环境资源类案件由浮梁县检察院统一集中管辖。浮梁县检察院成立生态检察案件专门办案组，建成瑶里生态检察室暨江西省生态检察实训基地，实现“简案快办、难案精办、专案专办”。办理全国首例民事公益诉讼生态环境领域惩罚性赔偿案件，该案被写入 2021 年最高检工作报告，实现了对生态损害提出 3 倍惩罚性赔偿的有益探索。首创“两山”，构建生态环境保护新发展。市检察院联合浮梁县检察院，积极与浮梁县委县政府对接，联合各方力量共同促使浮梁县“两山”生态检察工作全面落地，这是全国首家在地方党委政府支持下，联合当地公检法、生态环境领域相关行政机关等 13 家单位共同成立的生态检察工作组织，深入推进了“林长 + 检察长”“河湖长 + 检察长”等协作机制，有效构建了线索发现、案件办理、生态修复、法治宣传“四位一体”的生态保护共建共治格局，并获得了广泛的社会关注和积极评价，先后被《人民日报》、央广网、正义网、中国长安网、《中国环境报》、学习强国、《新法制报》、江西政法网等 10 余家国家级、省级媒体报道，是江西全面深化改革的特色品牌。

（二）利剑出鞘，护航绿色生态发展大局

精准打击，维护生态安全。2019 年以来，全市共提前介入破坏生态环境刑事案件 59 件，逮捕 109 人，不捕 30 人；起诉 272 人，不诉 85 人；监督行政执法机关移送涉嫌破坏生态环境资源刑事犯罪 5 件，监督公安机关立案 6 件，监督公安机关撤案 9 件。公益履职，守护绿水青山。2020 年以来，在生态环境领域，全市检察机关民事公益诉讼案件立案 17 件，起诉 15 件，向污染企业和个人索赔环境损害赔偿金 302.5072 万元。除了聚焦民事公益诉讼案件，还坚持“治标更要治本”的办案思路，坚决从上游堵住行政机关的监管疏漏，生态环境领域的行政公益诉讼案件立案 264 件，发出诉前检察建议 248 件，其中涉及大气污染 15 件、水污染 76 件、土壤和固体废弃物污染 31 件。检察建议，推动社会治理。主动对接绿色发展战略，增强守护生态文明的责任担当，以检察建议为抓手，不断提升检察建议的质量和精准度，督促行政执法部门建章立制。同时规范环境监管、治理行为，达到“办理一案、治理一片、惠及一方”的效果。2019 年以来，刑事检察部门制发社会治理检察建议 28 份，进一步推进社会治理纵深发展。如吴某某等人涉黑案，检察机关在依法严惩“砂霸”黑恶犯罪的同时，针对案件中涉及的生态领域治理问题，向水利部门制发社会治理检察建议，该检察建议被评为 2020 年度全省检察机关社会治理检察建议优秀案例。

（三）创新履职，铸牢绿色生态法治屏障

注重“网格化”管理，凝聚监督合力。建立“一镇一长，一村一员”的生态保护立体工作机制，乡（镇）长作为生态责任人，负责推动当地生态环境治理。建立生态观察员制度，首批 161 名“两山”生态观察员全部到位履职，负责搜集上报辖区破坏生态环境相关情况。将“两山”保护的探头前移，让生态检察保护无处不在。注重“数字化”赋能，引领创新发展。依托大数据技术，开发启用“两山”生态检察微信小程序，分设“线索举报”“工作动态”“问题咨询”“法律法规”“典型案例”五大版块，搭建起全域生态环境、食品药品领域行政执法与刑事司法数据共享平台。2022 年 6 月 2 日“两山”生态检察微信小程序上线至今，共收到各类举报线索 79 条，其中污染环境占比 63.29%、公众安全 11.39%、非法捕捞水产品 6.33%、猎捕野生动物 1.27%，全部线索已由生态环境局流转至相关行政机关或乡镇进行办理，已办结 60 件。注重“生态化”修复，保护绿色发展的根基。坚持打击犯罪、监督履职与生态修复并重，按照“谁破坏，谁修复”原则，做好生态环境保护“后半篇文章”。2019

年以来，共补植复绿山场 255 余亩，建立补植复绿基地 500 余亩，增殖放流鱼苗 105.6 万余尾。浮梁县检察院与公安机关、审判机关、相关行政机关共同构建碳达峰、碳中和工作的“生态修复机制”，实行“生态检察 + 碳汇补偿”协作，探索以缴纳碳汇补偿金的方式进行替代性修复受损生态。同时，把认罪认罚从宽制度与生态修复有机结合，将生态修复情况作为犯罪嫌疑人、被告人依法从宽的重要考量因素。2019 年以来，全市检察机关共对 266 名破坏环境资源犯罪嫌疑人适用认罪认罚从宽制度。

三、市公安局走出一条具有景德镇特色的强警兴警之路

近年来，景德镇市公安机关高举习近平新时代中国特色社会主义思想伟大旗帜，忠实践行“四句话、十六字”总要求，牢固树立“守正创新、担当实干、追求卓越”工作理念，坚持向改革要动力、要活力、要战斗力，不断深化公安警务机制改革创新，走出一条与时代同频共振、具有景德镇特色的强警兴警之路。为保障景德镇陶瓷文化创新试验区建设、全力维护社会治安大局的持续稳定作出积极贡献。2021 年，人民群众对景德镇市公安机关满意度跃升至江西省第二名，创下历史最好成绩。

（一）加快推进警务机制变革，打击违法犯罪水平大幅提高

景德镇市公安局针对警情处置过程中情报、指挥、行动衔接运转效率低下的现实情况，探索建立“信息化警务 + 全警情联处”的工作模式。一方面，通过信息化核心人员的情报搜集、分析研判、预知预警，更精确地指挥指导各业务警种开展打防管控；另一方面，通过各业务警种对每一起警情进行分析研判，提供 24 小时在岗在位服务，充分发挥信息化核心岗的支撑优势，加快各类警情处置，提升各类案件的侦破速度。同时，在信息化的基础上，构建以案件侦查和现场勘查全流程双管控的“快串”侦查模式、多警种高效合成作战的“快锁”工作模式、市县两级联合作战的“快抓”打击模式为核心的“全警情联处 + 三快工作机制”，有力推动刑事案件破案数连续 3 年同比上升，连续 10 年命案全破。

（二）加快推进基层基础建设，社会基层治理水平增强

景德镇市公安局积极争取党委政府支持，按照相关部门标准，重建、改造市区、市辖区的派出所基础设施。在市区，重建覆盖全城区18个派出所和2个业务技术部门的基础用房，提升了基层工作者的办公环境。具体实施中，由市政府无偿划拨建设用地80亩，统筹安排市区乡三级财政解决建设资金，一揽子解决了城区派出所的基础设施建设问题，成为推进派出所建设的“大手笔”，被公安部评为“全国派出所建设样板工程”。除了市区派出所，景德镇市公安机关还积极推动乐平、浮梁两地农村派出所建设，持续加大派出所“新所旧貌”的整改力度，全市公安基层基础建设实现跨越式发展。

景德镇市公安局在基层工作中还稳步推进辅警队伍改革，同时创新机关支援基层工作机制、创建瓷都“红马甲”义警队伍建设，全力打造了基层社会治理新格局。尤其是，组建的37支1700余人“红马甲”义警队伍，积极协助公安机关开展法律政策宣传、治安巡逻防控、提供案件线索、防溺水巡查等工作，在防溺水巡查工作中助力公安机关破获一起潜水“捞宝”案件，查获非法打捞文物146件，取得了良好的社会效应。

（三）加快推进防控体系建设，维护治安稳定能力不断提升

景德镇市公安局依托“雪亮工程”、“天网”系列和人力，最大限度把指挥触角延伸至全市每个网格单元，适时启动公安武警联勤武装巡逻、市公安局机关应急机动队，在城区主干道开展叠加式巡逻，创新无人机空中地面立体防控新模式，形成全时空立体式社会面巡防网络。组建城市警察支队，打造“公安＋城管”联合执法执勤模式，采取固时巡逻、错时巡逻、固点巡逻等方式不间断地对商业广场、农贸中心、主要街道等重要区域以及易发案、常发案地点开展常态化巡逻巡查，实现了城市管理综合执法和城市社会治安防控“合二为一”。创新开展“千警助千企”活动，助推矛盾纠纷排查化解，通过组织全市公安机关社区（驻村）民警走访辖区1200余家规模企业、300余项重点工程，探访周边群众，最大限度将矛盾化解在基层，从源头防止案事件发生。

（四）加快推进公安放管服改革，人民群众满意度持续上升

在江西省首创“出生一件事、免费一链办”服务，实现新生儿五大事项“一表申请、一次不跑、一日办结”。该项目在江西省公安机关 2021 年度“智慧公安我先行”基层技术革新评比中获得第一名的好成绩。

创新“景漂”和“境外景漂”管理服务模式，在市县两级公安机关出入境窗口及各个派出所配备熟悉外管业务、外语较好的 112 名民警兼职负责外管工作。同时在陶溪川、乐天陶社等“境外景漂”聚集地率先建立江西省首个“境外人员管理服务站”，使之成为“境外景漂”的“温馨驿站”和外管工作的“桥头堡”。这一做法入选中宣部出版的《中国制度面对面》一书。

以景德镇市珠山区为试点，积极推行城区户政窗口全集中办公模式，建立了江西省第一家全类户籍业务集中办理平台，试点成果陆续在全市推广，逐步形成群众办事“只进一扇门”、户政业务“一窗通办”的便民服务模式。

（五）加快推进队伍管理创新，瓷都公安精神风貌全面改善

景德镇市公安局一方面坚持党建引领，把推进常态化学习教育作为坚定信念、纯化思想的有效途径。打造了涵盖“三堂二馆一廊”（政治课堂、铁纪学堂、文化讲堂，警体馆、公安史馆，文化长廊）的思想文化宣传教育中心，在教育党员、凝聚党心、宣传公安文化中充分发挥了党建“主阵地”“连心桥”作用。中心被命名为景德镇市第四批爱国主义教育基地，已经成为极具瓷都公安特色的党建文化品牌。同时，景德镇市公安局创新推出的“习近平用典有声书”“老方说党史”“每日一学”等栏目也成为具有瓷都公安特色的党建品牌，尤其是组建的“老方说党史”小分队，获得江西省三个先进典型之一的荣誉称号，江西省委宣传部直接推荐参评全国基层理论宣讲先进集体。

另一方面，强化执法监督，着力构建具有景德镇公安特色的大监督格局。期间，成立了督察委员会，设立督察委员会办公室。组建了含 3 名队长、4 名副队长、28 名专员的督察专员队，将这支队伍按照“平时派驻、战时督导”的工作机制全部派驻到基层派出所开展日常督导，不仅让基层“多了一双眼睛”，更是“多了一双手”。同时，在全省率先设立

网上督察24小时核心岗，全面推动督察工作机制改革不断向纵深发展。

四、市司法局积极探索建立行政执法规范化建设工作的瓷都样板

景德镇市司法局立足“一个统筹、四大职能”工作定位，以推动营商环境优化升级为目标，创造性开展工作，全面推动行政执法规范化建设，服务保障高质量跨越式发展。

（一）“只点一次”，全面掌握行政执法信息的明牌

进一步落实执法信息公示制度，在先期试点成功的基础上，全市范围推广行政执法集中公示，构筑全新的行政执法公示平台，行政执法公开透明度得到优化提升。执法中采用三种途径：首先是广为告知，及时出台《关于在全市推广搭建行政执法信息查询“只点一次”平台助力优化营商环境的通知》，组织各级行政执法机关依托本级人民政府官方网站，全面归集执法事权、执法队伍、执法结果等各类行政执法事前、事后信息，实现行政执法信息“一站式”公开。其次是加强调度，对各单位平台建设情况进行梳理汇总并印发工作通报，明确工作任务、工作期限，争取上级部门特别是市级主要领导的大力支持，分管市领导多次进行专门调度，保障了工作顺利开展。最后是及时公开，全市近150家行政执法机关入驻平台，累计公开了2000余件执法事权、4000余名执法人员以及2万余件执法结果信息。企业、群众只需点一点鼠标即可查询全市各类行政执法信息，即提升了办事效率，又节约了周转时间，真正实现了简政便民。

（二）“最多查一次”，擦亮“企业安静期”的招牌

针对执法频繁、干扰企业正常运行的问题，景德镇市司法局以实现涉企检查“月度综合查一次”为工作目标，建立落实“企业安静期”工作制度。主要从三个方面入手。

1. 创新工作模式。会同有关部门印发《关于进一步明确“企业安静期”有关事项的通知》，确定每月1—25日为全市“企业安静期”，在此期间非紧急、特殊情形，行政执法机关不能对企业开展常规性执法检查。如出现紧急、特殊情形，必须由部门领导和市作风办审批。每月26日至

月底集中开展涉企执法检查，尽量实行联合检查。

2. 强化执法监督。对每月跨部门联合检查，采取随机抽检的方式选派监督人员现场跟踪监督执法，确保联合检查工作落到实处。每月“企业安静期”最后一个工作日，发布本月月底涉企检查计划，并公开监督电话，接受企业和群众监督。

3. 精简执法检查。2022 年以来，全市行政执法机关共开展涉企执法检查 1604 次，其中 403 次为联合检查，占比 25.1%，有效减少了“多头监管、重复检查”对企业生产经营的负面干扰。

（三）推进包容审慎柔性执法，定位企业满意度

组织市直行政执法机关贯彻落实《中华人民共和国行政处罚法》关于“首违不罚”“轻微免罚”的法治精神，同步推进市直具有行政处罚权的 28 家部门包容审慎柔性执法制度建设，在全省率先实现市直执法机关“免罚清单”制度建设全覆盖。29 家执法机关共明确 403 种“首违不罚”“轻微免罚”情形，累计免罚金额超 400 万元。2022 年前三季度，行政争议发生率显著下降，行政复议案件数仅为 2021 年同期的 39%。

（四）强化行政争议实质性化解，推出最优服务

坚持把让人民群众在每一起行政执法案件中感受到公平正义作为终极目标，多举措化解行政争议。对行政争议高发领域开展专项督导。2022 年 3 月，市司法局针对 8 家重点执法部门和行政争议高发领域部门开展了两轮专项监督调研。针对行政执法工作中存在的不规范问题和执法风险出具书面建议书、反馈函，要求相关部门限期整改完善，从源头上防范行政争议的发生。强化行政复议与行政诉讼府院联动。印发《景德镇市行政复议应诉与行政审判府院联动工作方案》，建立行政诉讼案件诉前调解、分流化解等工作机制，引导当事人优先选择行政复议进行维权，降低行政争议维权成本和负担。扎实做好矛盾案前排查和化解工作。充分发挥行政复议化解行政争议主渠道作用，在收到行政复议申请的第一时间对接被申请人，了解案情事实，发现相关行政行为存在较大瑕疵的，即时责令行政机关启动自查自纠，未发现相关行政行为违法违规的，组织执法机关做好普法释法，争取实现案前化解。2022 年以来，案前化解行政争议 23 件，占总申请数的 25%。

第四节　景德镇市基层（县市区）政法工作高质量发展特色做法

一、乐平市创新治理“三要素”，同心共建“群众自治圈”

乐平市紧紧围绕“创新治理走前头、特色治理创一流、市域治理争头兵”目标，无缝对接群众“急难愁盼”问题。从社会资源、社会组织、社会服务“三要素”入手，盘活有效资源，带动构建人人有责、人人尽责、人人共享的基层“群众自治圈”“社会共治圈”，探索出一条适合乐平市社会治理自治强基的新路径。

（一）发挥党建引领“轴心”作用，盘活社会资源，夯实自治基础

乐平市委强化党建主导，统筹组织人力、物力、场所等多方面资源，发动群众构建全方位自治平台。优异班子配强村（社区），领导班子“一肩挑”比例达 97.9%，筑牢了自治“战斗堡垒”；深化城市基层党建引领基层治理，引导党员奔社区，建立功能性党支部 87 个，组织 3652 名在职党员进社区，全面提升了战斗力。优秀整合聚资源，通过市级国有资产的让渡、政府闲置资产统筹和社区、部门用房的整合，建设功能齐全的 5 个“自治共治的立方体”——“市民之家”及社会组织孵化基地、“爱心食堂”、“快递小哥”和“红马甲”义警驿站；整合、汇聚闲散资源，构建起“15 分钟群众自治圈”。进一步加强党的全面领导、有效整合各方力量、提升基层治理效能。优良保障激活力，落实城市每个社区工作经费 5 万元、专项经费 10 万元，制定了社区工作事项准入标准、村级“小微权力”监督清单，使社区自治规范有序。

（二）发挥孵化基地“枢纽”作用，引领、培育壮大社会组织，激发自治活力

坚持引领、培育并重，打造社会组织孵化基地 12 个，培育各类社会组织 429 个，吸纳成员共计 10.5 万人，满足群众对美好生活的向往。培育社会组织主要包括以下几类，枢纽类：“帮帮团”志愿者协会慎终如始地找准“红色印记”本色和“治理桥梁”定位，发展成员 3100 名。他们时时活跃在街道里弄、乡间地头，始终以“上帮党委政府、下帮群众百姓”为宗旨，通过开展一系列志愿活动参与社区治理，日渐成为传递

党和政府声音的“扩音器”、推动社区工作的“助力器”、疏解社会矛盾的“减压器”、为居民办实事的“取暖器”。“帮帮团”获得“2020 年度全国最佳志愿服务组织”荣誉称号。专业类：蓝天救援志愿者协会吸纳会员 457 名，为群众提供了各类应急救援、防灾减灾、活动保障。蓝天救援志愿者协会参加全国多个城市疫情阻击战，因成绩突出，作为唯一的县级民间救援组织，在全国交流会上发言，并介绍疫情阻击战的经验。乐平市社会心理服务健康协会吸收了 173 名卫生、教育界专业人才，大力推进“心防”工程建设。共建类：在全国范围内，“小蜜蜂”志愿者协会首创“快递小哥吹哨、综治中心响应、部门单位报到”治理模式，与 12 家快递平台合作，组织 460 名外卖小哥参与其中，使他们成为基层社会治理高效有力的“流动探头”。“新绿高家点点通”协会与乡村烟草零售网点合作，及时反馈各类安全信息，化身平安建设的“前哨站”，开辟了治安警情上下传达的新通道。草根类：洪岩镇联合“五老”、乡贤组织化解邻里纠纷，开创了“调解组织 + 群众”“法律法规 + 村规民约”的“双 + 调解”和“民事道德法庭”新做法，共排查矛盾纠纷 4450 件，调处成功 4315 件，调处成功率达 96.97%，获得了“江西魅力乡镇十强”的荣誉称号。

（三）发挥综治网格“底座”作用，丰富活跃志愿服务，提升自治效能

乐平市以综治网格为基本单元，聚焦解决群众操心事、烦心事和揪心事，推动志愿服务动起来、多起来、实起来。网格服务兜好底，建立“总网格长 + 网格长 + 网格员 + 楼栋长 + 单元长”的五级网格运行体系，全市 776 名网格员构建起“群众点单、综治中心派单、社会组织接单”的网兜式优质服务。按照网格分工，坚持守土有责、守土负责、守土尽责，着重做好疫情防控宣传、重点人员摸排、安全隐患排查、矛盾纠纷化解、提供便民服务等工作，努力当好信息员、宣传员、调解员、安全员。加强重点人群服务管理，对严重精神障碍患者落实救助管控和有奖监护，防止发生严重肇事肇祸事件。文化服务聚能量，规范马灯戏、赛龙舟、桥板龙灯等民俗活动的开展，发挥乡村民间职业剧团、串堂锣鼓班、铜管乐队、腰鼓队、广场舞队、“古戏台讲堂”红色宣传鲜活作

用，激活红色基因，为自治强基铸魂塑形。法治服务固根本，组织开展“1314”政法干警进网入群行动（围绕“1”条为群众办实事的主线；组织公安干警、法律工作者、网格员“3”种力量合力入驻“1”个村居民微信群；开展好宣传好党的创新理论、法律知识和政法工作，了解社情民意、收集梳理群众的意见和建议，及时回应群众诉求，帮助解决处理群众的“急难愁盼”问题“4”项工作），健全公共法律服务三大平台功能。完善村规民约，聚焦农村高价彩礼陋习，高位推动、精准施策。全民发动、全域推进，开展专项治理，健全婚姻家庭纠纷排查调处机制，有力提升了基层社会治理效能。树立“零彩礼”“低彩礼”新娘的典型形象，引导社会新风尚。志愿服务树品牌，组建志愿服务组织 391 个，落实志愿项目 4240 个，志愿服务时长达 338.5 万小时。在乐平市，活跃在街头、社区的“红马甲”多了，不文明现象少了，邻里关系变得更和谐。“帮帮团”“快递小哥”志愿品牌获得国家级荣誉，得到媒体的广泛关注和好评。

二、浮梁县创“四联”模式，打造边际“和谐共生走廊”

浮梁县是典型的山区县，地处赣、皖二省交界处，东邻安徽省休宁县、江西省婺源县，西毗江西省鄱阳县，南接景德镇市的乐平市和昌江区，北连安徽省祁门县和东至县，是赣皖浙毗邻地区的中心。县域面积 2851 平方公里，全县常住总人口 28 万。20 世纪 90 年代以前，浮梁边际地区纠纷不断，治安状况较为复杂，曾发生过群体性事件，严重影响边际地区稳定和经济发展。对此，安徽省祁门县新安乡和江西省浮梁县西湖乡会商提出建立联调联防机制，于 1992 年成立了全国首个跨省边际地区联合调解组织——“新西”联合调解委员会。“新西”联调会成立后，边际治安明显好转，由原来的干群关系紧张、老死不相往来到通婚通商。浮梁县将“新西”联调会的模式拓展延伸，相继成立“鹅赋”“木联经西”“勒江闪”“浮东洞灵”“湘赋”“瑶鹤”等联调委员会，实现联调会边际全覆盖。2018 年，“新西”联调会探索形成“治安联调、组织联建、文化联欢、产业联动”四联模式，并在县域周边联调会全面推广，演绎出一幅幅和谐共生、合作共赢的生动画卷。

（一）治安联调，共筑边际“平安网”

20 多年来，浮梁县积极探索新形势下联合调委会调解处理矛盾纠纷的新办法、新途径，充分发挥边际地区跨省联调的作用，创新工作模式，改进工作方法。工作机制完善，成立联防联调领导小组，建立健全边际治安联防、工作联动、平安联创、定期例会、信息互通的联调应急机制。加强村级综治室、调委组织的建设，形成乡（镇）村组三级治安联防网络。协作联动紧密，边际市县领导和政法委、司法局等部门高度重视，边际县主要领导互访调研、指导联调工作；各地乡镇党委政府经常开展互研互访活动，酝酿磋商联防、联调的方式和方法。据不完全统计，双方互访百余次，遇人事变动，及时做好交接，保持了工作的连续性。法治宣传深入，以群众喜闻乐见的形式宣传法律法规，提高边际群众的法律意识和法律素养。2020—2022 年，通过联调会成功调处的边际大小矛盾纠纷达 300 余件，有力筑牢了边际“平安网”。

（二）组织联建，共树边际“党旗红”

面对赣皖边际经济社会发展出现的新形势，西湖乡率先提出应对措施，拓展党建联建内涵，实施“边际党旗红”工程，构建全方位、多层次、无缝隙的党建联建网，推动边际双方科学发展、经济互补、群众结亲、和谐共荣。这一成功做法逐渐在其他联调会中推广。组织互信建机制，边际各方结成党建联建对子，建立党建联席会议机制，鼓励各地部门和行政村两委（村党支部和村委会）负责人参与联谊活动，村两委主要负责同志坚持每季度互相走访不得少于一次。边界毗邻的村、组互相结成对子，加强村级组织的共建互访。2017 年鹅湖镇潘村与婺源县赋春镇长溪村结对解决了董家村“五通”（即通路、通电、通电话、通商和通婚）。党员互动促和谐，通过设立联合党校、探索流动党员延伸管理、成立边际党员服务站等措施，加强毗邻地区党员交流，凝聚边际地区党员合力，共同提高素质、共同服务好群众、共同维护好双方和谐稳定。例如：成立新西联合党校，截至 2022 年 11 月共上党课 6 期，培训党员、干部、群众 300 余人次。边际党员服务站吸收毗邻党支部中年纪较轻、文化素质较高的党员 26 人成立服务队伍，活跃在边际农村经济建设一线。据不完全统计，每年进行治安巡逻 10 余次，提供各类服务 20 多次。

（三）文化联欢，共话边际“一家亲”

每年元旦，边际乡镇轮流联合举办“一家亲”大型文艺活动。每逢春节，边际地区民间文化交流不断，彼此的龙灯队都要到对方的村组进行演出，这方的龙“飞”到那方，那方的狮“舞”到这方，深入对方村组的家家户户拜年。当地群众自发燃放烟花爆竹、包红包，共贺新春。用文艺演出的形式展现出各地人民积极向上的精神风貌和对美好生活的赞美。“一家亲”大型文艺活动在边际百姓中产生较大反响，让边际村民交流更加密切，为联合调解创造了良好的群众基础，让“边际一家亲”成为边际“和谐共生走廊”的主旋律。

（四）产业联动，共创乡村振兴“腾飞路”

机制引领，建立边际合作项目党委牵头负责、党委成员联系的协调制度，构建边界农业技术合作联建、边界农村经济信息共享等机制，用机制引领边际合作互动，资源共享。平台助推，“新西”联调会率先成立跨省食用菌协会，打破行政格局，在双方相同的产业链上组建专业协会（合作社）。“新西食用菌专业合作社”推广优质品种、攻关培植难题、开拓销售市场，两地食用菌种植户平均年收入增加逾2000元。资源嫁接，边际乡镇党政领导不定期就旅游市场宣传、优势共享、旅游招商等工作进行深入探讨，共同推进特色旅游线路、旅游产品的开发与宣传，实现旅游资源共享、客源互荐互送。20多年来，边际乡镇互将对方的旅游等资源纳入项目发展版图，已建成“合作路”和“腾飞路”等数条公路，为边际地区实施乡村振兴战略奠定了坚实的基础。

三、昌江区激发红色基因活力，助力基层治理创新

昌江区是一片红色的土地，拥有丰富的红色资源。辖区内的荷塘乡是赣东北革命老区，全国农垦系统的一面红旗，社会主义时代的南泥湾，江西省第六批爱国主义教育基地。昌江区针对基层治理难题，坚持以红色党建为引领，传承发扬荷塘精神，深耕“红色土壤”、厚植“红色因子”、激活“红色力量”，坚持以人民群众为中心，凝聚各方力量，探索出一条新时代基层社会治理新路径，获得多方面的好评，被评为2019年度全国信访“三无”县市区，连续五年获评景德镇平安建设先进县

（市）区。

（一）深耕“红色土壤”，注入基层治理新内涵

用好家门口的“红色资源”，推动红色文化传播，构建富有昌江特色的新时代社会治理思想体系。“红色阵地”聚人气，打造红色荷塘精神教育基地，注重“红色根脉”，突出“红色体悟”，将红色教育延伸到现场体验。运用 VR 等高科技手段让红色荷塘名片更亮丽，让红色荷塘精神更震撼人心。荷塘乡现已成为景德镇市红色教育主要基地，平均每年接待学习参观者 3 万余人。“红色课堂”更生动，丰富红色教学手段，积极将荷塘精神纳入区宣讲团宣讲内容中，深入辖区内机关、企事业单位、中小学校、乡镇（街道）、村（社区）等地，开展近 40 场荷塘精神专题宣讲活动，覆盖群众 2000 余人，引导干部、群众厚植爱党、爱国、爱社会主义的情怀。“红色课题”意义深，设立昌江区庆祝中国共产党成立 100 周年专项研究课题，其中《探析新发展阶段建党精神与荷塘精神的辩证联系》被成功立项，为深度挖掘荷塘精神贡献了学术力量。在深化读原著、学原文、悟原理的同时，开展专题学习、理论培训、交流研讨与革命遗址瞻仰、历史实物参观、红色家书诵读相结合的形式多样的红色教育。党员干部零距离触摸历史，接受红色洗礼，自觉提升政治素养、责任担当。红色基因赋予了基层社会治理新的内涵。

（二）厚植“红色因子”，破解基层治理新问题

坚持党建引领，切实把党的政治优势转化为治理优势。做强红色堡垒，加强对基层党建工作重点任务和“三化”建设的日常管理和考核。举办基层党建“三化”建设、基层党组织书记、党务工作者培训班，推动基层干部牢固树立责任意识，主动担当责任，确保业务工作与防控风险、保障安全、维护稳定工作同步推进。建设“昌江·畅快跑”红色驿站，推动新业态、新就业群体党建工作实现创新发展，引导新业态、新就业群体积极投身城市基层治理，不断增强党在新兴领域的号召力、凝聚力、影响力。做实红色物业，在西郊街道泰豪珑园小区物业建立党支部，打造“红色物业”，搭建好社区、物业、居民之间的桥梁。推动居民小区、物业服务企业和业委会建立党组织，充分发挥社区党组织统筹协调各方作用。开展全区党员社区服务报到工作，把城市党建工作触角延

伸到楼、到户、到人，放大基层党建助推高质量跨越式发展的乘数效应。做优“红色网格”，出台《关于加强城市社区网格党建引领基层治理工作方案》及配套措施，把党小组建在全区213个网格上，并配备党小组组长，构建“区委—街道党工委—社区党组织—网格党小组”四级组织体系，增强基层党组织政治领导力和组织力。

（三）激活“红色力量”，形成基层治理新格局

充分发动群众，释放群众自治自理的智慧和力量，把基层治理工作变成群众自己的事、日常的事。红色治理赋能量，推进社会治理重心下移，加强乡镇（街道）在基层社会治理中的综合管理权、统筹协调权和应急处置权。整合基层社会治理资源，健全“一站式”矛盾纠纷调处化解中心，做到小事不出村、大事不出镇、矛盾不上交。充分发挥人民群众主体作用，加强基层群众性自治组织规范化建设，全区获评全国民主法治示范村（社区）1个，省级民主法治示范村（社区）6个。红色防线保平安，集聚社会各界力量，壮大以平安志愿者、社区工作者为主体的群防群治队伍。打造“上有天网、下有地网、地上有人”的多维立体防控格局，筑牢社会稳定的“第一道防线”，极大地减少了违法犯罪空间。全区刑事发案率逐年下降，公众安全感、满意度逐年上升。红色先锋解民忧，因地制宜创新，通过健全志愿服务的激励保障机制，大力发展志愿服务组织。例如，组建鲇鱼山镇“嫂子帮帮团”、丽阳镇“一地鸡毛”信箱、吕蒙乡矛盾纠纷调解志愿服务队、荷塘乡为农垦后代解忧志愿服务队、新枫街道24小时为民服务热线、西郊街道“小蜜蜂”志愿者服务队等。志愿者们走村入户听民情、排民难、解民忧，打通了服务群众的最后一公里。

四、珠山区创新传承模式，“五治”融合护航瓷都根脉

珠山区是景德镇市的中心城区，下辖10个街道和1个经济开发区，常住人口38万。相传秦时，番君吴芮（汉时为长沙王）曾骑马登临山巅，始起名立马山。唐代，人们见立马山四面环绕的大小山峰宛如五条巨龙盘踞，而立马山又突出其中，形同“龙珠”，整体呈五龙抢珠之势，故改称珠山。珠山区以此命名。珠山区是景德镇国家陶瓷文化传承创新试验

区的核心区，是千年瓷都的根脉所在。这里有蕴含千年陶瓷历史的御窑厂、百年工业遗存的陶溪川，还有根系陶瓷历史文脉、海纳中外“景漂”的三宝瓷谷。陶瓷文化传承创新试验区的建设，彰显着瓷都的底蕴和魅力。为了保护好瓷都的根脉，珠山区深入贯彻习近平法治思想，全力以赴防风险、保安全、护稳定，坚持政治统领、法治塑形、德治铸魂、自治强基、智治添翼的“五治”融合，推进全区政法工作高质量发展，护航试验区建设。

（一）坚持政治统领

珠山区 69 个社区（村）组建了 466 个网格，有党员 12387 名，建立网格党小组，将网格员统一纳入社区工作者队伍管理，完善社区网格运行机制，做到民有所呼，我有所应，为民服务，从不打烊。在三宝设立“景漂”党支部和“景漂”人才服务中心，专门为“景漂”群体服务。考虑“景漂”年轻人比例高的实际情况，采取党建引领、团建跟进的方法，搭建“珠青创客”平台，建立年轻“景漂”微信群。行政服务部门的团员骨干利用微信群提供服务，既加强沟通联系，又能及时提供帮助。微信群建立之后，解决了“景漂”在工作生活中遇到的不少难题，比如疫情防控、婚恋辅导、孩子入托入学等等。“景漂”微信群做到急事即办、无缝衔接，保障了“景漂”群体安心创业、舒心生活。

（二）坚持法治塑形

“如今我明白了，处理邻里纠纷靠家族人多、势力大已经行不通了，学法用法最管用。”这是珠山区经开区湖田村村民杨某成了“法律明白人”之后对“法治”的深刻理解。珠山区把培养“法律明白人”作为推进法治建设的切入点，让法治意识深植百姓心中，以法安民，用法塑形。全区共建立 24 个培养室、70 多个培养点，培养“法律明白人”1 万余人。组织 200 余名志愿者采取健步走或骑行方式，开展普法宣传活动。他们身着志愿者服装，用低碳绿色亲民的方式进入村头巷尾，以组为单位提供服务，律师组在热闹的地方设立法律服务点，发放法律书籍，提供法律咨询；其他小组送法上门，在居民家中普及培养“法律明白人”的目的和意义，引导更多群众知法懂法、遇事找法、维权依法。

（三）落实德治铸魂

开展全国文明城市创建和道德模范、“身边好人”、文明家庭评选等活动。树立精神标杆、文明楷模，营造了崇德向善、见贤思齐、德行天下的良好氛围，向善的和风细雨温润珠山、铸魂珠山。“青花姐姐”是一支巾帼志愿服务队，由退休女干部、女教师、各级“三八红旗手”、行业标兵、致富能手和五好家庭、最美家庭、清洁家庭、平安家庭的成员组成。她们走进社区、走进家庭，无偿提供各种精准服务。针对有心理服务需求的人群开设心理健康系列讲座，帮助未成年人和家长科学应对心理健康方面的问题。疫情期间，“青花姐姐”开通心理疏导咨询热线，建立微信群，是心与心灵的沟通、在线互助的关爱、不计报酬的奉献。“青花姐姐”解决了200多位妇女和家庭成员的焦虑、恐惧、烦躁问题，使她们扫除了心理阴霾，重树健康向上的阳光心态，为和谐平安珠山的建设添上一抹靓丽色彩。

（四）打造自治强基

从“解决社会资源、社会组织、社会服务”三要素入手，珠山区勇于变革，盘活有效资源，带动构建人人有责、人人尽责、人人享有的群众自治和矛盾纠纷多元化解机制，探索出一条防范化解社会矛盾风险的新路子。吸纳党代表、人大代表、政协委员、调解骨干、社区居民，组成多元调解团队，精心打造梨树园社区“余梅工作室”和马鞍山社区“金牌调解室”。“余梅工作室”自成立以来，成功化解500余起纠纷，帮助2000多人解决矛盾。“金牌调解室”以纠纷调解、法律宣传、助老帮困、便民代办为主要工作，化解大小矛盾纠纷1200余起，调解成功率达99.5%以上。马鞍山社区实现连续12年无一人次赴省进京上访，无一起恶性群访事件，真正做到小事不出楼栋，大事不出社区。竟成街道樊家井社区搭建平台议事工作平台，将辖区内居民组长、居民代表、老党员、老干部、法律顾问、公安民警、“两代表一委员”等吸收到“‘樊’事好商量”队伍中来，实现了“百姓说事、干部理事、集体议事、诚心办事、民主议事、定期查事”的自治目标。2022年，樊家井社区共吸引300多名群众志愿参加“‘樊’事好商量”协商议事，有效化解各类民事纠纷37起，为群众解决实际困难60余件。

（五）强化智治添翼

推进“社会治理和社区服务一体化平台”建设。应用数字化手段整合行政管理、综合治理、公共服务资源，建立纵向区、街、社区、网格“四级联办”，横向贯通公安、民政、劳动、卫生等部门“全区通办”的线上平台。社区用户实现“一网办理”，让数据多跑路、群众少跑路，缩短办理时间，实现各类事项“景快办”。这一措施提升了基层治理社会化、法治化、智能化、专业化水平。太白园街道的“小巷之声”社区广播站传承老形式，利用新技术，建成智能立体广播控制系统。广播站在小区和里弄出入口安装智能设备，实现小区广播智能覆盖、宣传服务“零距离”。党委政府声音和群众声音融合，唱响了社区综合治理的“和谐之音”。

党的二十大报告明确提出“坚持全面依法治国，推进法治中国建设”，并指出“全面依法治国是国家治理的一场深刻革命，关系党执政兴国，关系人民幸福安康，关系党和国家长治久安。必须更好发挥法治固根本、稳预期、利长远的保障作用，在法治轨道上全面建设社会主义现代化国家”。报告特别强调要“坚持依法治国、依法执政、依法行政共同推进，坚持法治国家、法治政府、法治社会一体建设”，这对基层政法工作高质量发展提出了更高要求。景德镇市政法系统正在认真学习贯彻党的二十大报告精神，制定和完善符合市情的政法工作高质量发展计划，推进多层次多领域依法治理，提升社会治理法治化水平，为加快建设法治社会作出积极贡献。

执笔人：马平，21 世纪马克思主义研究院经济社会文化发展战略研究中心副主任

潘博，南昌大学哲学系教师

参与人：景德镇市政法委翁韶华、胡金谊

第十一章 齐文化“两创”高质量发展在传承中华优秀传统文化方面发挥重要作用

中华优秀传统文化是中华民族的“根”和“魂”。习近平总书记强调，要推动中华优秀传统文化创造性转化、创新性发展，以时代精神激活中华优秀传统文化的生命力。近年来，淄博市立足“齐国故都”“齐文化发祥地”“世界足球起源地”“聊斋故里”“陶琉名城”等传统文化资源，坚持守正创新、与时俱进，从“文化名城”建设到“文化赋能”行动，再到打造中华优秀传统文化“两创”标杆城市，不断传承优秀传统文化基因，深入挖掘其当代价值和新时代内涵，大力推动中华优秀传统文化创造性转化、创新性发展。

第一节 习近平总书记关于中华优秀传统文化的重要论述

党的十八大以来，习近平总书记高度重视传承创新中华优秀传统文化，以马克思主义战略家的雄伟气魄、政治家的高瞻远瞩，深刻剖析了中华优秀传统文化传承创新的内在逻辑和经验规律，为我们传承文化基因，赓续精神血脉，共建文化家园提供了根本遵循。习近平总书记对于中华优秀传统文化的当代价值、时代意义和实践要求等，都具有独到见解，进行了深刻阐述，提出了明确要求。

一、深刻理解把握中华优秀传统文化的当代价值

在漫漫历史长河中，中华民族产生了儒、释、道、墨、名、法、阴阳、农、杂、兵等各家学说，涌现了老子、孔子、庄子、孟子、荀子、韩非子、董仲舒、程颢、程颐、朱熹、王守仁等一大批思想大家，留下了浩如烟海的文化遗产。习近平总书记立足中华优秀传统文化的深厚沃土，创造性地把中华优秀传统文化的时代价值概括为“讲仁爱、重民本、守诚信、崇正义、尚和合、求大同”六个方面。“讲仁爱”，即“仁者爱人”“己所不欲，勿施于人”“己欲立而立人，己欲达而达人”；“重民本”，即“民贵君轻、民为邦本”；“守诚信”，即“信，国之本也”；“崇正义”，即“义利相兼，义重于利”；“尚和合”，即“和平共处，共同发展”；“求大同”，即“大道之行，天下为公”。这既是中华优秀传统文化的核心思想，也是中华民族独特的精神标识，其蕴含的传统美德、政治理念、社会理想、民族精神等方面的精神特质深深内化于中华民族的精神血脉，植根在中国人内心，潜移默化影响着中国人的思想方式和行为方式，成为国家发展、时代进步的宝贵财富和不竭动力。

二、深刻理解把握中华优秀传统文化的时代意义

2013 年 8 月，习近平总书记在全国宣传思想工作会议上提出“四个讲清楚”的重要论断，要讲清楚每个国家和民族的历史传统、文化积淀、基本国情不同，其发展道路必然有着自己的特色；讲清楚中华文化积淀着中华民族最深沉的精神追求，是中华民族生生不息、发展壮大的丰厚滋养；讲清楚中华优秀传统文化是中华民族的突出优势，是我们最深厚的文化软实力；讲清楚中国特色社会主义植根于中华文化沃土、反映中国人民意愿、适应中国和时代发展进步要求，有着深厚历史渊源和广泛现实基础，其中蕴含着中华优秀传统文化的意义和价值。近年来，习近平总书记在不同会议、不同场合、不同语境中，反复强调中华优秀传统文化的时代意义。有文化灵魂论：“中华优秀传统文化是中华文明的智慧结晶和精华所在，是中华民族的根和魂，是我们在世界文化激荡中站稳脚跟的根基。”有精神命脉论：“培育和弘扬社会主义核心价值观必须

立足中华优秀传统文化。抛弃传统、丢掉根本，就等于割断了自己的精神命脉。”有文化自信论：“文化自信，是更基础、更广泛、更深厚的自信，是更基本、更深沉、更持久的力量。坚定文化自信，是事关国运兴衰、事关文化安全、事关民族精神独立性的大问题。”有文化源头论：“中国特色社会主义文化，源自于中华民族五千多年文明历史所孕育的中华优秀传统文化，熔铸于党领导人民在革命、建设、改革中创造的革命文化和社会主义先进文化。”习近平总书记的系列论述深刻阐释了中华优秀传统文化是最深厚的国家文化软实力，是中国特色社会主义根植的沃土，是我们坚定文化自信的力量源泉。

三、深刻理解把握传承创新中华优秀传统文化实践要求

2013 年 12 月 30 日，十八届中央政治局第十二次集体学习时，习近平总书记首次提出“创造性转化、创新性发展”一词。之后，习近平总书记发表一系列讲话，就优秀传统文化“两创”提出明确要求。要立足现代社会，“加强对中华优秀传统文化的挖掘和阐发，使中华民族最基本的文化基因与当代文化相适应、与现代社会相协调”；要运用时代精神，“推动中华优秀传统文化创造性转化、创新性发展，以时代精神激活中华优秀传统文化的生命力”“把跨越时空、超越国界、富有永恒魅力、具有当代价值的文化精神弘扬起来”；要用好数字手段，“善于运用数字技术推动中华优秀传统文化的保护、传播、转化、创新，让收藏在禁宫里的文物、陈列在广阔大地上的遗产、书写在古籍里的文字都活起来”；等等。习近平总书记的系列论述为我们推动优秀传统文化“两创”提供了方法论，为延续文化基因、萃取思想精华、展现精神魅力指明了方向。

四、党的二十大报告对弘扬中华优秀传统文化提出新要求

习近平总书记在党的二十大报告中要求，积极“推进文化自信自强，铸就社会主义文化新辉煌”。指出“全面建设社会主义现代化国家，必须坚持中国特色社会主义文化发展道路，增强文化自信，围绕举旗帜、聚民心、育新人、兴文化、展形象建设社会主义文化强国，发展面向现代化、面向世界、面向未来的，民族的科学的大众的社会主义文化，激发

全民族文化创新创造活力，增强实现中华民族伟大复兴的精神力量”。进一步强化了“两创”的重要性，指出“我们要坚持马克思主义在意识形态领域指导地位的根本制度，坚持为人民服务、为社会主义服务，坚持百花齐放、百家争鸣，坚持创造性转化、创新性发展，以社会主义核心价值观为引领，发展社会主义先进文化，弘扬革命文化，传承中华优秀传统文化，满足人民日益增长的精神文化需求，巩固全党全国各族人民团结奋斗的共同思想基础，不断提升国家文化软实力和中华文化影响力”。

弘扬中华优秀传统文化的重要性，体现在坚持和发展马克思主义必须坚持“两个结合”方面。即把马克思主义基本原理同中国具体实际相结合，同中华优秀传统文化相结合。这“两个结合”很大地深化了我们党对坚持和发展马克思主义的规律性认识，也是我们理解和把握习近平新时代中国特色社会主义思想的关键。同中华优秀传统文化相结合，这是习近平总书记在建党百年庆祝大会上提出来的，二十大报告又作了深入阐述。这是对党的理论的又一重大创新，开创了我们党理论创新的新格局。实际上我们的制度、道路与我们党的路线方针政策一直都体现着中华优秀传统文化，但在理论上一直没有明确概括过。习近平总书记第一次明确提出这个结合，意义非常重大，体现了我党强烈的文化自信与文化自觉。这些新思想新要求对我们弘扬中华优秀传统文化的瑰宝——齐文化具有重要的指导作用。

第二节　齐文化的历史贡献和当代价值

齐文化是一块值得“深耕细作的人文沃土”。在以“改革、创新、开放、务实、包容”为特质的齐文化的浸润下，孕育了姜太公、齐桓公、管仲、晏婴、孙武、荀子、左思、房玄龄以及蒲松龄、赵执信、王渔洋等灿若星辰的历史文化名人，诞生了《管子》《晏子春秋》《孙子兵法》《考工记》《齐民要术》《聊斋志异》等一大批极具影响力的优秀典籍。新中国成立以来，先后成长涌现出县委书记的好榜样焦裕禄、“时代楷模”

朱彦夫、“环保卫士”孟祥民等一批先进典型。稷下学宫作为最早的官办高等学府和国家智库，与希腊的柏拉图学园同为轴心时代人类文明的辉煌代表。以齐文化为龙头，历经千年发展演进，聊斋文化、陶琉文化、丝绸文化、鲁商文化、孝文化、蹴鞠文化、红色文化、黄河文化等地域文化逐步形成。进入新时代，齐文化中以人为本、尊贤尚功、以法治国、崇商重工、维护统一的思想更是与社会主义核心价值观和当代社会发展理念高度契合。齐文化有着极其独特的内涵，在中国文化发展史上占有极其特殊的地位，并且历久弥新，在当代中国特色社会主义建设中仍具极其重要的借鉴意义。

一、齐文化的历史贡献

公元前 11 世纪中叶，以姜太公封齐建国为标志，发源于东夷文化的齐文化得以初步形成，历经西周、春秋、战国时期的成熟、发展，消泯于西汉武帝时期的“罢黜百家，独尊儒术”。齐文化在长达千年的发展过程中，对中国历史、中华传统文化，特别是中国早期文明的形成与发展，作出了极大的历史贡献。

（一）齐地是中华文明最早的发祥地之一

著名考古学家夏鼐在《中国文明的起源》一书中说：“黄河流域是早期文化发展的一个中心，长江下游是另一个中心，山东地区文化的发展自有序列，是与黄河中游相对的另一个文明圈，这三个地区的晚期新石器文化与中国文明的起源关系最密切。”黄河下游地区的齐国腹心地带，是学术界公认的中华文明最早的起源地之一，对中华文明的发源贡献巨大。

（二）桓管称霸对于中华民族统一的贡献

齐桓公在管仲的辅佐下，九合诸侯，一匡天下，成为春秋第一个霸主。桓管称霸的道义基础是“尊王攘夷”，这对于维护中华民族的统一起到了巨大的作用。齐国还多次会盟诸侯，强化了中原各国的经济文化交流与融合，为后来汉民族的形成作出了很大贡献。孔子曰：“管仲相桓公，霸诸侯，一匡天下，民到于今受其赐。微管仲，吾其被发左衽矣。”（《论语·宪问》）说明如果没有管仲、齐桓公，当时的人们都会披散着头发、向左边开着衣襟、成为野蛮之人了。

（三）稷下学宫的贡献

战国时期是齐文化发展的高峰期，最主要的标志就是稷下学宫在齐国的出现，各种思想都得以产生和发展、成熟于这个时期。儒家、道家、墨家、法家、阴阳家、纵横家、名家、杂家、农家、小说家等诸子百家成为中华思想文化发展的源头和基础，形成了中华优秀传统文化的主脉。

（四）齐文化对先秦兵学的贡献

中国的兵学文化在先秦时期即已达到一个极高的水平，中国历史上的十大兵书有六部产生于先秦时期，而这六部兵书中，《六韬》《孙子兵法》《孙膑兵法》《司马法》这四部都是齐国人写的。姜太公被誉为“兵家鼻祖”，孙武被誉为“兵圣”，《孙子兵法》被称作“兵学圣典”。齐地兵学，对后代军事学影响深远。

（五）齐文化对秦代的影响

齐文化对秦代的影响主要体现在三个方面，一是齐国盛行的阴阳五行思想和邹衍的“五德终始说”，成为秦始皇立国的理论依据；二是秦始皇对齐地方仙术的迷恋，使齐地方仙道的影响扩及全国，成为道教产生的重要文化基因；三是齐地方士、儒生是“焚书坑儒”事件的直接诱因和主要对象，是秦代文化政策发展和转折的重要因素。

（六）齐文化对汉代的影响

汉代统治者吸取秦代二世而亡的教训，“与民休息”，发展生产，出现了著名的“文景之治”。齐文化研究专家王志民认为，“文景之治”实际上就是齐文化之治。曹参担任齐相后，采用师承齐国稷下学宫黄老思想的学者盖公的主张，以黄老思想治国，无为而治。所谓“无为而治”，并不是无所作为，而是不去折腾、干扰老百姓，让人民休养生息、自我发展，遵循发展规律，结果使齐国大治，人民安居乐业。后来，曹参回到中央政府接替萧何为相国，仍推行“无为而治”，其影响延及文帝和景帝，几十年间，西汉王朝出现了文景盛世，这是齐文化在治国理政方面的辉煌成功，对西汉王朝的巩固和发展居功至伟。

汉武帝实行“罢黜百家，独尊儒术”政策之后，中国自春秋战国以来的文化传统得到全面整合。但这并不意味着齐文化已经消失或消亡，从历史发展的实际情况看，尽管实现了国家政治与经济的统一，地域文化的差异性却一直在延续。正如任继愈所强调的：“地区文化不仅在春秋战国存在，秦汉统一以后也仍然存在。”全国统一后，由于封建经济是自给自足的自然经济，且中国地域广大，有千山万水相隔，各地文化传统具有保守性，思想文化上的地区差异性仍长期存在。不仅在秦汉，三国、南北朝、隋、唐、宋、明乃至清，地域文化都是一直存在的。

齐文化在汇入中国传统文化这一多元统一的文化体系后，以新的形式和形态继续向前发展。一方面，齐文化通过对儒文化渗透、融合，成为中华传统文化的主要来源之一和重要组成部分；另一方面，齐文化中的阴阳五行学说、方仙道、黄老之学逐渐融合，产生了中国历史上影响巨大的正统宗教——道教。直到今天，齐文化仍具有巨大的魅力，是我们实现中华民族伟大复兴的宝贵历史文化资源。

二、齐文化的当代价值

齐文化中以人为本、富民惠民的治国方略，变革创新的发展理念，尊贤尚功的人才观，礼法并重的法治思想，构建和谐社会的战略思想，务实的社会治理思想，为民爱民的廉政思想，构建睦邻友好关系的外交思想等等，对当今社会有着重要的启发和借鉴意义。经过古为今用、推陈出新，必将为繁荣中华优秀传统文化，推动中国特色社会主义文化建设，实现中华民族伟大复兴的中国梦，作出积极贡献。具体讲，齐文化的当代价值主要体现在以下七个方面。

（一）齐文化与中华人才观

《管子》最早提出“以人为本”的理念，认为“夫霸王之所始也，以人为本。本理则国固，本乱则国危”。（《管子·霸言》）在此基础上，《管子》把“得人”视作治理好国家的必要条件，即“古之圣王所以取明名广誉，厚功大业，显于天下，不忘于后世，非得人者未之尝闻”。（《管子·五辅》）这里的“人”，不仅指广大民众，还有为国家治理作出贡献的人才队伍。出于对人才的重视，《管子》就人才的培养、选拔和任用提出了一系列深刻见解，形成了独具特色的人才观，对我国人才振兴具有借鉴意义。

1. 四民分业，加大人才培育力度。一个国家要想繁荣昌盛，没有比人才培养更重要的事情。培养创新型人才，是国家和民族长远发展的大计，因此要在全社会建立起完善的人才培养机制。《管子·弟子职》记录的便是稷下学宫的学生在学习和起居中应该遵守的纪律和准则，由此可见齐国的人才培养情况。除了学校教育，《管子》还非常重视职业教育。据《管子·小匡》记载，管仲把士农工商四民杂居改为四民分业居住，“是故圣王之处士必于闲燕，处农必就田野，处工必就官府，处商必就市井”。如此安排，有助于专门人才的培养。四民分业不仅培养了一批能够做官和打仗的优秀士人，还为齐国培养了更多农业、手工业、商业方面的人才，为齐国的富国强兵打下了坚实的基础。

2. 选贤任能，健全人才选拔机制。自姜太公封齐建国起，齐国就形成了“尊贤尚功”的传统。春秋时期，齐桓公询问为国之道，管仲首先回答的是“远举贤人”。《管子·小匡》记载，管仲在全国范围内推行“三选”之法，建立起完善的人才选拔制度。“三选”包括“乡长之选”“官长之选”“国君之选”。每年正月，各乡鄙的行政长官都要朝见齐桓公，报告管辖区内有无聪慧、好学、仁孝和武力出众的人才，有就要举荐给国君，有而不报则要治罪。乡长举荐的这些人才由齐桓公把关后，被安排到官府工作，官府的长官会再将其中表现优异的人举荐给齐桓公。齐桓公会亲自召见他们，询问国家大事，如果应答如流，再到其所在乡里考察，合格的，便提为上卿的助手。“三选”之法做到了深入基层各乡，最大限度地发现基层的人才。

此外，管仲又派“游士”80 人在各诸侯国寻访和造势，吸纳天下人才进入齐国。卫国人宁戚就是听闻齐桓公任人唯贤的名声，赶着牛车不远千里来到齐都临淄，受到了齐桓公的赏识，被授予“大司田”的职务，主管农业。

3. 创设环境，改善用人氛围。想要做到聚天下英才而用之，必须创设能够留住人才的环境，改善用人的氛围，《管子》就此提出了许多切实可行的建议。首先是给予人才充分的发展空间。《管子·四时》曰：“慎使能而善听信之。”意思是对于有才能的人不仅要谨慎地使用，还要善于听取他们的意见，使其才能得以充分发挥。齐桓公善于吸收群臣的意见来增益其智慧，而管仲、宁戚、鲍叔牙等人则因此实现自身的价值，形成“明君在上，察相在下”（《管子·小匡》）的良好局面。其次是为人才提供优厚的待遇。为了吸纳天下的豪杰，管仲建议：“假而礼之，厚而勿欺，则天下之士至矣。”（《管子·小问》）嘉奖礼遇，优待而不相欺，对于英才和良工则不限定价钱，给出高于市场的丰厚报酬，即便相隔千里都能使他们前来。除了物质奖励，君主还应做出礼贤下士的姿态，与人才建立情感的维系，方能使之效力。如《管子·霸言》所说：“是故圣王卑礼以下天下之贤而王之，均分以钧天下之众而臣之。”谦卑地以礼相待，慷慨地均分财禄，才是圣明君主招揽天下贤士的方法。

（二）为社会主义核心价值观提供历史渊源

齐文化中尊贤尚功、务实共赢的精神，变革创新的精神，兼容并包的精神，尊王攘夷、维护统一的精神，以及“礼义廉耻”“和而不同”的思想观念，可以视为当前社会主义核心价值观的渊源之一。法治思维和诚信思想，也较早地在齐文化中得到阐释和实践。比如《管子·枢言》明确讲“先王贵诚信。诚信者，天下之结也”，提出诚信是集结人心、使天下人团结一致的保证。战国末期，荀子也说过：“诚信生神，夸诞生惑。”（《荀子·不苟》）我们传承优秀传统文化，就要汲取其思想精华，古为今用，循着古人的足迹创新而前行。

（三）为践行新时代发展理念提供历史经验

习近平总书记提出的创新、协调、绿色、开放、共享五大发展理念，不仅实现了我们党对发展规律认识的深化和升华，实现了我们党治国理政思想理论的新飞跃，而且成为今日中国马克思主义方法论的集中体现。齐文化中以人为本、富民惠民的思想，特别是创新、开放的发展理念，为我们树立五大发展理念提供了历史经验，更为我们践行五大发展理念增强了信心。

（四）为治国理政提供传统理论支持

齐文化中的民本思想、廉政思想、法治思想、和谐思想、礼法并重的思想，如“天下非一人之天下，乃天下之天下也。同天下之利者则得天下；擅天下之利者，则失天下”（《六韬·文韬·文师》）；“凡治国之道，必先富民。民富则易治也，民贫则难治也”（《管子·治国》）；“意莫高于爱民，行莫高于乐民”（《晏子春秋·内篇问下第二十二》）；“威不两错，政不二门。以法治国，则举措而已”（《管子·明法》）；“法者，天下之程式也，万事之仪表也”（《管子·明法解》）；等等，为当今治国理政提供了传统理论依据。

（五）为当代智库建设提供历史借鉴

稷下学宫作为我国战国时期著名的高等学府、学术研究中心，不仅在学术上造就了辉煌的百家争鸣景象，也因“不治而议”这一特有的决策询议机制，被视为现代智库的雏形，拥有了聚才、启智、资政、强国等功能，扮演着类似现代智库的角色，曾促成田齐政权的一度强盛。当代智库建设应积极借鉴稷下学宫以询议、讲学、著书、育人为一体的发展模式，努力加强智库独立性建设，健全人才贮备制度，畅通智库建言渠道，培育智库思想市场，创新智库管理模式等，从这些角度和方向汲取宝贵的建设经验。

（六）为中外文化交流提供多彩的文明成果

每个民族都有自己独特的文化和文明，“夫物之不齐，物之情也”（《孟子·滕文公上》）。正如国家主席习近平在博鳌亚洲论坛 2015 年年会上的主旨演讲中所说：“不同文明没有优劣之分，只有特色之别。要促进不同文明不同发展模式交流对话，在竞争比较中取长补短，在交流互鉴中共同发展，让文明交流互鉴成为增进各国人民友谊的桥梁、推动人类社会进步的动力、维护世界和平的纽带。”博大精深、底蕴深厚的齐文化，在对外文化交流中，极大地丰富了中华民族的文明成果。首先是稷下精神的研究与交流。稷下学宫与希腊柏拉图学园几乎同一时期诞生，这一时期是东西方哲学思想集中爆发的时期，被称为世界文明的“轴心时代”。其次,《孙子兵法》是我国古代最著名的兵书，其博大精深的内容、精邃富赡的思想、缜密严谨的逻辑，在世界军事史上具有重要的划时代意义。各国专家和政要，都十分重视《孙子兵法》的研究和谋略思想的运用，这无疑也是我国对外文化交流的重要内容之一。还有蹴鞠的研究与交流。《史记》和《战国策》都有记载，在当时的齐国故都临淄，蹴鞠已发展成一种成熟的体育和娱乐活动项目，而且在民间极为盛行。国际足联组织专家反复论证后于 2004 年正式宣布中国临淄是足球的起源地。2015 年 10 月 23 日，国家主席习近平访问曼彻斯特，在参观英格兰国家足球博物馆时向英方赠送了中国临淄仿古鞠。从 2016 年 10 月开始，一年一度的国际足球论坛在中国淄博临淄和英国曼彻斯特等城市轮流举办，成为我国重要的文化交流项目，也成为淄博独特的历史文化名片。

（七）为领袖统领全局、治国理政提供古代哲学思想和文化经典

在优秀传统文化的学习、传承和运用方面，毛泽东、习近平等领袖人物，为我们作出了典范。尤其是习近平总书记，他在讲话、文章、访谈中，经常引用我国经史典籍中的华章佳句，其中不乏齐文化经典著作《管子》《晏子春秋》《六韬》《孙子兵法》《司马法》中的经典佳句。比如“政之所兴在顺民心，政之所废在逆民心”（《管子·牧民》）；“橘生淮南则为橘，生于淮北则为枳”（《晏子春秋·内篇杂下》）；“以戒为固，以怠为败”（《六韬·虎韬·金鼓》）；“兵无常势，水无常形”（《孙子兵法·虚实第六》）；等等。在引用中，习近平总书记不仅对中华优秀传统文化的精髓有准确的阐释，而且赋予了新的时代内涵，闪烁着新时代的思想光芒。用典背后是“治世”，用什么、如何用、效果如何，既是领导能力、治理思想、执政风格的折射，也是把古人治理智慧运用于治理当代社会的具体实践。同时，也让我们看到了齐文化的历史地位、齐文化研究的重要责任和齐文化创造性转化、创新性发展的广阔未来。

总之，博大精深的齐文化作为中华优秀传统文化的重要组成部分，是我们最深厚的文化软实力，是我们文化发展的母体，积淀着中华民族最深沉的精神追求，是当前我们实现中华民族伟大复兴“中国梦”最宝贵的文化资源。正确认识、提炼、传播齐文化的精髓要义和当代价值，对于促进人的全面发展、引领社会全面进步，对于全面建成小康社会、实现中华民族伟大复兴的中国梦，具有重要现实意义。

第三节 齐文化“两创”的淄博实践与经验

党的十八大以来，齐文化研究出现了蓬勃发展的新趋势，为齐文化创造性转化和创新性发展奠定了较好的理论支撑。淄博市委市政府认真学习贯彻习近平总书记在哲学社会科学工作座谈会上的重要讲话精神，坚持齐文化研究要体现为人民服务和为中国特色社会主义现代化建设服

务的精神，于 2016 年成立了以“政府智库、学术平台”为功能定位的齐文化研究院。确定了齐文化研究的主要方向，出版了一大批齐文化研究的著作和论文，在学术界和人民群众中产生了良好影响。

一、新时代齐文化在淄博的发展现状

淄博市深入贯彻落实习近平总书记关于推动中华优秀传统文化创造性转化、创新性发展的重要指示要求，按照山东省第十二次党代会“全面促进文化繁荣兴盛，打造文化‘两创’新标杆”的部署要求，聚焦齐文化传承创新示范区建设，主动融入“山东文脉”，加快打造中华优秀传统文化“两创”标杆城市，着力构建“尼山淄水”交相辉映的生动格局。

（一）顶层设计、统筹规划，提升文化创造创新力

1. 加强统筹规划。2022 年 4 月，山东省委常委、宣传部长白玉刚到淄博专题调研齐文化片区建设情况，按照其指示要求，将原《齐文化传承创新突破行动方案》进一步修改完善，形成《淄博市推进中华优秀传统文化“两创”突破行动方案》（以下简称《行动方案》），重点实施 6 大突破、落实 24 项工程，并以中共淄博市委办公室、淄博市人民政府办公室名义印发。

2. 完善体制机制。市级层面拟成立以市委市政府主要领导任组长的“两创”工作领导小组以及齐国故城申遗工作专班、蹴鞠申遗工作专班、长城（黄河）国家文化公园建设专班等重点工作推进专班。同时抽调专人成立“两创”工作领导小组办公室，建立《淄博市推进中华优秀传统文化“两创”突破行动方案三年任务清单（2022—2024）》和工作定期调度机制。

3. 提升齐文化层次能级。将《行动方案》呈报省委宣传部，该方案为全省五大文化片区首个行动方案，为其他片区建设树立了样板，获白玉刚部长肯定性批示，开创了齐文化传承创新工作省市一体化推动的新局面。2022 年 6 月，文化和旅游部副部长、国家文物局局长李群到淄博市调研，对淄博的文物保护利用工作给予充分肯定，表示将对齐国故城考古遗址公园建设和申遗加大支持力度。

（二）古为今用、推陈出新，增强文化传播影响力

1. 深入研究阐释。建立齐文化研究联盟，搭建统一文化研究平台，

制定《齐文化研究书籍编纂五年规划（2021—2025）》。编纂出版了《文化淄博丛书》《齐文化要义》《历代诗咏淄博总汇》等齐文化综合研究系列书籍，《齐文化简明读本》《齐文化外宣读本》《齐文化党政干部读本》等面向不同受众的齐文化普及读本系列书籍，《古为今用齐国说》《齐国女性故事》《齐国成语典故》等口袋书系列书籍，充分挖掘了齐文化的新时代内涵和当代价值。

2. 扩大传播交流。连续举办 18 届齐文化节，不断拓展内容和形式，成功叫亮打响齐文化品牌，成为宣传推介齐文化、扩大淄博知名度的重要窗口和平台。举办齐文化系列高端论坛，与中国社科院、北京大学、雅典大学等国内外高端科研院所合作，连续举办 6 届齐文化与稷下学高峰论坛、4 届中英世界足球文化高峰论坛，同时还举办了稷下学宫·社会发展与中国社会学溯源高峰论坛、稷下学宫与柏拉图学园——中希古典文明高峰论坛等国内顶尖社科论坛，齐文化国内外影响力显著增强。

3. 强化项目带动。高水平打造齐国故城考古遗址公园，利用齐国故城遗址遗迹资源，打造“齐都会客厅”，实施稷下学宫遗址考古发掘。高标准打造“齐风胜境”项目，包含“新稷下学宫”“庄岳国市”“奥府齐源”“齐乐之洲”“齐趣环游”五大核心引擎项目，打造齐鲁文化新标杆、高端文旅新地标。

4. 推动教育普及。制定传统文化课程具体贯彻落实意见，编印《齐国故事——齐文化中学生普及读本》，制作动画片《蹴鞠小子》。开展国学经典诵读活动，举办“诵中华经典”“讲经典故事”“唱经典歌曲”“说经典人物”“演经典剧目”“校园礼仪文明行”系列活动，打造具有吸引力的常态化校园文化品牌。开展“齐文化宣传月”系列活动，举办齐文化动漫设计创意大赛、齐文化知识竞赛、齐文化短视频大赛等，用现代手法让千年齐文化焕发勃勃生机。

（三）多点开花、齐头并进，强化文化宣传引导力

1. 传承红色文化。整合焦裕禄纪念馆、朱彦夫教育基地、原山艰苦奋斗纪念馆等爱国主义教育基地、党性教育基地资源，开发“淄博市党史学习教育基地地图”线上平台、淄博红色资源 VR 全景“初心地图”，打造线上“云展厅”，开展红色教育。

2. 挖掘近现代工业文化。举办“百年之光——党领导中国（淄博）工业百年”主题展，打造百年胶济铁路、纺织工业、医药工业、石化工业、酿酒工业、矿业、军工交相辉映的淄博近现代工业文化体系。全市累计公布不可移动文物类工业遗址 46 处，创建省级工业旅游示范基地 6 家，位列全省前列。充分利用工业文化和老旧资源进行存量更新，打造唐库文创园、东坊文创园、老新华文化创意产业园等文创特色园区，引入文化创意、影视基地、特色音乐餐厅等时尚产业，挖掘拓展城市发展空间、文化内涵空间。

3. 壮大陶琉文化。发挥“中国琉璃之乡”“中华陶琉文化城”“国家文化出口基地”优势，不断壮大陶琉文化产业。建成淄博陶瓷琉璃国艺馆、中国陶瓷琉璃馆，打造“永不落幕的陶博会”。探索“陶琉文化 + 旅游”路径，打造陶琉古镇项目，整合齐长城脚下陶琉产业群，打造集历史人文观光、陶琉制作体验、高端产品订制、旅游特产提供、饮食文化休闲等高端文旅融合 IP 项目。

4. 深化聊斋文化。以聊斋文化 IP 为核心，以蒲松龄纪念馆和聊斋园景区为基础，与景域集团、上海宝冶全面合作，推进聊斋文化旅游区项目建设，对核心聊斋城景区进行提升改造，以沉浸式玄幻文化体验为重点，打造迎合市场新需求的创新型文化旅游产品。挖掘聊斋文化资源，创作五音戏《云翠仙》《珊瑚》等 9 部聊斋故事系列剧，《云翠仙》荣获第十届中国艺术节暨第十四届“文华奖”优秀剧目奖等奖项。

5. 发展鲁商文化。深化鲁商研究，依托商埠文化研究会、鲁商文化研究中心、鲁商文化促进学会等研究平台，推出《百年商埠——周村》《百年商埠周村丛书》等研究成果。与中央电视台合作，拍摄播出大型纪录片《走遍中国·商埠周村》《走遍中国——周村最炫丝绸风》《旱码头——周村纪行》等。

（四）文旅融合、以融促产，带动文化产业竞争力

1. 与文明实践相融合，打造文化高地。开展齐文化“对话”新时代文明实践系列活动，发布《管子说》IP。在文明实践站建设“新时代文明实践齐文化驿站”，搭建“明理胡同”“裕禄讲堂”等“小微”特色理论宣讲平台，组织理论宣讲员队伍宣讲党的创新理论和优秀传统文化。建成“稷

下学堂”440余个，开展经典诵读、礼乐教化、国学讲坛等传统文化活动。

2. 与旅游项目相融合，打造文旅融合标杆。着眼于齐地文化资源，打造一批“好学、好看、好吃、好玩、好创业”的现象级文旅产品、品牌项目。淄博中华传统民俗文化创意园项目，由北京首清奥旅集团投资25亿元在淄川区新建4个子项目，分别是李诡祖纪念馆、“青未了”精品民宿、“绿野晴川”动物乐园和极限运动·潮玩基地，其中民宿项目已建成投用。“红叶柿岩”乡村振兴项目一期投资2.8亿元的中国国家地理淄博营地项目已建成开放。

3. 与精品文艺创作相融合，打造精品力作。将淄博优秀文化资源作为文艺精品创作的源头活水，以齐文化为核心，创作了一批展示齐文化魅力、富有淄博特色的艺术精品。创排齐文化题材舞剧《齐风·甫田》，历史京剧《手镜》、齐文化系列京剧《保鼎记》《马夫掌鞭》等。其中《齐风·甫田》荣获山东省第十二届精神文明建设“文艺精品工程”奖、“泰山文艺奖”舞蹈类一等奖。

4. 与文化活动相融合，提升城市能级活力。坚持以文化人、以文聚人，在文化活动策划、时尚节会培育、文旅夜经济提升等方面发力，让群众潜移默化接受传统文化的熏陶和滋养。组织“齐舞·悦动”文化艺术季，举办淄博青岛啤酒节、麦田音乐节等时尚活动，举行“齐彩夜生活·淄博八点半”文艺演出，丰富群众文化生活。

5. 与研学文创相融合，打造特色文化品牌。以国学教学、齐文化教学、研学教育等为切入点，探索齐文化“产学研”合作模式，打造特色研学高地。加快齐文化产业融合，创新打造“山东手造·齐品淄博”品牌，全市10家企业入选“山东手造·优选100”名单，启动2022“山东手造·齐品淄博”城市礼物创意设计大赛。

二、齐文化“两创”的淄博经验

（一）文化具象化，让优秀传统文化可亲可近、可感可触

中华优秀传统文化是宝藏，要让深藏在历史长河中、历史土壤中的传统文化活起来、火起来，则需要有一个个实物、载体、平台，实实在在、活灵活现地去呈现。为此，淄博积极搭建“齐文化产业转化联盟”，

成员单位包括市内外文化产业领域知名企业、科研智库、高校院所等。近年来，联盟围绕文旅、地产、文创、城市发展等主题举办了多次联席会议，为企业发展把脉问诊、开方抓药，为产品研发开展创意论证，注入传统文化元素，打造了一批精美的文创产品，既有陶琉、丝绸、蹴鞠等具有淄博传统文化元素的产品，又有晏子呈茗茶、公子小白水、齐风香礼香料等极具齐文化元素的实用产品。此外，创新举办“山东手造·齐品淄博”城市礼物创意设计大赛，面向全社会征集展示淄博“齐国故都”“陶琉名城”“足球起源”等城市名片的文创作品。把文化融入文创产品，通过具象的表达，承载“文化之魂”，让文化看得见、摸得着，真正接地气、有人气。

（二）文化生活化，让“高大上”的传统文化“飞入寻常百姓家”

文化来源于生活，更应该回归生活，离开了生活，文化就是无源之水、无本之木。淄博创新开展“成语故事进餐厅”活动，将齐文化中的成语典故与淄博本地特色餐饮深度融合，从成语推广入手，在“好吃”上突破，选择试点餐饮单位，从开发成语故事云展示平台、策划成语故事主题游戏、制作成语故事餐饮衍生品、打造成语故事主题餐厅等多个方面进行实验推广。同时，与肯德基合作，举办“齐国成语之旅”活动，既有中西结合的特色，又是古典与现代的碰撞，打造的网红国潮打卡点，广受青少年群体的欢迎。文化生活化最重要的就是找到传统文化与公众之间的融合点，让传统文化融入日常生活，做到人人离不开，让老百姓喜闻乐见，形成精神共鸣，从传统文化中获得精神滋养。

（三）文化产业化，让优秀传统文化成为经济社会发展的内生动力

传承弘扬中华优秀传统文化，必须和实体经济挂钩，必须把文化与产业融合起来。文化产业化既能产生经济效益，又能为文化树立品牌，带来长远的发展动力。以红叶柿岩景区为例，在深入挖掘本土的优秀地域文化、传统古村落文化和生态自然文化的基础上，通过嫁接国内知名文旅品牌“中国国家地理”，经过不到三年时间，便发展成为省内知名的集旅游、民宿、美食、传统文化体验等为一体的高端文旅产业区，实现了经济效益、社会效益的双丰收。实现文化的产业化，就要深入挖掘传统工艺、传统饮食、传统服饰、传统医药等优秀传统文化资源的产业价

值，搭建传统工艺与现代生活的桥梁，通过市场化运作方式，让传统文化为经济社会发展作出更多贡献。

第四节　探索齐文化“两创”高质量发展路径

近年来，淄博市以打造“一院一节一坛”（即齐文化研究院、齐文化节、齐文化与稷下学高峰论坛）为抓手，在齐文化研究阐释、宣传普及、传播交流等方面取得了一定成就，但总体来看举办层次不够高、创新性不够强，国内影响力和国际传播力不足，在“山东文脉”和中华文明坐标中作用发挥不突出，亟须进一步探索齐文化“两创”高质量发展的路径，激发齐文化赋能经济发展、推动社会进步的巨大潜力。

一、齐文化“两创”高质量发展存在的主要问题

（一）推进层级不够高

齐文化是中华优秀传统文化不可或缺的组成部分，资源丰富、内涵深厚、遗存浩繁，深入挖掘阐释齐文化的新时代内涵，大力推进齐文化遗产、文物的保护和开发，势必为中华文明探源、增强文化自信增添强劲动力。但当前对于齐文化的许多传承创新工作大多局限于淄博市内，影响力和辐射力都稍显不足，也缺少像曲阜儒家文化那样有力的政策支持和资金保障，一些好的创意和重点项目得不到足够的资金支持，呈现出的效果不尽如人意。因此，齐文化“两创”工作亟须提升至省级乃至国家层面，强化顶层统筹规划，强力推进各项工作开展。

（二）新时代内涵挖掘不足

齐文化研究阐释工作开展多年，取得了一定成果，但大多停留在典籍介绍和历史解读上，对齐文化当代价值的挖掘稍显不足，零散浅层次传统研究方式多，跨学科综合研究成果少，真正在学术界有权威、有影响的“大部头”研究成果偏少，导致齐文化研究在国内关注度不高。进入新时代，需要从中华民族共同体、中华优秀传统文化“两创”等角度重新梳理定义齐文化的概念，古为今用、推陈出新，作为推动“两创”

工作的新切口。

（三）资源整合力度不够

齐文化历史资源丰富，但较为分散，比如淄川主打聊斋文化、博山主打孝文化和陶琉文化、周村主打商埠文化等，各区县的文化研究机构也层出不穷、水平各异，既有政府主办的官方机构，如临淄区的齐文化研究中心、博山区的博山文化研究院、桓台县的王渔洋文化研究保护中心等；也有民间机构，如周村区的商埠文化研究中心、高青县的姜太公文化研究会、淄博市齐民要术研究会等。基本是区县为主、各自培育，对丰富的地域文化资源研究、挖掘、整合不够，不能握指成拳，集中发力，需要以齐文化为龙头，进一步整合地域文化元素，形成推动“两创”的合力。

（四）“齐文化 + 旅游”融合发展不紧密

在文旅融合的大背景下，文化是发展旅游产业的灵魂，旅游是文化传承发展的重要载体。目前，全市有 70 家 A 级旅游景区，与齐文化相关的就占到近 40%，其中包括中国陶琉馆、聊斋城、周村古商城、中国古车馆、王渔洋故里等 4A 级景区。但在这些景区、景点中，普遍缺少齐文化主题元素和标志性建筑。新建设的大型文旅综合体项目“齐风胜境”，也存在文化特色不够鲜明、与国内其他文旅项目同质化的倾向。需要进一步加强对姜太公、稷下学宫、聊斋、蹴鞠等齐文化特有元素的利用，更好地发挥出齐文化对旅游产业的促进作用。

（五）传播普及方式有待进一步创新

齐文化大众化、草根化、社会化不够，公众在日常学习生活中对齐文化的体认感受不强，城市更新中对齐文化元素创新展示不够。齐文化对外交流层次较低，齐文化节、齐文化论坛等举办规格不高、策划水平不强，亟须引入高端团队，提升层次能级。新媒体时代，齐文化的宣传推广和传播交流不能再仅仅依靠举办论坛和节会等线下传统方式，要充分利用抖音、快手、头条等新媒体进行互联网线上传播，通过年轻人的视角，融入现代元素，将齐文化与城市印象紧密结合，不断扩大齐文化的知名度和影响力。

（六）高水平专业人才队伍匮乏

从事齐文化研究、传播的高端人才存在一定缺口，尤其缺少既懂文化又懂产业的复合型人才。文博人才方面也存在明显的短板，考古、文物修复等专业力量严重不足，阻碍了文化遗产开发、利用和保护的进一步发展。需要进一步健全齐文化人才引进和传承机制，完善多层次齐文化人才培养体系，形成梯次结构合理的人才队伍，为齐文化“两创”打下坚实的人才基础。

二、齐文化“两创”高质量发展的实现路径

山东省第十二次党代会擘画了“打造中华优秀传统文化‘两创’新标杆”的发展蓝图，淄博市提出在中华优秀传统文化“两创”方面要实现六大创新突破，让齐文化活起来、新起来、亮起来，在传承中创新，在创新中发展，形成全社会合力推进齐文化“两创”突破的大格局。

（一）推动齐文化研究阐释创新突破

聚焦新时代人才工作理念，深入挖掘中华优秀传统文化中蕴含的人才观，积极与高等院校和科研院所合作，探索在北京等地设立齐文化研究机构，着力构建齐文化“大研究”机制。编撰出版一批齐文化综合研究成果，整理一批齐文化经典文献，彰显齐文化深厚的历史底蕴和内涵。加大对姜太公、齐桓公、管仲、晏婴、齐威王等齐文化历史名人资源的研究开发利用，讲好名人故事，提升淄博知名度。建设齐文化文献资料数据库，推动大数据时代齐文化的研究阐释。

（二）推动齐文化遗产保护与开发创新突破

加快推进历史文化名城（名镇、名村）和“博物馆之城”建设，打造独具淄博特色的文物资源保护利用模式。加强齐文化非物质文化遗产保护、传承和发展，积极推动蹴鞠申报世界非物质文化遗产。对接“十四五”国家文化公园建设总体规划，谋划建设长城、黄河国家文化公园（淄博段）项目，打响“万里黄河最高青”品牌。加快建设齐国故城考古遗址公园项目，打造“齐都会客厅”，展示齐文化魅力。

（三）推动齐文化教育普及创新突破

推动中华优秀传统文化融入日常生活，实施新时代美德健康生活美学赋能工程，擦亮“厚道齐地、美德淄博”城市品牌。推动中华优秀传统文化校园普及，打造大、中、小学一体化的文化普及环境。实施文艺

精品“两创双百”高峰计划，策划推出一批思想精深、艺术精湛、制作精良的文艺精品。实施“视听淄博”“走读淄博”“文化淄博”项目，讲好中华优秀传统文化“两创”故事。深入实施齐文化“六进工程”，即齐文化进机关、进社区、进学校、进企业、进农村、进社团，开展齐文化廉政教育活动。

（四）推动齐文化传播交流创新突破

提升齐文化节会论坛的层次能级，高端策划齐文化节，高水平举办齐文化系列论坛，将其打造成为城市形象展示和国际文化交流的平台，扩大齐文化在国内外的覆盖面和影响力。建设稷下书院等齐文化交流平台，推动书画、戏剧、陶琉等艺术精品“走出去”“请进来”，繁荣淄博文化市场，提升齐文化在国内外的知名度。出台鼓励促进文化贸易的政策措施，加大对齐文化产品和服务的扶持力度。

（五）推动齐文化与产业融合发展创新突破

坚持文化传承与产业提升并重、创新发展与跨界融合并举，优化整合陶瓷、琉璃、丝绸、酿造等本地特色产业资源，布局一批具有齐文化特色和内涵的产业新业态。创新打造“山东手造·齐品淄博”产业品牌，重点打造“齐风胜境”文旅综合体项目，构建文旅融合现代产业体系。实施“数字文化”工程，加强中华优秀传统文化数字化转换、内容生产，培育一批新型文化企业、文化业态。

（六）推动齐文化人才培育创新突破

健全齐文化人才引进和传承机制，完善多层次齐文化人才培养体系，形成梯次结构合理的人才队伍，为齐文化“两创”奠定坚实人才基础。用好用足人才金政 37 条，分级分类建立高层次文化人才储备库，选树一批成绩显著、影响广泛的学术大家、文艺名家、文创专家和复合型人才。组建齐文化研究院学术委员会，建立与市场经济体制相适应的齐文化人才评价与激励机制。

执笔人：毕雪峰，21 世纪马克思主义研究院经济社会文化发展战略研究中心特约研究员、齐文化研究院院长

第十二章　海南金促会高质量发展在建设中国特色新型智库中发挥创新作用

党的十八大以来，以习近平同志为核心的党中央高度重视中国特色新型智库建设，金融智库建设在经济发展中的战略地位日益凸显。根据习近平总书记关于“加强中国特色新型智库建设，建立健全决策咨询制度”的明确指示，海南省金融发展促进会成立以来，致力于通过发挥金融智库的引领作用、金融平台的整合优势、金融人才库的专业优势，推动海南自由贸易港金融高质量发展，从服务决策、支撑决策出发开展了一系列金融创新研究与实践工作，努力将自身打造成为推动海南金融发展创新的龙头智库。本章重点对海南省金融发展促进会的创新实践进行综合分析评价。

第一节　党中央和习近平总书记十分重视智库建设和金融发展研究工作

一、习近平总书记对建设中国特色新型智库提出明确要求

智库作为国家执政能力建设中的智力基础设施，致力于以客观的态度、科学的方法为国家提供可操作的政策建议与高质量的策略支持，是现代决策的重要导航和硬科技支撑。新型智库建设总是在解决一个个具体问题中不断走向未来。未来几年是我国经济社会发展的重要时期，智库建设需要进一步强化问题意识，补短板、强弱项，加快构建高水平中

国特色新型智库体系，以精准高效的建言献策助智赋能。

党的十八大以后，中国特色社会主义进入新时代，国内改革发展任务艰巨、国际局势复杂，国家迫切需要正确的、科学的决策，也是从十八大开始，党中央高度重视智库建设，这是智库建设的转折点。习近平总书记在 2012 年中央经济工作会议上首次指出要健全决策咨询机制，按照服务决策、适度超前的原则，建设高质量智库；2013 年 4 月，他就加强中国特色智库建设作出明确批示，强调“随着形势的发展，智库的作用会越来越大”。11 月，党的十八届三中全会审议通过的《中共中央关于全面深化改革若干重大问题的决定》进一步明确提出“加强中国特色新型智库建设，建立健全决策咨询制度”。该决定把智库作为国家软实力的重要组成部分，把智库建设上升到国家战略高度，明确提出建设“中国特色新型智库”的新目标。

2014 年 10 月，在中央全面深化改革领导小组第六次会议上，习近平总书记提出，要把中国特色新型智库建设作为一项重大而紧迫的任务切实抓好，会议审议通过的《关于加强中国特色新型智库建设的意见》，对中国智库事业发展作出了全面部署。2015 年至 2017 年，中央层面多个会议审议通过了《国家高端智库建设试点工作方案》《关于社会智库健康发展的若干意见》《国家科技决策咨询制度建设方案》《关于推进公共信息资源开放的若干意见》等文件，从建立健全决策咨询制度的角度阐述了智库建设问题，提出智库建设的指导思想、基本原则、总体目标和改革思路，逐步深化认识，将智库建设纳入国家治理体系。

在此基础上，智库建设的制度体系不断得以完善，我国智库如雨后春笋般建立起来，中国特色新型智库建设在国家发展中的战略地位也日益凸显。2022 年 4 月，中共中央办公厅印发的《国家“十四五”时期哲学社会科学发展规划》提出，要加强中国特色新型智库建设，着力打造一批具有重要决策影响力、社会影响力、国际影响力的新型智库，为推动科学民主依法决策、推进国家治理体系和治理能力现代化、推动经济社会高质量发展、提升国家软实力提供支撑。

二、习近平总书记关于加强金融发展与研究工作的系列讲话精神概述

金融是现代经济的核心，关系国家发展和安全。党的十八大以来，习近平总书记高度重视金融工作，在多个重要场合就金融发展问题发表重要讲话，对做好金融工作作出重要指示。习近平总书记关于金融发展的重要论述内涵丰富、思想深刻，是习近平经济思想的重要组成部分，为做好新时代金融工作、推动中国金融高质量发展奠定了坚实理论基础、提供了根本遵循。

当前，世界经济复苏艰难，世界各国金融发展面临许多相似的难题，比如如何妥善处理经济与金融的关系、如何有效防范和化解金融风险、如何最大限度解决中小企业融资难问题、如何统筹金融发展与金融安全等等。习近平总书记关于金融发展的重要论述，深入阐释了金融的本质宗旨和功能定位，明确了中国金融发展的目标和方向，也为世界各国尤其是发展中国家破解金融难题贡献了中国智慧。

阐明金融的本质和宗旨。习近平总书记指出："金融是实体经济的血脉，为实体经济服务是金融的天职，是金融的宗旨，也是防范金融风险的根本举措。"对金融本质和宗旨的科学界定，为进一步认清金融功能定位、推动金融健康发展提供了科学指引。金融业坚持为实体经济服务的宗旨，就要完整、准确、全面贯彻新发展理念，把为实体经济服务作为出发点和落脚点，推进金融供给侧结构性改革，构建金融有效支持实体经济的体制机制，积极服务国家重大战略实施和培育新动能，降低社会综合融资成本，不断为实体经济注入"源头活水"。

明确金融的极端重要性。习近平总书记强调："金融是国家重要的核心竞争力，金融安全是国家安全的重要组成部分，金融制度是经济社会发展中重要的基础性制度。"这一重要论述，深刻阐明了金融在经济发展和社会生活中的极端重要性。党的十八大以来，我国金融业发展取得历史性成就，金融改革开放有序推进，金融产品日益丰富，金融服务普惠性增强，金融监管得到加强和改进，但金融业的市场结构、经营理念、创新能力、服务水平还不适应经济高质量发展的要求。要抓住完善金融

服务、防范金融风险这个重点，优化融资结构和金融机构体系、市场体系、产品体系，推动金融业高质量发展；切实把维护金融安全作为治国理政的一件大事，筑牢金融安全网，守住不发生系统性金融风险的底线。

揭示经济与金融共生共荣的辩证关系。习近平总书记指出："金融活，经济活；金融稳，经济稳"，"经济兴，金融兴；经济强，金融强"，"经济是肌体，金融是血脉，两者共生共荣"。这些重要论述，深刻揭示了经济与金融的辩证关系。推动金融发展，必须牢牢把握其与经济共生共荣的关系，适应技术创新这一经济增长动力引擎的要求，既重视对前沿创新项目的金融支持，又重视对中小企业创新的金融支持，促进提高科技成果转化率；适应提高全要素生产率的要求，发挥好政府和市场的作用，引导资金向优质科技创新企业集聚；适应经济可持续发展的要求，继续大力发展绿色金融，鼓励绿色信贷、绿色债券、绿色保险、绿色指数等相关产品创新，支持和促进生态文明建设。

第二节　海南省委省政府高度重视经济和金融发展工作

一、立足海南实际，就促进自贸港建设和金融发展作出宏观决策

海南探索建设中国特色自由贸易港是习近平总书记亲自谋划、亲自部署、亲自推动的改革开放重大举措，是党中央着眼国内国际两个大局，深入研究、统筹考虑、科学谋划作出的战略决策。建设海南自由贸易港是海南省历史进程中千载难逢的重大发展机遇。在"三区一中心"（"三区"指全面深化改革开放试验区、国家生态文明试验区、国家重大战略服务保障区；"一中心"指国际旅游消费中心）战略定位下，全省金融业应当大胆创新、主动作为，打造与自贸港最高水平开放形态相适应的金融开放创新新高地，特别是在服务实体经济、促进贸易和投资自由化便利化方面。《海南自由贸易港建设总体方案》发布以来，海南金融业加快对内对外开放创新步伐，金融市场双向开放不断升级，贸易投资更加自由化、便利化，金融服务实体经济的能力明显增强，全省金融业迎来了

前所未有的发展机遇。为深入贯彻习近平总书记在庆祝海南建省办经济特区 30 周年大会上的重要讲话精神，立足海南实际，相继出台《中华人民共和国海南自由贸易港法》《中共中央 国务院关于支持海南全面深化改革开放的指导意见》《关于金融支持海南全面深化改革开放的意见》等重要法律及政策文件，加快引领建设高水平的中国特色自由贸易港。

（一）海南省第八次党代会就关于自贸港建设和金融发展作出重要部署

2022 年至全岛封关运作前后，是海南自由贸易港建设关键期。海南省第八次党代会报告对自贸港建设和金融发展方面作出重要部署，提出，一是深入推进各领域改革：聚焦经济领域体制机制改革，在贸易、投资、财税、金融等方面创新突破；二是贯彻新发展理念、推动高质量发展是海南自由贸易港建设的根本出路：引导金融机构做活存量金融资源配置、扩大优质增量供给、积极主动降费让利、便利跨境投融资，持续巩固园区金融、普惠金融、跨境金融、绿色金融、科创金融“五位一体”金融发展新格局，不断满足旅游业、现代服务业、高新技术产业和热带特色高效农业四大产业合理有效融资需求；三是全力推进全岛封关运作：积极应对封关运作对金融管理提出的新要求，把制度集成创新摆在突出位置，为全岛封关运作做好金融配套制度设计。

（二）《海南省金融业“十四五”发展规划》对自贸港建设和金融发展作出具体安排

“十四五”时期是海南自由贸易港的重大战略机遇期，是海南金融业发展转型升级的关键期。《海南省金融业“十四五”发展规划》强调：紧紧围绕服务贸易投资自由化便利化，聚焦提升海南自由贸易港金融功能和改善金融生态环境两大任务，着重突出海南特色，重点发展贸易金融、消费金融、科技金融、绿色金融、涉海金融等，对标国际规则，在《区域全面经济伙伴关系协定》（RCEP）、《全面与进步跨太平洋伙伴关系协定》（CPTPP）窗口期内，发挥好国内国际双循环的交汇点作用，仅仅依靠内地庞大的市场，面向两洋加大金融开放创新，努力成为国内企业“走出去”、境外企业“引进来”的桥头堡。并提出构建与开放型经济相适应的具有国际竞争力的金融机构体系、完善与实体经济高质量发展相适应的金融业务和产品集成创新体系、丰富与国际惯例规则和制度体系相接轨的要素市场体系、健全与贸易投资自由化便利化相适应的跨境投融资新体系、拓展与国际金融体系相匹配的金融人才发展体系、深化与金融业高质量发展相适应的保障体系、筑牢与海南省金融业全方位对外开放相适应的风险防控体系七大发展目标，争取到 2025 年初步建立与高水平自由贸易港相适应的金融体系。

二、出台加强海南金融发展工作的一系列具体措施

“十三五”期间，海南省深入贯彻落实党中央、国务院关于金融工作的决策部署，金融业发展取得显著成效，为“十四五”发展规划奠定了良好基础。海南金融业将从补齐机构短板、强化自贸港功能、扩大对外开放、谋划创新特色、做强产业金融、对标国际先进、落实人才优先、深化联动合作、创新监管体制以及加强规划实施保障等方面加强海南金融发展，积极应对国内外环境变化和风险挑战，抢抓改革创新的关键期和机遇期，着力夯实基础、补足短板，突出海南自由贸易港功能，持续强化服务实体经济和贸易投融资自由化便利化能力，更好助力中国特色自由贸易港建设。共有以下 29 条具体政策措施。

1. 壮大金融组织体系。进一步增加法人金融机构数量，依法依规支持省内法人金融机构引进外资战略投资者。支持引进或推动设立外资银行、信托公司、金融租赁公司、消费金融公司、汽车金融公司、法人财产险机构、再保险机构等金融业态，着力弥补非银行金融机构发展短板，不断健全和丰富金融组织体系。支持海南省相关基金高质量发展。鼓励符合条件的机构在海南省依法申请设立合资公募基金管理公司，对投向海南种业、现代农业、航天科技等重点领域的私募股权投资基金，给予登记备案绿色通道。支持符合条件的境外金融机构在海南省全资拥有或控股参股期货公司。鼓励外资参股地方性资产管理公司。推动海南银行实现国际化、综合化、专业化经营，深化省农信社联社体制机制改革。

2. 打造国际金融要素交易市场。优化金融要素流动与资源配置，依法依规加快建设海南国际清算所。加快推进国际能源、航运、产权、股权等交易场所国际化建设，推动非居民按照规定参与要素市场的交易和

进行资金结算，逐步扩大交易规模并提升行业影响力，发展符合海南省实际的差异化、国际化、集团化要素市场体系，提升金融服务质效。在会员、交易、税负、清算、交割、投资者权益保护等方面，建立与国际惯例接轨的规则和制度体系。加强与香港特别行政区、新加坡、阿布扎比等国际知名自由贸易港互联互通。

3. 培育多层次资本市场。扩大直接融资规模，依法依规支持省内上市公司利用多层次资本市场开展直接融资、并购重组，支持企业发行公司债、企业债、可转债、创新创业债、资产证券化等，增强资金融通功能。实施上市企业培育工程，建立分层次、分行业、分梯队的上市企业后备资源库，大力吸引符合海南自由贸易港重点产业定位、发展前景较好、有市场竞争力、公司治理规范的优质企业入库。科学引导企业根据自身发展状况在主板、创业板、科创板首发上市，支持初创型、创新型中小企业在新三板挂牌，鼓励符合条件的创新型中小企业到北京证券交易所发行上市。支持中小微企业在海南股权交易中心挂牌。整合省内金融资源和国有资本，优化国有金融资本布局，做大做强地方国有金融资本，设立省级金融控股公司；引入市场资金，设立省级企业征信公司等。发挥海南自由贸易港建设投资基金等政府投资基金作用。推动企业通过境外上市、发行债券等多种方式筹集境外资金。

4. 加速金融业全方位对外开放。扩大银行业对外开放，鼓励境外金融机构落户海南，支持设立中外合资银行。支持海南省银行业法人机构引进符合条件的境外战略投资者，改善股权结构，完善公司治理，进一步提高海南省银行业对外开放程度。设立银行业准入事项快速通道，科学合理优化审批流程，加大准入事项限时办结制度执行力度。加快落实海南自由贸易港法关于海南自由贸易港内经批准的金融机构可以通过指定账户或者在特定区域经营离岸金融业务的规定。允许已取得离岸银行业务资格的中资商业银行总行授权海南自由贸易港内分行开展离岸银行业务。扩大保险业对外开放，加强研究海南自由贸易港与港澳地区保险市场深度合作。

5. 促进跨境投融资便利化。建设海南自由贸易多功能账户体系，围绕跨境贸易、跨境投融资、跨境资金管理、跨境供应链等领域，开展各类创新型试点服务，持续提高便利性，扩大自由贸易账户（FT 账户）开户主体数量和收支规模。提高跨境贸易资金流动便利化水平，明确个人跨境交易规则，研究进一步便利海南居民个人用汇，实现资金自由便利的流动和兑换。进一步扩大合格境外有限合伙人（QFLP）、合格境内有限合伙人（QDLP）业务试点规模，全方位便利境外资本投资海南私募股权（PE）、风险投资（VC）市场，进一步满足境内投资者全球配置资产需求。简化跨境直接投资交易管理模式，实施跨境融资宏观审慎管理，在符合条件、依法依规前提下，加大企业跨境融资支持力度。进一步发挥金融监管与协调服务功能，加快金融体系改革创新，全力打造海南省金融对外开放新平台。

6. 加快跨境金融服务创新。鼓励创新面向国际市场的人民币金融产品及业务，扩大境外人民币投资海南金融产品的范围。在依法合规前提下，允许海南省市场主体在境外发行人民币计价的债券等产品，引入境外人民币资金，重点支持高新技术、医疗健康、旅游会展、交通运输等产业发展。稳步扩大跨境资产转让范围，在宏观审慎管理框架下，按照风险可控和规模可调节原则，在海南自由贸易港内试点扩大可跨境转出的信贷资产范围和参与机构范围。探索开展跨境资产管理业务试点，支持境外投资者投资海南自由贸易港内金融机构发行的资产管理产品。创新发展保险业务，支持符合条件的保险机构在海南省设立保险资产管理公司，并在账户独立、风险隔离的前提下，向境外发行人民币计价的资产管理产品。支持符合条件的海南省保险机构开展境外投资业务，推动金融市场双向开放。大力推进跨境金融创新，进一步打通本外币、境内外、在岸离岸市场的对接合作路径。

7. 推动科技与金融深度融合。支持科技金融发展。在依法合规、风险可控的前提下，鼓励海南省法人金融机构加强与创投机构合作，探索科技金融新模式，加强深海科技、航空科技、航天科技等领域的金融创新，丰富科技金融政策、产品和工具。开展数字人民币跨境支付试点，探索提升海南自由贸易港跨境支付效率。构建智能化的产品体系、服务体系、人员培训体系、考核激励体系和风险管控体系，依赖数字化系统、大数据、云计算等科技手段，实现金融机构智能化、轻型化升级改造。

加强金融科技创新应用，支持开展金融科技创新业务试点，实现科技与金融业务深度融合。加速供应链金融发展，推动跨境支付大数据应用，提升金融业数字化水平。优化金融科技基础设施，系统布局以大数据为核心的金融科技基础设施建设，探索数据驱动的金融服务模式创新，逐步构建自主可控的金融大数据产业生态。积极参与跨境数据流动国际规则制定，建立海南省数据确权、数据交易、数据安全和区块链金融的标准和规则。支持海南国家区块链技术和产业创新发展基地建设。

8. 创新绿色金融发展机制。立足国家生态文明试验区定位和特色，对标最高级别绿色金融标准体系，构建完善的绿色生态体系，支持海南省“碳达峰”和“碳中和”目标的实现。吸引国内外绿色金融机构集聚，加快建立统一规范的多层次绿色金融市场。完善绿色认证、信息披露、评级等规则，促进绿色金融产品创新，引导绿色投资群体向新能源、绿色建筑等低碳领域开展项目投资。鼓励金融机构创新绿色信贷产品，积极研发适合节能减排、资源综合利用的能源效率贷款、节能减排专项贷款等绿色信贷产品。支持法人银行发行绿色金融债和用好中央银行碳减排支持工具。支持保险资金为重点绿色项目提供长期、稳定的资金支持。支持企业发行绿色债券，鼓励开展绿色信贷资产证券化。探索利用央行数字人民币促进绿色消费的试点经验。发展碳金融市场，鼓励绿色金融创新业务在海南省先行先试，加大对应对气候变化投融资支持力度，助力国家生态文明试验区建设。

9. 大力发展贸易金融、消费金融等特色金融业态。优化跨境贸易汇兑、结算、融资、担保、风险管理等服务，创新应用更加便捷高效的支付工具和方式，推动跨境货物贸易、服务贸易以及新型国际贸易结算便利化，推动贸易金融服务升级。引进具有跨境资金结算先进经验的境内外知名银行、金融机构来琼设立分支机构、经营网点，为新型离岸国际贸易发展提供包括风险对冲、保险、融资、供应链金融、会计、审计等综合服务，提升离岸贸易金融服务水平。加快消费金融场景化发展，拓展长尾市场、小额高频等细分消费场景，形成精细化消费金融发展模式。鼓励消费金融企业根据自身优势开发特色消费金融产品，运用金融科技开展探索创新，不断丰富消费金融产品与服务种类。完善消费金融基础设施建设，运用大数据、人工智能等金融科技推动智能风控与征信体系建设，探索推动央行征信系统与互联网消费金融平台系统按“可用不可见”实现信用信息共享，优化消费金融信用环境。从财政资金支持、税收优惠、简化新型金融机构审批和登记手续等方面，加大对新金融业态的扶持力度。加强传统金融组织与新型金融组织间合作，优化完善金融全产业链。

10. 支持发展航天、航空、航运、涉海金融。优化海南省商业航天领域市场准入环境，设立由社会资本出资、市场化运作的商业航天发展混合所有制改革基金。鼓励保险机构在依法合规、风险可控的前提下，开展航天领域相关保险业务。鼓励社会资本投资通用航空、航油保障、飞机维修服务等领域，释放航空金融业发展新动能。加快减税降费、飞机离岸租赁对外债权登记、中长期外债便利化、SPV 管控模式优化等政策的落地。大力发展航运金融产业，运用海南自由贸易港航运和金融开放政策，推动国际船舶登记、国际航运税收、航运金融和船舶租赁等领域的制度创新，拓宽船舶融资渠道和模式，实现航运保险创新发展，促进航运金融多元化发展。在依法合规、风险可控的前提下，引导港航企业、金融机构等社会资本，以市场化方式支持涉海科技型企业发展。鼓励金融机构加大金融创新力度，开发更多满足海洋经济发展需求的涉海金融产品和服务。

11. 持续做实普惠金融。从信贷资源倾斜、授信政策支持、提高贷款时效、优化信贷产品等多个方面，创新服务“三农”金融体制机制和业务模式。鼓励各市县开展金融支持乡村振兴示范区建设，开展对金融机构乡村振兴金融服务评估，促进金融支持乡村振兴。做好新型农业经营主体金融服务，从顶层设计上保障更多金融资源配置到“三农”和“小微”等重点领域和薄弱环节。围绕现代农业核心企业，运用金融科技发展线上线下农业供应链金融服务，努力拓展核心企业上下游客户金融服务。完善农业保险政策，提高农业保险服务能力，优化农业保险运行机制，推动农业保险高质量发展。加强农、林、牧、渔、服务业、农业文旅及其他具有区域特色配套产业的研究，开发适应县域涉农中小企业特点的特色金融产品，实施小微企业能力提升工程。积极开发普惠“三农”

和中小微企业的创新型金融产品，推动科技金融、绿色金融与普惠金融融合发展，强化金融支持巩固拓展脱贫攻坚成果，履行社会责任。多渠道补充省融资担保基金资金来源，充分发挥政府性担保机构为小微企业、“三农”和创新创业主体增信功能。强化农村金融基础设施建设，加大农村金融消费者权益保护支持力度。

12. 深化“金融 + 旅游业”。大力拓宽旅游产业投融资渠道，强化对旅游产业的金融支持和服务。支持旅游产业通过上市、发行债券等资本市场直接融资。创新旅游产业基金投资和运作模式，广泛吸收社会民间资本和金融资本。鼓励金融机构创新融资抵押方式，加大应收账款质押和信用类信贷产品供给力度。探索对重点特色旅游项目实施贷款补贴政策。推动旅游产业市场化并购重组，加大优质资源整合效能，形成多层次旅游产业投融资体系。优化国际旅游金融产品和服务，为跨境旅游打造量身定制个性化金融产品，提供更多便捷高效、类型丰富的金融服务。

13. 深化“金融 + 现代服务业”。以博鳌乐城国际医疗旅游先行区为重点，强化对康养医疗等健康产业的金融支持力度。鼓励保险机构加强创新，进一步丰富健康保险产品，完善医疗健康、养老养生等保险服务，研发适应海南需求的特色保险产品。探索建立与国际商业保险付费体系相衔接的商业性医疗保险服务，支持保险业金融机构与境外机构合作开发跨境医疗保险产品。强化金融对物流产业发展支持，大力发展供应链金融，延伸保税仓储、国际物流配送、转口贸易、大宗商品贸易等领域的融资服务。提升海洋金融服务能力，探索推进海洋金融机构建设，开发具有海洋特色的金融产品和服务。充分发挥海南自由贸易港金融服务平台功能，破解文化、体育和旅游企业信用不充分、与金融机构之间信息不对称的融资瓶颈，完善产业金融服务体系。优化文化、体育和旅游产业融资结构，逐步降低融资成本。突出邮轮游艇等海南国际旅游消费中心特色产业金融，重点支持邮轮游艇产业集聚园区和公共服务配套设施建设。

14. 深化“金融 + 高新技术产业”。持续强化对高新技术重点领域和关键环节的金融支持和服务保障能力。鼓励金融机构集中优势金融资源，推动金融与互联网、大数据、区块链、人工智能、信息安全等数字新兴产业的深度融合与服务保障。加大对智能制造、新能源汽车、生物医药、节能环保等领域重点项目、先进技术研发和科技成果转化的资金支持。吸引私募投资基金、各类创投风投机构聚集，引导境外资金投资高新技术产业。支持金融机构扩展知识产权质押融资、知识产权证券化等融资服务。支持和推荐具有核心竞争力的优质高新技术企业通过境内外资本市场开展直接融资。强化投贷联动，鼓励银行与投资机构深化合作，构建多层次、多渠道、国际化的高新技术创新金融支持体系。

15. 强化重点项目金融服务保障能力。综合运用信贷支持、债券融资、保险类投资计划等项目方式，提供“贷 + 投 + 债”的综合化金融服务，聚焦旅游业、现代服务业、高新技术产业，重点支持海洋产业、医疗健康、旅游会展、交通运输、现代农业、服务外包等重点领域发展，全面服务好全省重点园区、特色农业企业、贸易企业、涉海企业和小微优质企业。加大对重点产业园区直接融资支持力度，撬动更多社会资本参与园区重点项目建设。引导省内金融机构强化金融服务，以重点园区运营公司、园区入驻企业以及参与园区建设的省属重点国有企业金融需求为导向，主动为海南自由贸易港重点园区研究和编制投融资规划，提供“一园一策”“一企一策”的综合性金融服务方案。加快推进政府和社会资本合作（PPP）模式高质量发展，加大金融对此模式合规项目支持，促进公共服务领域投融资多元化，吸引社会资本放大财政杠杆效应。鼓励银行、保险、小额贷款、商业保理、融资租赁等机构根据园区建设需要，提供信贷、增信、融资等各类金融服务，提高金融资源要素集聚能力。

16. 完善与国际接轨的金融法治。建立以海南自由贸易港法为基础，以地方性金融法规和金融商事纠纷解决机制为重要组成部分的海南自由贸易港金融法治体系。用足用好海南经济特区立法权及调法调规授权，围绕金融服务贸易投资自由化便利化，根据实际需要开展创新性、突破性地方金融立法工作。加快国际金融业务规则的落地和适用，探索建立对接国际金融规则的金融司法与法律服务创新系统。完善多元化、“一站式”争议解决机制，优化和解、专业调解、商事仲裁、行政调处等争议解决新模式。充分发挥银行、证券、保险等领域消费纠纷调解组织作用，建立公正、高效、便民的金融纠纷非诉第三方解决机制。推动设立金融法院，支持设立金融与破产专业审判机构。加强与人民法院和司法行政部门的沟通合作，落实银行、证券、保险等领域矛盾纠纷诉调对接机制，发挥金融行业调解组织专业化优势，探索建立金融行业纠纷调解协议司法确认制度。提升对“一带一路”及“两洋”周边国家地区的金融法律服务能力，强化涉外金融争议解决能力，落实和推进涉外双边司法文书互相确认与执行，打造国际一流的金融法律服务高地，营造市场化、国际化、法治化、高效率、可预期的自由贸易港金融法治环境。

17. 构建高效适宜的金融生态环境。进一步落实外商投资准入前国民待遇加负面清单制度，加快实施《海南自由贸易港跨境服务贸易特别管理措施（负面清单）（2021 年版）》中关于金融业相关规定。完善财政支持普惠金融发展、金融产业发展的政策措施和运行机制。重点实施金融营商环境优化工程，聚焦金融企业落地、展业与发展壮大中的痛点、难点问题，持续压缩办理时限，优化办理流程，提升服务体验，切实减轻金融企业制度成本，构建高效一流、顺畅舒心的金融发展环境和生态。加强金融消费者权益保护，督促金融机构完善消费者权益保护机制，规范营销宣传行为，防止虚假宣传、夸大宣传、误导客户，防止将金融产品提供给不适当的投资者和金融消费者。加强金融消费者教育，建立金融知识普及教育示范基地、证券期货投资者教育基地。完善投资者和金融消费者权益保护协调联动机制。

18. 加快金融领域信用体系建设。完善公共领域涉金融信用信息归集和管理，建立以信用为基础的分类分级监管体制，丰富金融信用应用场景，深化金融信用信息应用。推进海南中小微企业信用体系建设，依托登记结算、“7+4”监管（其中“7”指典当行、融资租赁公司、商业保理公司、地方资产管理公司、区域性股权市场、融资担保机构、小额贷款公司等 7 类机构，“4”指投资公司、开展信用互助的农民专业合作社、社会众筹机构、地方各类交易场所等 4 类机构）及各类政务数据、信用数据，打造海南自由贸易港金融数据中心，构建小微企业综合金融服务平台，高效对接金融服务。推进动产融资服务发展，创新供应链金融服务模式，支持实体经济和小微企业发展。建设农村信用体系，扩展农村地区信用信息覆盖广度，强化信用信息服务，有效对接普惠金融、乡村振兴战略。支持引进有市场影响力的信用评级机构。建立健全信用信息共享机制，支持省内地方社会信用体系建设。

19. 实施金融综合素质提升工程。着力夯实海南自由贸易港金融开放创新的人才基础。充分利用国家大力支持海南自由贸易港发展的契机，突破思想、观念和制度束缚，抓好金融（监管）机构高级管理人才、金融业资格证书持有者、相关领域高级职称人才等金融人才的引进、培育、使用、流动、评价和服务等关键环节。重点突出人才培育环节，推动金融人才精细化管理。对金融人才结构实施动态跟踪，分门别类进行差异化培养，培育更多的跨界、跨行业复合型人才，形成层次丰富的金融人才生态系统。

加大对本土金融人才的培养。立足海南实际需求，出台《海南自由贸易港金融人才专项提升计划》。实施金融人才素质提升工程，加强与金融机构总部资源对接，开展离岸金融、金融科技等系统性专业化培训。进一步细化《海南自由贸易港高层次人才分类标准（2020）》中金融人才认定标准。建设金融人才孵化基地，依托现有科研服务机构，与国内外知名高校科研机构合作，建立国家级金融博士后工作站和流动站，培养实用型研究人才。支持金融机构与高等院校联合建立金融人才实习和研究基地，为金融业创新发展输送前瞻性和实用型人才。坚持国际化金融人才培养方向，广泛集聚国际知名院校、高端智库机构、全球高级金融领军人才和知名专家学者，开展金融智力资源跨国交流、跨界融合和信息交流共享，建设具有国际水准的海南自由贸易港金融中心高端智库，为国际高端复合型金融人才培育搭建良好平台。

20. 大力引进高层次金融人才。贯彻落实《百万人才进海南行动计划（2018—2025）》，大力实施“千人专项”引才工程，引导用人单位有序引进人才，鼓励金融业用人单位加大团队引才和柔性引才工作力度，吸引各类优秀毕业生来海南就业创业，并给予优惠政策支持。畅通地方政府部门、金融监管部门、金融机构相互之间的干部交流机制，强化跨地区金融人才的双向交流。推进中国人民银行、中国银保监会、中国证监会等中央部门选派优秀金融干部支持海南自由贸易港建设，引进上海、深圳等地区证券期货交易所干部前往海南挂职交流。坚持人才优先发展战略，按照国际化、市场化和专业化原则，搭建全球金融人才参与海南自由贸易港建设的平台。完善市场化引才聚才机制，细分人才的稀缺度和管理程度，重点关注关键金融岗位人才，构建具有竞争力的差异化薪酬体系，吸引具有国际知名金融类执业资格或全球顶级金融机构工作履历的高端金融人才来海南执业创业。深化与国际金融中心城市合作，开辟海外高层次金融人才招引渠道，通过举办国际金融人才招聘会、论坛等活动，采取多种形式的吸引金融人才措施，提升金融人才国际竞争力。

21. 优化金融人才服务环境。建立公平公正的选才用才环境。突出机制留人，强化政府金融人才宏观管理、政策制定以及公共服务职能。着力整合各类人才政策资源，在金融人才落户、购房购车、配偶就业、子女入学等方面配套相应的优惠政策，促进金融机构和金融人才充分享受海南自由贸易港税收优惠政策。省人才开发专项资金对金融人才发展予以支持，鼓励各市县、园区加大对金融人才发展的资金支持力度。建立信息共享、联动共进的金融人才发展环境，增强金融人才对海南的认同感、归属感。

22. 完善金融人才评价体系。建立更加畅通的人才流动和评价机制，建立全省金融人才数据库，实施大数据统筹管理，发挥市场配置金融人才资源的决定性作用，逐步打破传统人才评价体系制约，促进人才资源合理流动、有效配置。借鉴国际管理标准，推动金融人才流动机制、价值评估体系与国际接轨，引入第三方专业化独立机构，优化人才评价管理机制。

23. 加大与国内重点区域联动合作。坚持优势互补、取长补短、借力发展，充分运用好海南自由贸易港金融业对外开放创新与服务贸易投资自由化便利化的独特政策优势，深化与国内重点经济区域的金融联动与交流合作。搭建海南—粤港澳大湾区协同创新平台，在金融产业规划、金融信息共享、金融人才培养、金融机构与产品市场拓展、重点建设项目、金融风险联合防控等领域加强与粤港澳大湾区合作，推动实现制度联动、要素流动和市场互通。密切与粤港澳大湾区国际金融枢纽、北京国家金融管理中心、上海国际金融中心等重点金融区域的交流协作，借鉴先进经验与发展启示，在金融基础设施、重点总部机构、区域性金融市场建设等方面开展深入合作。加大海南自由贸易港金融政策宣传推介力度，主动承接金融资源，完善区域金融合作机制。深化海南自由贸易港与成渝地区、长三角经济带、广西等地区在经贸、金融等领域合作，实现人才流、资金流、信息流的深度融合，进一步强化海南自由贸易港双循环新发展格局的战略联结点作用。

24. 深化国际金融合作。利用区位禀赋优势，着力构建面向印度洋、太平洋的金融窗口和面向南亚、东南亚的金融服务中心。加强与“一带一路”国家互访交流，共同推进有关“一带一路”和沿线资本市场发展、金融营商环境、监管协作、人民币国际化、产业金融和金融科技领域的合作研究与研讨，提高海南自由贸易港企业海外投资风险管理能力。探索国际金融合作新模式，拓展金融合作领域，创新跨境投融资金融服务机制，探索构建与东南亚和海上丝绸之路沿线国家及地区合作的先导区。积极开展与东南亚地区在资本引进、人才培养、金融开放、监管创新等方面的对话与合作，探索跨境金融监管沙盒合作机制。推动建立并加快融入面向东盟的区域性市场，鼓励东盟国家主要金融持牌机构在海南自由贸易港参与试点并落地业务，做大海南自由贸易港经济流量，建立金融政策需求与制度创新联动机制，推动海南自由贸易港金融政策顺利落地。推进与阿联酋及其他中东北非国家的机构在私人银行、财富管理、投资管理、金融科技等金融服务业前沿领域的深度合作。运用好《区域全面经济伙伴关系协定》《全面与进步跨太平洋伙伴关系协定》政策机遇，不断提升海南自由贸易港金融开放服务能力。

25. 加强金融监管基础设施建设。以现有的本外币账户和自由贸易账户为基础，建立资金“电子围网”，构建海南省金融对外开放的基础平台。依托国务院金融稳定发展委员会办公室地方协调机制（海南省）信息共享机制，充分发挥资金流信息监测管理系统功能。在海南省地方金融综合风险防范系统基础上，通过智慧金融综合服务平台，建设覆盖省内持牌金融机构、各市县、重点园区，以及跨部门、跨行业、跨市场的全口径金融信息监管体系。加强对海南自由贸易港内贸易金融活动的有效监控，对金融风险做到事先防范、事中可控和事后处置，高效应对突发性、群体性或大规模冲击金融市场事件，完善反洗钱、反恐怖融资、反逃税的“三反”监管体制机制。进一步完善金融业综合统计监测体系，建立海南自由贸易港“大金融”统计监测平台，打破银行、证券、保险及地方金融组织数据孤岛，推动数据共享交换，强化风险识别和防控能力，形成服务海南自由贸易港建设的金融业综合统计监测体系。

26. 加大监管科技手段应用。创新金融监管科技手段，综合运用大数据、区块链、人工智能等技术手段，优化监管数据采集机制，持续扩大金融监管科技的应用范围，进一步强化行为监管与功能监管。鼓励金融机构运用先进信息技术完善合规运营和风险识别防范体系，提升数字化、智能化合规能力和水平，全面执行金融监管要求。扩大金融科技在金融风险管理中的应用，提高海南自由贸易港金融风险识别能力和系统风险防范能力。利用科技手段强化信用监管，加强金融监管部门信息共享、金融机构信用披露与信用分类评价工作，建立健全失信主体惩戒机制，发挥信用在金融风险识别、监测、管理、处置等环节的基础作用。

27. 加强地方金融监管。加快完善地方金融法规体系建设，理顺监管体制机制，进一步细化和完善地方金融机构（组织）监管指引，加大对增量创新业务监管。强化行为规范，严格执行准入管理、信息披露、关联交易、金融消费者和投资者适当性、广告宣传、反洗钱和反恐怖融资等管理制度。建立健全分类分级监管体系，提升监管效能。严厉打击各类以金融创新之名掩盖金融风险、规避监管、实施制度套利、扰乱金融秩序的违法违规行为。进一步筑牢地方金融风险识别、预警、防范和处置的科学体系，构建反应及时迅速、密切协作配合、处置合理高效的工作机制。充实地方金融监管力量，强化人员队伍、经费投入、机构设置、监管设施等保障力度，提升监管能力和水平。

28. 完善风险防控体系。坚持分类指导、因情施策、重点突破，强化金融监管和风险防范，落实金融机构防范风险的主体责任。依托资金流信息监测管理系统和智慧金融综合服务平台，继续扩大资金流数据采集范围，实现“本外币打通，离在岸兼顾，大小额统一”，同时增加与市场监管、司法、税务、海关等部门数据关联，加快推动跨部门、跨机构和跨市场监管数据全覆盖。优化跨境资金进出管理体系，实现对进出岛资金的源头、去向和发放全程可记录、可留痕、可追溯，促进对海南自由贸易港内贸易、投资和金融活动等实施全流程监控，实现事先甄别异常金融活动。依法从严打击证券违法活动。在确保有效监管和风险可控的前提下，稳妥有序推进各类金融开放创新举措落地。依法依规做好金融控股公司、系统重要性金融机构监管，牢牢守住不发生系统性金融风险的底线。

29. 构建适应海南自由贸易港建设的金融监管协调机制。强化央地协同金融监管，充分发挥国务院金融稳定发展委员会办公室地方协调机制作用，统筹做好央地协同金融监管工作。加快落实《海南自由贸易港建设总体方案》中关于“积极探索建立适应自由贸易港建设的更加灵活高效的监管模式和管理体制”部署要求，立足海南自由贸易港金融业发展定位，构建适应海南自由贸易港金融深化改革与开放创新需要的金融监管协调机制。充分发挥现有央地金融监管协调机制的作用，进一步强化金融监管协调联动与协作分工，完善信息共享、风险处置、业务发展和金融消费者保护等领域协作机制，协同做好金融突发事件、重要金融风险事项处置以及重大监管措施落地等工作，共同开展重要金融课题研究、投资者宣传教育等，着力提升海南自由贸易港整体金融监管效能。在风险可控前提下，争取中央授权中央驻琼派出机构自主开展贴近市场的创新业务监管。实施包容审慎监管，允许对金融新业态和金融创新开放过程中非主观恶意实施的轻度违规行为进行容错处理。

三、高度重视经济金融领域的智库建设和咨询作用的发挥

2022 年 6 月，《海南自由贸易港建设总体方案》正式发布，标志着高质量高标准建设海南自贸港进入全面实施阶段。建设自贸港是一项全新的探索，既没有先例可遵循，又不能照搬照套西方自贸港的模式。因此，迫切需要高质量智力支持，需要科学合理的前瞻性统筹规划和可操作的政策制度安排。新型智库作为海南自贸港建设的理论排头兵，应该先知先觉，努力做好自贸港稳健发展的咨政建言工作。

近年来，海南省委省政府十分重视经济金融领域的智库建设和咨询作用，立足海南实际，先后出台了《海南自由贸易港金融人才专项提升计划》《海南金融业“十四五”发展规划》《海南省专家服务基地建设管

理办法》《海南省经济专业人员高级职称评审条件（征求意见稿）》等支持金融人才发展的文件，加大对金融人才的培养力度，为国际高端复合型金融人才培育搭建良好智库平台。

四、行业组织在自贸港建设中发挥作用的途径

行业组织是社会治理的重要参与者与实践者，是社会主义现代化建设的重要力量。中共中央办公厅、国务院办公厅下发的《关于改革社会组织管理制度促进社会组织健康有序发展的意见》，充分肯定了社会组织（行业组织）在我国经济社会发展中的重要地位和积极作用。党的十九届五中全会和《中华人民共和国国民经济和社会发展第十四个五年规划和2035年远景目标纲要》对行业组织在经济、科技、教育、卫生、文化、社会、生态文明建设等领域发挥作用进行了全面安排。

海南探索建设中国特色自由贸易港是习近平总书记亲自谋划、亲自部署、亲自推动的改革开放重大举措，是党中央着眼国内国际两个大局，深入研究、统筹考虑、科学谋划作出的战略决策。当前海南全省各类行业组织当好政府部门的助手和参谋，承接社会管理和社会服务职能，主动承担社会责任，热心参与社会公益事业，是海南全面深化改革开放和自贸港建设中的一支重要力量。为此，行业组织要深入学习贯彻习近平总书记考察海南重要讲话精神，结合本行业、本领域的特点和实际，积极联系行业主管部门，配合监管，加强沟通协调，不断开拓创新，发挥好在加强行业自律、标准制定实施、价格管理、地方性法规和行业发展规划参编、信息管理、矛盾纠纷化解、建言献策、社区服务、乡村振兴中的更大作用，更好地服务企业、服务会员，让会员企业充分感受到"家"的温暖，更好助力海南自贸港建设。

第三节　海南省金促会的创新做法

海南省金融发展促进会（以下简称"海南省金促会"）是海南省地方金融监督管理局主管，国家战略研究机构支持指导，以促进海南自贸港

金融高质量发展为己任，以推动金融赋能社会经济发展为目标的新型智库型行业组织。2019 年被海南省委人才局认定为海南省首批双百人才团队（基地），2021 年被省人力资源开发局认定为海南省就业见习基地，被省民政厅、人社厅授予“海南省先进社会组织”称号，2022 年 6 月与由中国社会科学院金融研究所主导的特华博士后科研工作站合作设立海南首家金融博士后科研工作站海南分站。

自 2017 年底成立以来，海南省金促会凭借金融智库的自身优势，汇聚金融机构专业智慧，在国家智库专家的支持下，组织协会金融博士团、专家委员会成员，对海南金融发展过程中面临的热点难点问题进行系统研究，推动体制机制、金融产品创新和模式创新，为金融制度创新发展提供智力支持，并提出可操作的咨询意见，主要围绕政策宣传、金融研究、咨询服务、行业指导、行业规范、行业自律、行业统计、标准制定、行业维权、对外交流、专题调研、专业培训、融资对接、书刊编辑、国际合作、人才开发、信息发布、纠纷调解、金融辅导、产业孵化、行业评价、信用评级、会议会展等方面开展金融赋能和服务工作。

一、坚持制度创新，强化制度保障

为了更好地推进产学研合作，为智库专家及团队开展活动提供强有力的保障，海南省金促会指定专人负责，由秘书处下属综合管理部负责日常工作，并建章立制，出台《信息公开制度》《重大事项报告制度》《海南省金融发展促进会日常管理制度（试行）》等规章制度，推进《海南省金融发展促进会项目管理办法》《海南省金融发展促进会研究课题管理暂行办法》《海南省金融发展促进会项目财务管理制度》《海南省金融发展促进会外聘专家经费补贴办法》等管理措施实施落地；建立和完善服务体系，制定《海南省金融发展促进会团队支持服务实施办法（试行）》，提供资金、人员、物资、平台等支持，通过“上 + 中 + 下游”三方合力夯实人才团队构建和服务，加快集聚培养高质量专家服务团队。加强管理人员队伍建设，制定包括《海南省金融发展促进会聘用人员管理办法》《海南省金融发展促进会绩效考核管理办法》《海南省金融发展促进会秘书处人员薪酬管理办法》等内部管理办法，进一步提高管理人员水平。

二、推动理论创新，引领实践发展

（一）发挥金融智库的引领作用

强化品牌，举办海南自贸港金融大讲堂，深化理论武装。2019 年起组织举办“海南自贸港金融大讲堂”，由海南省地方金融监督管理局主办，海南省金促会协办。这是一个汇集专家智慧，形成金融发展共识，推动金融改革创新，更好地服务海南自贸港建设的平台，是落实省委省政府关于全面深化改革开放“政策落实年”各项工作任务的重要抓手。到 2022 年 11 月，海南自贸港金融大讲堂已举办 17 期，全省党政干部、金融机构高管共 1 万多人次参与学习，对提高各级领导干部金融工作业务水平和形势研判能力、凝聚行业协同联动的工作合力作了重要贡献。

（二）发挥金融平台的整合优势

举办金融博士沙龙和各类金融论坛、研讨会等活动，建言献策，向省委省政府报送促进海南金融发展和经济发展的政策建议。金融博士沙龙是应海南省委省政府贯彻落实中共中央、国务院《关于支持海南全面深化改革开放的指导意见》，加紧谋划搭建海南自贸区（港）金融改革基本框架的迫切需要而举办的学术交流活动。海南省金促会自成立以来，先后举办了 50 多期金融博士沙龙（含金融论坛和研讨会），紧密围绕自贸港金融发展中的一些热点难点问题，提出政策建议，为省委省政府提供决策参考，是省领导直接关注的交流平台。

2018 年，在习近平总书记“4·13”重要讲话发表一个月内，海南省金促会向海南省委省政府提出了《海南自贸区（港）金融发展十大建议》，受到省委省政府领导高度重视，多条建议被政府采纳，三位省长先后批示，人民银行海口中心支行、海南省地方金融监管局、海南银保监局、海南证监局、外汇局海南省分局研究落地推进方案。

（三）发挥金融专业人才优势

承担政府与机构委托的金融专业相关课题，推动决策科学化、制度化。近年来，海南省金促会组织编写《海南金融 30 年》《海南金融政策汇编》，承担了政府与金融机构委托的《金融赋能乡村振兴对策研究》《社会组织综合监管研究》《中国农业发展银行海南省分行 2020—2022 年业务发展规划》《离岸贸易中金融支持政策研究》《银政企互助基金研究》《海南自贸港金融战略研究》《土地银行研究》《自贸港金融人才战略研究》《海南省重点产业发展基金研究》《海南自贸港制度集成创新——金融业团体标准研究》《海南自贸港金融开放与金融研究》《海南自贸港金融创新机制研究》《海南自贸港金融体系研究》等 11 项课题报告。帮助起草制定包括《自贸港企业金融顾问通用规范》《海南乡村振兴金融顾问服务规范》《自贸港企业信用评价体系》《金融企业信用评级团体标准》《自贸港企业社会责任建设规范及评价体系》等行业自治标准规范文件。

三、开展方法措施创新，提高质量效益

中国特色新型智库不仅承担着推动科学民主依法决策、推进国家治理体系和治理能力现代化的重任，同时其建设是推动经济社会高质量发展的现实需要，这就决定了海南省金促会作为金融行业智库要立足海南自贸港建设实际，在引领理论创新发展的基础上，加强理论与实践的碰撞，走在实践创新的前列。

（一）党建引领履行社会责任

在海南省社会组织综合党委的领导和支持下，海南省金促会高度重视党建工作，认真学习和领会习近平总书记关于自贸港建设和党建相关讲话精神，逐步实现党建工作与业务开展的深度融合。海南省金促会党支部自 2019 年成立以来，通过组织开展习近平总书记系列讲话精神研讨、赴红色教育基地参观、清理海滩垃圾、诗歌朗诵以及支部共建等主题党日活动，增强党员的党性观念。

积极响应省民政厅关于社会组织开展公益慈善活动的倡议，以爱心公益活动的数量、质量及影响力来考量社会组织的功能发挥。积极组织开展多项公益慈善活动，如举办金融助力人与自然和谐共生圆桌论坛、参加海南省社会组织孵化基地开放日活动、与二十国集团伙伴计划成员共同开展“庆建党百年，访美丽乡村”公益活动、举办系列金融普法活

动、参加“共建农村书屋”图书捐赠公益活动和抗击疫情等活动。

（二）搭建金融人才培养体系

2019年3月，海南省金促会与中国高校（华南）科技成果转化中心举行座谈会，并签署《共同促进海南自贸区（港）教育科技协同创新发展战略》合作协议；2020年1月，与复旦大学泛海国际金融学院签署共同服务海南自贸区（港）金融战略合作框架协议；2020年9月，与广东金融学院签订共同服务海南自贸港建设战略合作框架协议，协作共建三亚现代金融研修院；同年，海南省金促会海南金融战略研究中心团队入选海南首批“双百”人才团队，这既是一份荣誉，更是一份责任和使命。海南省“双百”人才团队申报认定工作，是贯彻落实习近平总书记在庆祝海南建省办经济特区30周年大会上的重要讲话和《中共中央、国务院关于支持海南全面深化改革开放的指导意见》精神，深入实施《百万人才进海南行动计划（2018—2025年）》的具体行动。

2022年6月，在海南省地方金融监督管理局的支持指导下，海南省金促会与特华博士后科研工作站、《银行家》杂志社合作共建特华博士后科研工作站海南分站。这是海南省首家金融博士工作站，致力于构建一流的博士后研究专家指导队伍，充分发挥合作导师和在站博士后的群体优势，面向海内外公开招收博士后研究人员，开展海南自贸港金融课题研究，组织海南自贸港金融创新论坛，发布海南自贸港金融竞争力指数，举办海南自贸港金融发展研修班等，为海南输送和培养更多优秀金融人才。

（三）编制金融标准，推动金融标准化体系建设

金融标准是金融业健康发展的技术支撑，是金融治理体系和治理能力现代化的基础性制度。在现代经济发展过程中，金融标准是实现信息系统互联互通互操作、降低生产成本的基础条件，是保证产品质量、保护消费者权益的重要手段，是规范市场秩序、防范金融风险的内在要求，是金融主管部门进行行业管理、质量监督的重要依据，有助于整合引导社会资源、推动企业自主创新、促进产业转型升级，支持金融业健康有序发展。而用“标准化”的思维推动金融业高质量高标准发展正是金融赋能海南自贸港发展的重要举措之一。

根据《海南自贸港建设总体方案》战略部署和具体要求，结合《海南自贸港制度集成创新行动方案》和国务院标准化协调推进部际联席会议审议通过的《团体标准管理规定》，海南省金促会联合相关部门组建海南自贸港金融业团体标准建设工作领导小组，于 2020 年在全国团体标准信息平台获得海南自贸港金融团体标准制定发布资格，截至 2022 年 11 月共成功发布《公益性社会企业认证评级规范》（T/HFDA 1001–2022）、《海南自贸港金融机构社会责任评价准则》（T/HFDA 1002–2022）、《金融参事职业能力评价规范》（T/HFDA 1003–2022）和《海南自贸港金融贡献评价准则》（T/HFDA 1004–2022）四项团体标准。

（四）推动金融法务与纠纷调解工作

为支持海南经济发展，实现金融开放创新，加强金融风险防控，帮助企业读懂金融政策、用活金融工具，深化对自贸港立法的思考研究，服务海南自由贸易港建设，2021 年，海南省金促会牵头，联合海南几十家律师事务所、百名律师个人，成立了金融法务委员会（以下简称“法务委”），并以多种形式联合会员单位共同举办金融普法活动。同年 10 月，海南省金促会举行首届自贸港金融法务论坛，省市相关行政机关、司法机关、在琼商协会、金融机构和企业等的代表 130 多人参加会议。同时，在海南省高院、省司法厅、省金融局和海口市司法局的支持下，成立海南省金融服务纠纷人民调解委员会（以下简称“金调委”），于 2022 年 1 月成功调解争议标的高达 8430 万元的群体性重大纠纷。

除推动金融法治发展外，法务委还走进校园，带领 200 多位同学开启了一场普法素养提升之旅。2022 年 1 月 4 日，法务委应邀在海口市五源河学校开展普法进校园活动，由专家担任讲解员通过现场宣讲、发放宪法知识手册、情景模拟示范及有奖竞答等形式，向同学们深入宣传宪法及未成年人相关法律法规，帮助青少年培养尊崇宪法的意识，同学们纷纷表示“愿意做法律的守护者，遵纪守法从小做起”。活动现场气氛热烈，进一步提升了学生的法治素养，推动法治走到学生身边，走进学生心里。

组建法务委助力海南自贸港高质量发展、携手金调委化解金融纠纷，是海南省金促会贯彻落实党中央、国务院关于防范化解金融风险、健全金融法治的决策部署，建立维护金融稳定的长效机制而付诸的实践。

（五）组织行业评选活动，发挥金融典型案例可借鉴作用

自2018年习近平总书记“4·13”重要讲话，特别是《海南自贸港建设总体方案》发布以来，海南金融业全面落实中央及海南自贸港各项政策，不断优化投融资环境，完善金融设施，创新金融产品和服务，众多机构与从业人员所作贡献具有典型特点和借鉴意义，成绩斐然。为科学、规范、公平地记录和评价海南金融机构在自贸港建设中作出的贡献，支持和鼓励海南金融机构改革创新，提高服务自贸港建设的综合能力，海南省金促会在金融专家、在琼金融机构、法律专家等的支持下，开展海南自贸港金融贡献评价体系建设工作。遵循开放、透明、公平的原则，吸纳包括海南大学、邮储银行、交通银行、中信银行、海南农商行、人保财险、平安寿险、海保人寿、财达证券、国晋律师事务所在内的多家机构和个人参与，充分反映各方需求。

另外，海南省金促会制定《海南自贸港金融创新奖评选方案》，发起并联合南海网—南国智库组织开展了“海南自贸港金融典型案例”评选活动，挖掘优秀案例，加以总结、推广，引导各金融机构相互沟通、交流和学习，促进海南省金融业全面高质量发展，得到了在琼金融机构的积极响应和支持。

（六）开展“千企千项”金融赋能行动计划，助力在琼企业发展

“千企千项”金融赋能行动计划是在有关部门支持指导下，由海南省金促会具体组织实施的一项系统性金融服务工程。主要围绕项目立项、项目融资、企业上市、融资并购、跨境贸易、配合政府招商引资等方面提供相应的支持和服务，为企业来琼发展设计落地方案，并提供配套的金融服务，为在琼企业提质增效和高质量发展提供金融支持。

“千企千项”金融赋能公开课是“千企千项”金融赋能行动计划中“金融素养提升工程”板块的核心内容之一，金融素养提升工程是以“普及金融知识、提升金融素养、增强金融应用能力”为己任的系统性普及推广活动，组织金融相关专家学者及金融机构，进机关、进企业、进校园、进社区、进乡镇宣传金融知识，适时举办金融能力提升专题培训，引导

企业正确运用金融工具，增强风险防范意识，扩大金融知识教育覆盖面，全面提高企业金融素养。

2022 年，成功举办两讲千企千项金融赋能公开课，第一讲以“金融助力小微纾困促进发展”为主题，联合海南省重庆商会，组织 250 多家会员企业参与学习，多家金融机构向中小微企业解读助企纾困政策，推介各类金融惠企产品，实时解答企业融资困惑，破解融资困难；第二讲以“小微企业贷款实操指导与企业融资法律风险提示”为主题，联合交通银行海南省分行和海南省金融服务纠纷人民调解委员会开展线上直播课，通过“云直播”方式应用数字化转型赋能疫情防控和企业金融需求，以“微传播”形成金融支持“大能量”。

（七）建设乡村振兴金融服务站，赋能乡村振兴战略的实施

为贯彻中共中央、国务院《关于做好 2022 年全面推进乡村振兴重点工作的意见》和省委省政府《关于做好 2022 年全面推进乡村振兴重点工作的实施意见》精神，根据人民银行、银保监会、证监会、财政部、农业农村部联合发布的《关于金融服务乡村振兴的指导意见》具体要求，切实提升金融服务乡村振兴效率和水平，把更多金融资源配置到农村重点领域和薄弱环节，建立健全多渠道资金供给体系，拓宽乡村振兴融资来源，满足乡村振兴多样化、多层次的金融需求，在海南省地方金融监督管理局支持指导下，海南省金促会牵头各金融机构专业人才和专业部门，组建了乡村振兴金融顾问委员会，通过逐步在全省设立乡村振兴金融服务工作站模式，加速优化乡村金融生态，加强金融基础设施建设，全力服务乡村振兴战略。

2022 年 3 月 12 日，海南省金促会举办的以“普及金融知识，提升金融素养，服务乡村振兴”为主题的“3·15”金融消费者权益保护进乡村暨全省首个乡村振兴金融服务站揭牌仪式在文昌庆龄村进行，中国农业银行海南省分行、平安银行海口分行、中国太平洋财险海南分公司、中国平安人寿海南分公司、拉卡拉支付股份有限公司 、山西国晋（海口）律师事务所等多家机构参加活动。揭牌仪式上，嘉宾紧密围绕如何发挥金融优势，推动乡镇用足用好各项金融优惠政策和产品，提高金融服务的针对性和实效性，推进金融与实体经济良性互动、深度整合，为进一

步推动金融服务乡村振兴积极建言献策。同时各金融机构分别就“三农产品及个人信息保护”“做有温度的小微金融服务”“保险助力乡村振兴”“惠琼保在你身边”“安全用卡防范风险”“金融纠纷与消费者权益保护”等话题与村民近距离交流沟通，针对社会实践中可能会遇到的金融问题给予切实的建议。全省首个乡村振兴金融服务站选择建在文昌庆龄村，主要是通过调动当地村民积极性，充分利用当地的优势资源，特别是宋庆龄故乡所特有的文化资源，实现金融赋能多种农村产业，即“农文旅＋康养产业”相互融合发展，以便早日建设成为社会主义现代化的新农村，让村民们都能实现共同富裕的理想。

从目前情况看，以建设乡村振兴金融服务站为抓手，落实乡村振兴金融赋能，是切实可行的。经验可推广，模式可复制。

（八）以金融服务实体经济为出发点，设立商区金融服务站

海南省金促会一直秉承金融服务实体经济的理念，贯彻落实习近平总书记金融要把为实体经济服务作为出发点和落脚点的要求，践行为实体经济服务是金融的天职与宗旨，在金盛达建材家具商城设立了海南首个商（园）区金融服务站。

在新冠疫情多地反复的影响下，小微企业发展困难，复工难、经营难、贷款难等矛盾凸显。为进一步加大金融对商（园）区企业支持帮扶力度，提升企业金融服务水平，金促会根据《关于开展“一起益企”中小企业服务行动的通知》和《关于2022年进一步强化金融支持小微企业发展工作的通知》的要求，充分发挥金融行业社会组织平台作用，以提高政策惠达率、扩大服务覆盖面、增强企业获得感为目标，以帮助产业园区企业解决融资难、融资贵和基础金融服务不足等问题为宗旨，设立金融服务站，定期为商区商户开展金融知识普及培训，提供金融惠企政策解读；每月定期在金融服务站开展“金融超市”服务，向商区小微企业推介金融产品；组织辖内金融机构及有关政府职能部门开展专项对接，增强商区小微企业融资能力建设。

纾困解难、促进发展，扎扎实实为小微企业办实事、解难题是金促会发挥金融服务实体经济发展的具体行动。

第四节　海南省金促会的发展愿景

一、深入学习党的二十大报告精神，扎实推进智库各项研究工作

习近平总书记所作党的二十大报告，主题鲜明、立意高远、思想深邃、内涵丰富，是我们党在新时代新征程的“宣言书”，是建设现代化强国的总纲领。金促会将准确把握二十大精神实质，全面加强党的领导，将学习成效转化为做好各项工作的强大动力，在党建引领下，把各项工作做出成效。下一步，金促会要把学习贯彻党的二十大会议精神作为首要政治任务，抓实抓好。以党建为引领，以党建带会建。做到党建工作与行政业务工作同步部署、同步实施、同步总结讲评。发挥好党支部的战斗堡垒作用和党员的模范带头作用。

2021 年，习近平总书记在“7·1”重要讲话中，首次概括和阐述了伟大建党精神，即“坚持真理、坚守理想，践行初心、担当使命，不怕牺牲、英勇斗争，对党忠诚、不负人民”。党的十九届六中全会作出了《中共中央关于党的百年奋斗重大成就和历史经验的决议》，要求在全党开展党史学习教育，号召全党学习和践行伟大建党精神。海南省金促会作为金融行业新型智库，始终坚持以习近平新时代中国特色社会主义思想和习近平总书记重要讲话精神为根本指导，以伟大建党精神为旗帜和方向，坚持真理，为建设中国特色高端智库而拼搏。

党的二十大报告要求我们务必不忘初心、牢记使命，海南省金促会肩负着金融行业智库的责任和使命，更要把党的初心使命落实到智库担当上，不断学习党的创新理论，掌握其中蕴含的立场、观点和方法，不断探索智库发展规律、创新方法举措，为政府、企业、金融机构提供智力支持，输出高质量高水平的对策与方案。

二、继续发挥金融智库的各项优势，为海南自贸港建设贡献智力

金融是现代经济的核心，是资源配置和宏观调控的重要工具，是推动经济社会发展的重要力量。党的十八大以来，习近平总书记高度重视

金融在经济发展和社会生活中的重要地位和作用，就金融改革、金融开放、金融发展、金融安全等问题发表重要讲话，对做好金融工作作出一系列重要指示。习近平总书记关于金融发展的重要论述内涵丰富、思想深刻，是习近平经济思想的重要组成部分，为做好新时代金融工作、推动海南自贸港金融高质量发展，海南省金促会将继续利用自身优势，发挥金融智库作用，深刻认识智库建设的“时”与“势”、“高”与“远”、“特”与“新”，为海南自贸港建设贡献金融智慧。

三、继续实行智库管理制度创新，推动海南省金促会建设健康可持续发展

智库管理制度创新的内容包括智库分类体系、管理制度、运行模式等。智库的创新活动有赖于制度创新的不断积淀和持续激励，让创新活力通过制度得以固化，并持续发挥作用。习近平总书记在庆祝改革开放40周年大会上的重要讲话中强调：“全面深化改革总目标是完善和发展中国特色社会主义制度、推进国家治理体系和治理能力现代化，着力增强改革系统性、整体性、协同性，着力抓好重大制度创新”。新的制度需要在新的经济政治社会环境中孕育，智库建设的制度创新，也需要放到全球发展大势及我国发展进程中统筹考虑。习近平总书记明确提出：“改什么、怎么改必须以是否符合完善和发展中国特色社会主义制度、推进国家治理体系和治理能力现代化的总目标为根本尺度，该改的、能改的我们坚决改，不该改的、不能改的坚决不改。”这为习近平新时代中国特色新型智库建设如何进行制度创新提供了依据。需要看到，西方智库虽然积累了较为丰富的制度与理论，但其制度始终根植于西方的政治经济文化土壤，中国特色新型智库建设的制度创新，不能全盘照搬，应结合中国的国情仔细甄别、认真筛选、合理取舍。

为此，海南省金促会将结合自身发展实际，围绕省第八次党代会精神和《海南自贸港建设总体方案》，着力促进机构转型，理顺智库运行的机制。在机构转型上，要力促研究人员、研究内容、研究方法与技术、科研组织形式、成果应用等实现转型。同时，需建立一批新的制度机制，主要包括协同创新机制、快速反应机制、课题选题机制、科研组织机制、

成果审核机制、激励导向机制、项目管理机制、数据支撑机制等。

四、加大智库的国际国内交流力度，促进海南省金促会成为国内外金融领域的知名智库

加强中国特色新型智库建设，是党的十九大关于坚定文化自信、推动社会主义文化繁荣兴盛的重要战略部署。在当前推动形成全面开放新格局、进一步深化金融体制改革背景下，海南省金促会将致力于打造推动海南金融发展创新的龙头智库，把握时代新要求，明确新使命，展现新作为。

（一）海南省金促会未来 3—5 年发展计划

1. 联合打造三亚现代金融研修院。将积极引入社会资金，与国内外知名高校科研机构加强合作，加大对本土各级各类金融人才的培养，主要通过培训提升金融从业人员创新开拓能力，培养企业高管懂金融用金融促进企业发展，提高党政干部金融素养和管理水平，为打造中国（海南）自由贸易港金融人才、金融体系、金融产品、金融创新高地，为促进海南自由贸易港发展贡献智慧和力量。

2. 推进“金融标准培育工程”。拟邀请各金融机构、研究机构、高等院校、中介服务机构、法律服务机构作为联合参编单位，继续推动建立和完善海南自贸港金融行业团体标准。以满足市场和创新需要为目标，聚焦新技术、新产业、新业态和新模式，结合海南自贸港金融发展的实际需求，制定规范性指导性文件，作为国家标准和行业标准的有效补充。做到快速响应创新和市场对标准的需求，填补现有标准空白；引领产业和企业的发展，提升产品和服务的市场竞争力；促进创新技术产业化、市场化；针对已经应用的新产品和创新服务举措，为第三方认证机构提供认证依据；成为行业管理性、方法性、指导性技术规范。

3. 实施“千企千项”金融赋能行动计划。将持续吸纳企业进入“千企千项”金融赋能行动计划项目库。该项目库是“千企千项”金融赋能行动计划的重要工作内容，根据项目规模、重要程度和项目孵化工作总体安排，分 A 级项目库、B 级项目库、C 级项目库和 D 级项目库，凡被核准入库的企业或项目，均由工作组为其设计个性化服务方案，颁发

《“千企千项”入库项目》证书，并把企业或项目诉求适时推送到目标群体，帮助企业早日实现发展目标。同时也将根据市场需求，举办“千企千项”金融赋能公开课，助力中小微企业健康发展。

4. 全面推进金融辅导员制度。为提升金融服务的全面性、及时性、前瞻性，推进金融与实体经济良性互动、深度融合，海南省金促会将在金融局的支持下，牵头组建企业金融辅导员队伍，从金融会员机构中选派金融辅导员与企业结对，组成金融辅导队，根据“属地结对、就近辅导”的原则，构建全省金融辅导体系，形成覆盖广泛、结构优化、布局合理、服务高效的金融辅导网格。

5. 创建海南省资信评价中心。搭建解决企业融资、机构获客、政府综合管理问题的一站式金融服务平台，利用大数据、人工智能技术，构建统一的信用数据体系和评价体系，实现政府、金融机构、中介机构、数据提供方等金融服务主体全流程线上化信息共享、专业分工、协同服务。平台创新构建信贷供需“实时对接、双向选择、信用支持”服务模式，降低企业融资成本，提高企业融资主动权和成功率，打通企业融资“最后一公里”堵点。

6. 创建自贸港金融协同创新中心。联合全国自由贸易试验区（港）政府有关部门，与 10 所财经类高校、10 家权威研究机构、10 家大型金融机构共同建设中国自贸区（港）协同创新中心。突破高校与其他创新主体间的壁垒，充分释放人才、资本、信息、技术等创新要素，大力推进高校、科研院所、地方政府、金融单位的深度合作，探索适应于自贸港金融创新需求的新模式与长效机制，打造人才培养、科学研究、学科建设“三位一体”的协同创新平台和创新团队，努力建成在国内外有重大影响的学术高地与理论创新高地。

7. 组织实施“全民金融素养提升工程”。继续以“普及金融知识、提升金融素养”为主题，通过举办金融知识宣讲、培训、竞赛等活动，加强职能部门金融工作能力提升，开展企业金融素养提升主题活动，大力推进校园金融能力建设，金融知识普及深入人民群众，关注特殊群体的金融服务需求，持续推动数字化知识共享，引导人民群众正确运用金融工具，增强风险防范意识，扩大金融知识教育覆盖面，全面提高全民金融素养。

8. 推进乡村振兴服务站建设。为促进科学制定乡村振兴战略规划，健全城乡融合发展体制机制，拟在成功设立文昌庆龄村金融服务站的基础上总结经验，继续深化服务工作，继续联合金融相关机构，将金融服务站扩大到全省重点乡镇（村），主攻乡村金融的薄弱环节，向短板之处发力，开展结对子、稳模式、常态化金融服务，开展多样的“接地气”金融服务活动。

9. 推动金融研究成果实施落地。深化《离岸贸易中金融支持政策研究》《海南自贸港金融发展布局研究》《海南自贸港金融战略研究》专业研究，加快推进《海南省重点产业发展基金方案设计》《海南省应急转贷基金方案设计》《银政企互助发展基金方案设计》《土地银行整体方案设计》《海南省资信评价体系规划》等一批金融研究成果转化，加快实施海南自贸港金融贡献典型案例评选，切实提升行业自律，推动海南自贸港金融体系健康发展。

10. 推动特华博士后科研工作站海南分站各项工作。海南省金促会坚持“以智慧服务社会，用知识回报国家”的办站宗旨，在政府部门的领导和支持下，按照海南自贸港发展规划、人才培养与使用的实际需要，制定博士后工作站的中长期规划，建立健全博士后日常工作管理机制，推动工作规范化、制度化、科学化，确保博士后人才“引得进、留得住、用得当、干得好”。

11. 持续跟进常态化品牌项目。海南省金促会将联合会员单位共同举办海南自贸港金融大讲堂、金融博士沙龙、海南自贸港金融法务论坛，以及开展金融纠纷调解工作，积极为海南自贸港建设高质量发展贡献力量。

（二）打造推动海南金融发展创新的龙头智库意义重大

打造推动海南金融发展创新的龙头智库，是服务中华民族伟大复兴中国梦的需要，是参与海南自贸港金融治理改革和建设的需要，是在全面开放格局下打造海南自贸港金融品牌的需要，海南省金促会将重点围绕以上 11 大项重点工作持续努力。

从历史发展看，大国崛起的背后往往都有强大金融力量的支撑，而金融是否稳、金融是否强，很大程度上取决于一国金融决策水平的高低，取决于金融智库能力的强弱。金融国策适当，则有利于经济发展、社会稳定、国力强盛；反之，则可能导致经济凋敝、社会动荡。

从全球视野看，金融是国之重器，是国家的重要核心竞争力。当今国际货币体系、全球金融治理格局和金融监管规则体系的设计，无不折射出各国金融实力的高低和话语权的大小，无不折射出政治家的雄才大略以及政治家所依托的理论大师和金融专家的伟大构想与精巧设计。

从现实需要看，中国特色社会主义进入了新时代，中国日益走近世界舞台中央，对外开放的大门越开越大，改革发展所面临的形势日益复杂多变，这就需要一批高水平的金融智库运筹帷幄、建言献策，并在全球舞台上纵横捭阖，贡献中国智慧，展现中国品牌。

从海南自贸港建设情况来看，海南是我国最大经济特区，具有实施全面深化改革和试验最高水平开放政策的独特优势，而海南目前发展方面还不够稳定，更加需要金融智库的支持指导。

国家、民族和新时代的要求为金融智库建设指明了方向，海南省金促会要面向未来，以金融研究咨询为主业，发挥特色特长，承担起“资政、伐谋、启民、展业、育才”五大使命。

1. 资经济发展之政。围绕实体经济发展的重点、难点和热点领域，就金融资源配置的总量、结构、成本与效率，金融风险的防范与化解，宏观调控与市场机制的相协调，金融改革开放与国家金融安全，金融基础设施与监管体系建设等问题，组织金融专家提供可资国家决策的专业化解决方案，推动金融强国建设。

2. 伐市场竞争之谋。结合海南金融业环境的变化和行业发展趋势，就金融机构的公司治理、战略规划、商业模式、创新研发、风险内控、并购与整合、资源配置与激励约束机制等一系列重大问题，提供切实管用的咨询方案，提高金融机构的市场竞争力，助力新时代国际一流金融机构建设。

3. 启民众财经之智。坚持实事求是、客观专业的舆论导向，面向目标受众提供定制化的研究产品和智库成果传播方案，勇于抵制国际国内的错误思想和观点，及时、正确引导市场预期，启迪民众对重大经济金融问题的理解，提升中国话语的国际影响力。

4. 展合作共赢之业。广泛参与政府间、商界以及学术界交流活动，将“融智”作为政府间合作、政商合作、金融合作、产学研合作的重要元素，广交国际国内朋友，推动政策沟通、民心相通和文明互鉴，促进国际金融交流与合作，共创新机遇，共迎新挑战，共绘中国与世界交融发展的新蓝图。

5. 育经世致用之才。按照“面向全球、面向实际需求、面向金融前沿”的原则选拔、任用海内外人才，培养一批理论功底扎实、产学研用相融合、研究成果能够有效转化为生产力的领军人才，培育世界级的金融理论大师和国际金融问题治理高手。

执笔人：李海峰，21 世纪马克思主义研究院经济社会文化发展战略研究中心副主任、特约研究员、中国战略研究会副秘书长

参考文献

[1] 习近平：《决胜全面建成小康社会 夺取新时代中国特色社会主义伟大胜利——在中国共产党第十九次全国代表大会上的报告》，《人民日报》2017年10月28日。

[2] 习近平：《高举中国特色社会主义伟大旗帜 为全面建设社会主义现代化国家而团结奋斗——在中国共产党第二十次全国代表大会上的报告》，《人民日报》2022年10月25日。

[3]《习近平心中的人民城市》，中国新闻网，2020年12月22日，https://www.chinanews.com.cn/gn/2020/12-22/9368049.shtml。

[4]《习近平谈城市建设与发展》，中青在线，2021年5月8日，http://m.cyol.com/gb/articles/2021-05/08/content_weQpjuRVx.html。

[5]《以人民为中心 将城市建成百姓幸福乐园》，央广网，2020年4月7日，http://news.cnr.cn/native/comment/20200407/t20200407_525045075.shtml。

[6]《农业农村现代化阔步前行——习近平总书记领航农业农村高质量发展（之三）》，《人民日报》2021年9月26日。